掌尚文化

Culture is Future

尚文化·掌天下

中国社会科学院博士后管委会出版资助

魏明孔 主编

熊昌锟
程 蛟 执行主编

陆海交汇

全球史视野下的中国社会经济变迁

第七届全国经济史学博士后论坛
论文精选集

经济管理出版社
ECONOMY & MANAGEMENT PUBLISHING HOUSE

图书在版编目（CIP）数据

陆海交汇：全球史视野下的中国社会经济变迁：第七届全国经济史学博士后论坛论
文精选集/魏明孔主编 . —北京：经济管理出版社，2022.9
ISBN 978-7-5096-8734-5

Ⅰ.①陆… Ⅱ.①魏… Ⅲ.①中国经济史—文集 Ⅳ.①F129-53

中国版本图书馆 CIP 数据核字（2022）第 178824 号

组稿编辑：张　昕
责任编辑：张　昕
责任印制：许　艳
责任校对：陈　颖

出版发行：经济管理出版社
　　　　　（北京市海淀区北蜂窝 8 号中雅大厦 A 座 11 层　100038）
网　　　址：www. E-mp. com. cn
电　　　话：(010) 51915602
印　　　刷：唐山昊达印刷有限公司
经　　　销：新华书店
开　　　本：720mm×1000mm/16
印　　　张：14. 25
字　　　数：219 千字
版　　　次：2022 年 12 月第 1 版　　2022 年 12 月第 1 次印刷
书　　　号：ISBN 978-7-5096-8734-5
定　　　价：98. 00 元

序　言

魏明孔[*]

　　为了给经济史学界青年学者提供学术交流的平台，自 2014 年起，在有关部门的大力支持和兄弟单位的通力合作下，尤其是在得到了学术界师友的无私帮助下，我们发起了"全国经济史学博士后论坛"，受到了包括博士后、博士在内的青年学者的普遍欢迎。第七届全国经济史学博士后论坛于 2020 年 10 月 16—18 日在美丽的厦门大学顺利召开。这次论坛的主题为"陆海交汇：全球史视野下的中国社会经济变迁"，其用意在于推进中国经济史学研究的文化话语权构建，凸显年轻学者中国经济史研究的国际视野。我们知道，全球史的基本观点是将人类社会的历史视作一个整体，在世界各个地区、各种文明在各自及交互的发展演变过程中，逐渐突破孤立、分散的状态，不断融合为密切联系的全球统一体，这种全球化是历史发展的客观趋势。这种史观，要求包括经济史在内的学科须从全球整体的视角来研究世界历史。随着科学技术的发展尤其是交通、通信技术的日新月异，世界确实已经变成一个密切联系的地球村。

　　本届论坛由中国经济史学会发起[①]，中国社会科学院主办，中国社会科学院博士后管理委员会、厦门大学历史系、中国社会科学院经济研究所、中国经济史学会联合承办。厦门大学人文学院副院长王日根教授主持了论坛开幕式，厦门大学党委常委徐进功教授、中国社会科学院人事教育局柯

---

　　* 　魏明孔，中国经济史学会会长，系"全国经济史学博士后论坛"发起人。
　　① 　"全国经济史学博士后论坛"发起单位先后经历了中国社会科学院经济研究所经济史研究室、《中国经济史研究》编辑部和中国经济史学会三个单位。

文俊副局长、中国社会科学院经济研究所朱恒鹏副所长，以及本人代表中国经济史学会分别在开幕式致辞，大家均对本届论坛推进中国经济史学青年研究力量的成长寄予厚望。

本届论坛分为主题报告与小组讨论两大部分。其中论坛的主题报告由厦门大学历史系主任水海刚教授主持。北京大学经济学院周建波教授、杭州师范大学历史系余清良副教授、中国社会科学院经济研究所林盼副研究员和厦门大学历史系梁勇教授，分别围绕"中外文化交融、制度创新与盛唐的产生"、"明代钞关职能的历史嬗变"、"生产激励政策的实践效果与基层回应——以大跃进时期工资制度改革为中心"和"从办理命案到参与新政：清代四川的三费局"为主题作了报告。与前六届全国经济史学博士后论坛一样，主题报告由著名经济史学者进行一对一点评：昆明学院王文成教授、厦门大学任智勇教授、中国社会科学院经济研究所高超群研究员和厦门大学历史系王日根教授分别对上述四场主题报告进行了精彩点评。后来的分组讨论主要围绕着"经济运行与制度"、"近现代财政与贸易"、"中国经济与世界视野"三个主题展开，讨论热烈，多有学术交锋。围绕中国经济长期发展过程中的经验与教训进行探究是本届论坛的主旨之一，中国在历史上的经济运行实态与制度变革是与会博士后和青年学者的一个关注重点。关于中国历史上经济制度的演变与发展，本次论坛中的相关研究主要集中在对制度本身的演变脉络进行梳理，进而进行制度之间的比较分析，从而明晰制度本身及其演变的特点。在对中国近现代经济史的变迁与转型的研究中，财政制度、商人群体与对外贸易是本届论坛相关研究的主要议题。近代中国的公债问题是本届论坛的一个特别关注点。统制经济是了解国民政府财政政策的关键切入点。商人群体和近代中国对外贸易的变迁问题，是本届论坛的议题之一。关于中国经济理论与实践的探索在世界经济发展中的特殊定位，相关议题的博士后和青年学者力求从时间、空间上提炼中国经济转型的相关启示。对于在近代经济发展中，外来技术与资本对中国经济转型的影响，本届论坛也给予了一定关注。随着海外新史料的不断拓展，对海外华商的研究也是本届论坛的一大亮点。

面对突如其来的新冠肺炎疫情，为了响应疫情防控常态化的要求，论坛组委会特别设置了网络会议专场，以新的技术手段保障了学术交流的正常进行。这次网络会议专场的报告主要聚焦于明清以降的商业活动与商人网络。

本届全国经济史学博士后论坛的闭幕式由厦门大学林枫教授主持，各分会场的小组代表对该分会场的论文报告与专家点评及讨论进行了全面回顾与总结。中国社会科学院经济研究所魏众研究员在大会总结中认为，本届论坛的论文议题较之以往更加广泛，符合"陆海交汇"这一主题，并高度赞扬了本届论坛的论文学术水平与会议质量。中国经济史学会会长指出，本届论坛具有突出的学术规范性，有着更加成熟的选题，不论从史料的搜集还是理论水平的提升，都充分反映了这是一届高水平的中国经济史学博士后论坛。

本届论坛得到了海内外青年学者的热烈响应，海内外各高校、科研机构 70 余名博士后报名参加，共收到青年学者的论文 60 余篇。[①] 这次结集的 12 篇论文，就是从本届论坛的提交论文中精选的。

经济史学的开放性、交融性，使得其学科有了一定程度的发展，且成为显学之一，其中不可忽略的原因是包括博士后在内的青年学者的茁壮成长。现在博士后已经成为经济史学界的一支非常活跃的生力军，他们学术背景好、思想活跃、精力旺盛、知识结构合理，具有国际学术交流意识，代表了中国经济史学的未来。众所周知，现在国家设立有博士后基金、博士后文库等，同时相当一部分博士后在站期间积极申请国家社会科学基金青年项目、教育部基金、省部级项目及社会资助的横向项目，这对于改善博士后的科研环境具有一定的推动作用。

构建具有中国特色的经济史话语体系正逢其时，这主要在于我国有长期的传统经济史资料的积累与整理，有 2000 年"食货学"的传统，有近代以来对西方经济史学说的借鉴与扬弃，特别是有改革开放 40 余年中国社会经济的高速发展的基础，这些都为经济史学的发展创造了前所未有的机遇。同时，由于当下世界处于百年未遇之大变局，包括经济史研究在内的学科建设面临的挑战也是前所未有的。我们通过本届全国经济史学博士后论坛"陆海交汇：全球史视野下的中国社会经济变迁"的主题及充分的讨论，对中国经济史学科的未来充满信心。

---

① 关于这次论坛的具体情况，请参阅刘婷玉、林鸿宇《"陆海交汇：全球史视野下的中国社会经济变迁"——第七届全国经济史学博士后论坛综述》，载《中国经济史研究》2021 年第 1 期。

目录

六朝建康丝绸贸易新探*

薛海波**

南京师范大学历史系

[摘要] 六朝建康丝绸贸易的繁荣，建立在六朝国家、统治集团、小农商贩阶层都有从丝绸贸易获利的需求之上。六朝建康丝绸贸易是欧亚海上丝绸之路贸易的重要组成部分，丝绸与香料这类奢侈品是最重要的交易物资，处于六朝政治、军事控制之下。六朝建康丝绸贸易没有缓解六朝通货紧缩的形势，相反加剧了通货紧缩，是导致财富迅速集中到六朝统治集团、小农商贩大量破产的重要原因。六朝建康丝绸贸易将小农经济、世家大族、大土地所有制、国家财政与欧亚丝路贸易相连接，使六朝社会经济深受其影响。六朝都市商业的繁荣，在很大程度上是建康丝绸贸易所导致的畸形繁荣。

[关键词] 六朝；建康；丝绸贸易；货币；财政

六朝时期，江南并没有经历长期的大规模战乱，东汉以来形成的大土地所有制及庄园经济得以保存和发展，江南小农依附化进程也没有被打断。这使六朝国家无法大规模实行均田制，直接控制的土地和编户小农要远少于北朝。① 六朝经济结构在以农业为主的同时，商业也占有相当比重，形成了建康、江陵、番禺、成都、襄阳等大都市。② 六朝在使用粟、布帛等实物

---

* 本文系国家社会科学基金一般项目（15BSS005）"4—6世纪欧亚丝路贸易中的拜占庭、中介民族与中国关系研究"阶段成果。

** 作者简介：薛海波，南京师范大学历史系，教授，历史学博士。

① 唐长孺：《南北户口多寡的比较》，《魏晋南北朝隋唐史三论》，中华书局2011年版，第85页。

② 许辉、蒋福亚：《六朝经济史》，江苏古籍出版社1993年版，第347-349页。

货币的同时，一些商业繁荣的地区也大量使用金属货币。城市商业、货币经济的繁荣成为六朝经济的重要特征。[①] 作为六朝都城，建康可通过河南道与陆上丝绸之路（以下简称陆上丝路）沿线的西域中亚诸国建立直接的政治经济联系；通过交州、广州港口，经海上丝绸之路（以下简称海上丝路）沿线的东南亚诸国、斯里兰卡可实现与印度、波斯、拜占庭帝国的贸易。本文拟探讨六朝建康丝绸贸易繁荣的原因、在欧亚丝路贸易体系中所处的地位、与六朝货币经济的关系等问题。

一、六朝建康丝绸贸易是六朝国家、社会各阶层的经济需求

六朝国家财政赋役的主要来源是吴会地区，刘宋元徽四年（476），尚书右丞虞玩之在给后废帝刘昱的奏章中说："天府虚散……江、荆诸州，税调本少……豫、兖、司、徐，开口待哺；西北戎将，裸身求衣。委输京都，盖为寡薄。天府所资，唯有淮、海。"[②] 一旦吴会地区出现动荡或自然灾害，建康等地的米价就会飞涨，"东土灾荒，民凋谷踊，富民蓄米，日成其价"，[③] 甚至发生大范围饥荒，"去岁及是岁，东诸郡大旱，甚者米一升数百，京邑亦至百余，饿死者十有六七"。[④] 即使吴会地区农业丰收，六朝国家财政和小农生计也十分紧张，"称为丰岁，公私未能足食"。[⑤] 要维持财政收支和经济运转，六朝国家就需大量征收商税。[⑥] 六朝国家权力掌握在世家大族手中，征收商税不能触动世家大族的利益。因此，六朝国家对土地、房产、劳力、牲畜等大土地所有制核心生产要素的买卖实行低税率，凡奴婢、马牛、田宅等交易，一律百分收四，[⑦] 这必然会扩大商业交易的利润空

---

① 唐长孺：《南北商品货币经济的发展差异》，《魏晋南北朝隋唐史三论》，中华书局2011年版，第125页。

② 〔梁〕沈约：《宋书》卷九《后废帝本纪》，中华书局1974年版，第185页。

③ 〔梁〕沈约：《宋书》卷一〇〇《自序》，中华书局1974年版，第2450页。

④ 〔梁〕沈约：《宋书》卷七《前废帝本纪》，中华书局1974年版，第143页。

⑤ 〔唐〕姚思廉：《梁书》卷八《昭明太子统传》，中华书局1973年版，第168页

⑥ 〔北齐〕魏收：《魏书》卷六八《甄琛传》，中华书局1974年版，第1510页。

⑦ 〔唐〕魏徵、令狐德棻：《隋书》卷二四《食货志》，中华书局1973年版，第689页。

间，六朝社会各阶层"竞商贩，不为田业"的潮流与之有很大关系。① 六朝国家设置大量机关征收津关税、市税。例如，位于秦淮河入江口的石头津主要负责对来自长江上游的船只货物课税，城东的方山津主要是向通过破冈渎运至建康的粮食物资课税，② 征收的津关税高达10%，甚至更多。建康秦淮河东北岸有大市一所，小市十余所，③ 均设有官司征收高额市税。④

从重征收津关税、市税，对改善六朝国家财政长期紧张状况的作用很有限。如南齐末年"台家府库空竭，复无器仗，三仓无米"。⑤ 萧梁各级地方政府财政更是难以维持，"郡不堪州之控总，县不堪郡之裒削，更相呼扰，莫得治其政术，惟以应赴徵敛为事"。⑥ 一旦遇到大规模战事，六朝国家就需全社会动员捐助，如元嘉二十七年（450）刘宋发动北伐，"王公妃主及朝士牧守，各献金帛等物，以助国用，下及富室小民，亦有献私财至数十万者"。⑦ 天监元年（502）梁武帝发动北伐，"以兴师费用，王公以下各上国租及田谷，以助军资"。⑧ 由此，六朝国家必须用国家力量经营商业活动，填补财政亏空。

从东汉中后期开始，江南大族大建田园别墅。大土地所有制是江南大族财富的根本，如吴兴大族沈庆之"广开田园之业，每指地示人曰：'钱尽在此中。'身享大国，家素富厚，产业累万金，奴僮千计"。⑨ 何兹全曾指出，"南朝的豪族庄田，乃是货币经济支配下，以营利为目的的生产组织"。⑩ 这一特点反映在六朝大土地所有制的经济构成上，则不是单独以农业为主，而是多种经济成分并存。例如，会稽孔灵符"产业甚广，又于永

①④ 〔唐〕魏徵、令狐德棻：《隋书》卷二四《食货志》，中华书局1973年版，第689页。

② 张学锋：《六朝建康都城圈的东方——以破冈渎的探讨为中心》，《魏晋南北朝隋唐史资料》第三十二辑，2015年，第79页。

③ 张学锋：《六朝建康城研究中的史料学问题——以建初寺的地点考证为例》，《汉唐考古与历史研究》，生活·读书·新知三联书店2013年版，第99页。

⑤ 〔唐〕姚思廉：《梁书》卷二〇《陈伯之传》，中华书局1973年版，第312页。

⑥ 〔唐〕姚思廉：《梁书》卷三八《贺琛传》，中华书局1973年版，第543页。

⑦ 〔梁〕沈约：《宋书》卷九五《索虏传》，中华书局1974年版，第2349页。

⑧ 〔唐〕姚思廉：《梁书》卷二《梁武帝本纪》，中华书局1973年版，第42页。

⑨ 〔梁〕沈约：《宋书》卷七七《沈庆之传》，中华书局1974年版，第2003页。

⑩ 何兹全：《东晋南朝钱币的使用与钱币问题》，《读史集》，上海人民出版社1982年版，第165页。

兴立墅，周回三十三里，水陆地二百六十五顷，含带二山，又有果园九处"。① 江南大族庄园是建立在土地兼并和小农依附化之上的。大土地所有制要维持运转，就需兼并更多的土地和补充更多的劳动力。至晋宋之际，吴会土地基本被圈占开发完毕，土地价格异常昂贵，"会土带海傍湖，良畴亦数十万顷，膏腴上地，亩直一金，鄠、杜之间，不能比也"。② 江南大族要获得土地，除靠强力掠夺、赏赐等手段外，就得出高价购买。江南大族要获得劳力，除招徕、强制破产小农和强掳蛮族外，也得高价购买奴婢。利用大土地所有制的收益，与外界进行交换、贸易获取资金，购买土地和劳力，是江南大族维持大土地所有制运转的必然要求。

由于吴会地区的土地大多被江南大族占有，六朝统治集团中上层的北来侨姓大族无法在当地广建田园，除一些地位较高的大族能通过赏赐、权力在吴会占有一定规模的山林川泽、多半不相连的土地外，③ 其他只能聚居在建康城内依靠俸禄成为中央化大官僚，"江南朝士，因晋中兴，南渡江，卒为羁旅，至今八九世，未有力田，悉资俸禄而食耳"。④ 他们要维持家族的日常开销、置办家业，需要大量资金，除依靠俸禄外，只能将任官外郡的"还资"投入到商业中牟利。因此，六朝统治集团中的江南大族、侨姓大族都有进行商业贸易的需要。

在六朝失去土地、没有依附于世家大族的江南编户小农，多半成为手工业者和小商贩。这一趋势从东吴时就已开始，"去本就末，不循古道"。⑤ 3 世纪后期，为躲避战乱，南渡的北方小农也有相当一部分从事工商业。至东晋建立初，吴会地区有"工商流寓僮仆不亲农桑而游食者，以十万计"。⑥ 由此，失地和南渡从事手工业、商业的小农商贩，是建康等六朝大都市中人口的主要构成部分。⑦ 六朝小农户调、田租等很多项目

---

① 〔梁〕沈约：《宋书》卷五四《孔季恭传》，中华书局 1974 年版，第 1533 页。

② 〔梁〕沈约：《宋书》卷五四《史臣曰》，中华书局 1974 年版，第 1540 页。

③ 唐长孺：《三至六世纪江南大土地所有制的发展》，《唐书兵志笺正》（外二种），中华书局 2011 年版，第 57-59 页。

④ 王利器：《颜氏家训集解》（增补本）卷四《涉务篇》，中华书局 1993 年版，第 324 页。

⑤ 〔晋〕陈寿：《三国志》卷四八《吴书·孙休传》，中华书局 1959 年版，第 1158 页。

⑥ 〔唐〕房玄龄等：《晋书》卷二六《食货志》，中华书局 1974 年版，第 791 页。

⑦ [日]盐泽裕仁：《六朝建康的都市空间》，载张学锋编《"都城圈"与"都城圈社会"研究文集：以六朝建康为中心》，冯慧译，南京大学出版社 2021 年版，第 132 页。

都需折纳为铜钱。① 为凑齐上缴的税赋钱，即使没有流入城市的百万乡村小农也须兼营一些手工业、商业活动。

耕织结合是小农经济的特点，自汉代以来，小农要用手工业换取货币缴纳赋税、补充家庭收入，首选就是纺织丝绸制品。东晋南朝时，桑树种植得以在长江以南的太湖、鄱阳湖流域推广，有些地区蚕一年达到四五熟，② 为小农从事丝绸纺织提供了充足的蚕丝原料。东晋刘裕北伐灭掉后秦，将长安织锦工匠迁到建康，在秦淮河斗场寺附近设置锦署，拥有大量工匠，能进行云锦等高等级丝绸的生产。③ 受此影响，刘宋时民间就出现了织造高档丝绸制品的私人作坊，"尚方今造一物，小民明已睥睨。宫中朝制一衣，庶家晚已裁学"。④ 南齐时，江南小农丝绸纺织业达到相当规模，永明六年（488）南齐曾下诏动用国库钱五千万，以及地方州郡财政，低价大量收购米、谷、丝绵。⑤ 由此可见，六朝小农大批从事丝绸生产贩卖，为六朝建康丝绸贸易的开展、繁荣奠定了坚实的物质基础。

在六朝商业市场交易的众多物资中，丝绸制品与金银器、珍宝、香料等奢侈品并列，是建康城中六朝统治集团奢华生活的重要消耗品。南齐东昏侯"置射雉场二百九十六处，翳中帷帐及步鄣，皆袷以绿红锦，金银镂弩牙，瑇瑁帖箭"。⑥ 南齐文惠太子萧长懋"善制珍玩之物，织孔雀毛为裘，光彩金翠"。⑦ 萧梁士族羊侃"性豪侈……于两艖艒起三间通梁水斋，饰以珠玉，加之锦缋，盛设帷屏……宾客三百余人，器皆金玉杂宝"。⑧ 六朝统治集团和百姓大多崇信佛教，建康是当时江南的佛教中心，建康诸多佛寺的僧尼焚香礼佛、法事活动需要消耗大量香料、象牙等奢侈品，这使

---

① 唐长孺：《三至六世纪江南大土地所有制的发展》，《唐书兵志笺正》（外二种），中华书局2011年版，第36页。

② 〔宋〕李昉等：《太平御览》卷八二五《资产部五·蚕》注引《隋书》，中华书局1960年影印本，第3675页。

③ 黄能馥主编：《中国南京云锦》，南京出版社2003年版，概述第1页。

④ 〔梁〕沈约：《宋书》卷八二《周朗传》，中华书局1974年版，第2098页。

⑤ 〔宋〕司马光编著：《资治通鉴》卷一三六《齐纪二》武帝永明六年（488）十二月条，中华书局1956年版，第4281页。

⑥ 〔梁〕萧子显：《南齐书》卷七《东昏侯本纪》，中华书局1972年版，第103页。

⑦ 〔梁〕萧子显：《南齐书》卷二一《文惠太子传》，中华书局1972年版，第401页。

⑧ 〔唐〕姚思廉：《梁书》卷三九《羊侃传》，中华书局1973年版，第561-562页。

六朝社会有用丝绸制品与南海诸国换取香料等奢侈品的大量需求。[①] 同时，丝绸制品是六朝国家与北朝、西域中亚诸国、东南亚诸国、印度、朝鲜半岛及日本等地的聘使进行贸易的主要物资。由此，丝绸制品是六朝商业中消费需求量大、利润丰厚的大宗商品，这是六朝国家、统治集团及小农商贩等阶层经商选中丝绸为主要获利商品的原因。

六朝统治集团成员纷纷利用政治特权从事丝绸奢侈品交易。例如，齐武帝萧赜为太子时，其属官张景真就依仗萧赜的权势，在建康与东南亚商人进行丝绸和奢侈品贸易。[②] 江南大族也将大量财富投入到丝绸贸易中，如会稽士族孔道存、孔徽，"颇营产业……请假东还……辎重十余船，皆是绵绢纸席之属"。[③] 由此，在六朝国库中、建康集市中充斥着"罕至之珍"，"未名之货，明珠翠羽"等异域奢侈品。[④] 由上可见，六朝建康丝绸贸易参与阶层广泛、涉及国家民族众多、交易规模庞大，与六朝社会各阶层经济联系紧密，是建康城中指标性的商业行业，建康已然是欧亚丝路贸易体系中重要的商贸城市。

二、六朝建康丝绸贸易是欧亚海上丝路贸易体系的重要组成部分

六朝建康丝绸贸易的繁荣，不仅是六朝国家和各阶层经商获利的必然结果，也与六朝建康丝绸贸易在欧亚丝路贸易体系中所处的地位有密切关系。西域中亚是欧亚丝路贸易体系的物资资金转运中枢，建康处于长江下游，受制于中国北方中原王朝"河、陇复隔，戎夷梗路，外域天断"的阻隔，[⑤] 六朝国家无法经陆路深入西域中亚丝路腹地，基于地理条件只能选择海上丝路。欧亚海上丝路贸易体系是涵盖欧亚主要国家和民族，贸易路线以海路为主，以港口为贸易据点，贸易模式多样的庞大贸易体系。海上丝

① 刘淑芬：《六朝建康的经济基础》，《六朝的城市与社会》，台湾学生书局 1992 年版，第 100 页。

② 〔梁〕萧子显：《南齐书》卷三一《荀伯玉传》，中华书局 1972 年版，第 573 页。

③ 〔梁〕沈约：《宋书》卷八四《孔觊传》，中华书局 1974 年版，第 2155 页。

④ 〔梁〕沈约：《宋书》卷五六《史臣曰》，中华书局 1974 年版，第 1565 页。

⑤ 〔梁〕沈约：《宋书》卷九七《夷蛮传·史臣曰》，中华书局 1974 年版，第 2399 页。

路贸易主要是罗马、波斯、印度、东南亚等国香料、金银贵金属、稀有矿物质、珠宝、珍贵物种等贵重物资，与中国丝绸制品以及手工制品等物资的交换贸易。欧亚海上丝路地理范围主要包括今中国岭南地区、南海诸岛、东南亚中南半岛、马来半岛、菲律宾群岛、巽他群岛、印度、锡兰等印度洋诸国，波斯、埃塞俄比亚、阿拉伯诸部落等阿拉伯海、红海沿岸诸国，以及地中海周围的西罗马、拜占庭、北非诸国。其中，岭南地区的番禺（广州）以及越南中北部沿海诸城，是欧亚丝路海商运输物资进入中国的首站港口。海上丝路贸易参与方能够获得多少利益，取决于其在海上丝路贸易体系的物资流动中处于何种地位。

在六朝之前，海上丝路贸易就是中原王朝获取明珠翠羽等异域奢侈品的重要途径，如汉武帝派遣译长与应募者赍黄金、杂缯，"俱入海市明珠、璧流离、奇石异物"。① 为此，秦汉时期中原王朝重视对岭南地区的经营，设置交阯（郡治在今越南河内市西北）、日南（郡治在今越南中北部沿海、广治省东河市）等郡县进行管理，② 统治机构的完备带动了海上丝路贸易的繁荣，"今之苍梧、郁林、合浦、交阯、九真、南海、日南……处近海，多犀、象、毒冒、珠玑、银、铜、果、布之凑，中国往商贾者多取富焉"。③ 然而，交广地区不具备大规模生产贩运丝绸、进行大宗丝绸贸易的条件，也不是丝绸奢侈品消费的主要市场。交广地区在海上丝路贸易体系中的地位，主要是香料等奢侈品进入中国南方的中转站。④ 要进行大规模的丝绸买卖，海商就需将金银贵金属、香料、珍宝、矿产、象牙等物资，经陆路、海路运送至丝绸制品集散地——建康贩卖。由此，六朝建康丝绸贸易是欧亚海上丝路贸易体系的重要部分。

中原王朝虽可通过西域陆路丝路获得香料、珍宝等奢侈品，但由于统治集团、官僚士族的政治活动、日常生活，以及佛教法事活动的巨大需求，加之通过海上丝路贸易而来的香料等奢侈品品质的独特性，中原王朝仍频

---

① 〔汉〕班固：《汉书》卷二八《地理志下》，中华书局 1962 年版，第 1671 页。

② 周振鹤、李晓杰、张莉：《中国行政区划通史》（秦汉卷上），复旦大学出版社 2017 年版，第 537-538 页。

③ 〔汉〕班固：《汉书》卷二八《地理志下》，中华书局 1962 年版，第 1669-1670 页。

④ 刘淑芬：《六朝南海贸易的开展》，《六朝的城市与社会》，台湾学生书局 1992 年版，第 338 页、第 341 页。

繁派使团赴建康购买香料等稀有物品。南方缺少马匹特别是战马，六朝国家一直有用奢侈品换马匹的战略需要。香料等奢侈品一经转手，价格就会高出很多，转卖给北方对六朝国家和各阶层来说也是有利的。虽然六朝与中原王朝处于对峙状态，但双方彼此都有互市的经济和战略需要，这使南北政权的马匹贸易和香料、明珠翠羽等奢侈品贸易从未中断。北魏迁都洛阳后，西域东夷的珍物充溢国库，仍在淮河设立市场与南朝互市，获取"羽毛齿革之属"等奢侈品。[1] 由建康贸易而来的奢侈品，在北朝被称为"南货"。北朝官僚士族纷纷利用权势私自或遣人赴建康购买，[2] 形成了全社会性贩卖南货，牟取暴利的潮流。这必然会导致马匹、丝绸、金银贵金属等关系到北朝国家财政经济的重要物资大量流入南方，以至于北朝国家严禁私人赴建康进行贸易的行为，甚至对此给予处罚。例如，北齐齐州刺史崔季舒因"遣人渡淮互市"被御史所劾；[3] 士族魏收因派遣他的门客到建康，"得奇货猥然褥表、美玉盈尺等数十件"，一度被处以流刑。[4] 由此，海上丝路异域国家的奢侈品，经六朝建康丝绸贸易又转卖给北方，建康成为北方香料等奢侈品的重要供给地，直接关系着北朝统治集团和大士族的经济利益。

蜀地蜀锦丝织业十分发达，在张骞通西域之前，蜀锦就被商贩用马队驮运的方式通过西南丝路，贩运到今缅甸、印度，进入欧亚海上丝路贸易体系。蜀锦是蜀汉筹集军费的战略物资，大量蜀锦经长江水道被贩卖到东吴，在建康被海商收购，进入海上丝路贸易体系。蜀锦经长江至建康的运输，直接带动了长江流域江陵、荆州、襄阳等重要口岸丝绸贸易的繁荣。受此影响，长江流域的商船数量、运载能力达到很大规模，如南齐元徽二年（474），江州刺史刘休范在寻阳发动叛乱，士众二万人、骑五百匹马一次全部乘商旅船队出发。[5] 长江流域丝绸贸易沿途各地官员纷纷利用职权从贸易中牟取暴利，如西晋荆州刺史石崇劫掠远使商客，致富不赀。[6] 江州刺

---

① 〔北齐〕魏收：《魏书》卷一一〇《食货志》，中华书局1974年版，第2858页。
② 〔唐〕李百药：《北齐书》卷三〇《崔暹传》，中华书局1972年版，第405页。
③ 〔唐〕李百药：《北齐书》卷三九《崔季舒传》，中华书局1972年版，第512页。
④ 〔唐〕李百药：《北齐书》卷三七《魏收传》，中华书局1972年版，第492页。
⑤ 〔梁〕萧子显：《南齐书》卷一《高帝本纪》，中华书局1972年版，第7页。
⑥ 〔唐〕房玄龄等：《晋书》卷三三《石崇传》，中华书局1974年版，第1006页。

史刘胤"大殖财货，商贩百万"。① 蜀地至建康的丝绸贸易中，相当一部分是迁居到蜀地的粟特商胡所掌握。② 粟特商胡因此暴富，"往来吴蜀，江海上下，集积珠宝，故其所获赀货，乃满两船。时或计者云：直钱数十万贯"。③ 粟特商胡从蜀锦买卖中赚取暴利，严重影响了当地官府的财政收入。当地官府不得不限定粟特商胡每人购买布、丝绵各不得过五十斤，用于与蜀锦交换的马匹无论好坏，限蜀钱二万一匹。④ 蜀地与建康的丝绸贸易，使粟特商船能频繁地从建康经海路驶向扶南、印度等海上丝路各国。⑤ 综上，六朝建康丝绸贸易是长江流域丝绸制品、奢侈品贸易的中心，也是主导陆路丝绸贸易网络的粟特商队进入海路丝绸贸易的重要渠道。

六朝建康在欧亚海上丝路贸易体系的交易重要地位，使大批商队来到建康，"是时贡使商旅，方舟万计"。⑥ 罗马商人在黄武五年（226）经海路到达交阯，被交阯地方官员送到建康觐见孙权，⑦ 但罗马和东吴并没有密切的贸易联系。从罗马到交阯再到建康的海上丝路极为漫长，受技术和国力限制，包括罗马、波斯在内的使团商船队都无法独自完成海上丝路的全部贸易，且沿途各国也不允许一国垄断贸易。要维持商船队的运转和资金流动，海上丝路各国商人就需要频繁地与沿线各国各地进行多边贸易和转运。这是罗马商人虽具备航海到达中国东部沿海的能力，但却极少能直接到中国进行丝绸贸易的原因。因此，海上丝路贸易诸国及商队贸易活动具有一定的地域范围。罗马、波斯、印度的商人多在阿拉伯海和印度洋进行贸易，

① 〔唐〕房玄龄等：《晋书》卷八一《刘胤传》，中华书局 1974 年版，第 2114 页。

② 荣新江：《魏晋南北朝隋唐时期流寓南方的粟特人》，《中古中国与外来文明》，生活·读书·新知三联书店 2014 年版，第 44-46 页。

③ 〔唐〕道宣撰，郭绍林点校：《续高僧传》卷二十六《释道仙传》，中华书局 2014 年版，第 1011 页。

④ 〔梁〕沈约：《宋书》卷四五《刘粹传》，中华书局 1974 年版，第 1381 页。

⑤ 〔梁〕释慧皎撰，汤用彤校注，汤一玄整理：《高僧传》卷三《僧伽跋摩传》，中华书局 1992 年版，第 119 页。

⑥ 〔梁〕沈约：《宋书》卷三三《五行志》，中华书局 1974 年版，第 956 页。

⑦ 〔刘宋〕范晔：《后汉书》卷八八《西域传·大秦传》，中华书局 1965 年版，第 2920 页。缅甸学者 Maung Htin Aung 认为，罗马商人乘船从印度海岸抵达丹那沙林（缅甸最南部的省，东与泰国为界，西临安达曼海，北接孟邦），然后从该地越过中南半岛，到暹罗湾，再前往中国。（Maung Htin Aung, *A History of Burma*, New York and London：Columbia University Press, 1967, p. 8.）

中南半岛、岭南地区是罗马商船贸易的最远范围。① 印度商人虽能航行至建康、江陵等长江流域各大口岸，② 但主要是利用印度在印度洋和孟加拉湾的中枢位置，将香料等能与丝绸贸易的物资转运到中南半岛。从中南半岛到六朝交广诸港口和建康的运输，主要由与交广相邻的南蛮国家扶南、林邑承担。③ 扶南位于中南半岛湄公河下游三角洲，扶南的澳盖港（今越南南部安江省）是印度商船驶抵中南半岛的最便捷港口。④ 林邑位于中南半岛东岸，势力范围从今越南北部的横山山脉，沿中部海岸延伸到南部的藩切。⑤ 扶南、林邑盛产金、银、铜、锡、沉木香、象牙、孔翠、五色鹦鹉、玳瑁、贝齿、吉贝等能在丝路贸易中获取暴利的贵重金属和香料等奢侈品。⑥ 从所占地理位置和经济资源来看，扶南和林邑必须要与六朝进行丝绸贸易，以获取江南的丝绸、盐、布匹、农具、瓷器、茶叶、瓦器、铜铁、酒糖、纸张等物资，再转卖给印度商人获取暴利。扶南、林邑也具备长途航运的条件，其船载量很大，"大者长二十馀丈，高去水三二丈，望之如阁道，载六七百人，物出万斛"，⑦ 在建康长江江面停泊众多"昆仑舶"商船，⑧ 很多可能是来自扶南、林邑的商船。

六朝国家与西域中亚相隔万里，双方除政治联络外，主要是丝绸与香料、珍宝等奢侈品的交换，属于陆路丝绸贸易的延续。六朝国家重点处理的是与扶南、林邑等海上丝路诸国的关系。黄武五年（226），东吴在占领交州后，派遣使团与扶南、林邑等国建立贸易关系。⑨ 扶南和林邑在海上丝路贸易中是竞争对手，扶南国位于长山山脉（呈西北—东南走向，斜贯越

① 〔唐〕姚思廉：《梁书》卷五四《诸夷·中天竺传》，中华书局 1973 年版，第 798 页。

② 〔唐〕释智昇撰，富世平点校：《开元释教录》卷三《佛驮跋陀罗传》，中华书局 2018 年版，第 188 页。

③ 陈鸿浴：《西元初期至第 7 世纪环马来半岛港市国家、文明及航线之发展》，《政治大学历史学报》，第 28 期，2007 年，第 152 页。

④ 〔日〕石泽良昭著：《东南亚：多文明世界的发现》，瞿亮译、吴呈莘校译，北京日报出版社 2019 年版，第 28 页。

⑤ 梁志明等主编：《东南亚古代史：上古至 16 世纪初》，北京大学出版社 2013 年版，第 158 页。

⑥ 〔唐〕姚思廉：《梁书》卷五四《诸夷·扶南传》，中华书局 1973 年版，第 784 页、第 787 页。

⑦ 〔宋〕李昉等：《太平御览》卷七六九《舟部二》注引《南州异物志》，第 3412 页。

⑧ 〔后晋〕刘昫：《旧唐书》卷一九七《南蛮·林邑传》，中华书局 1975 年版，第 5270 页。

⑨ 具体请参见刘淑芬：《六朝南海贸易的开展》，《六朝的城市与社会》，台湾学生书局 1992 年版，第 324—325 页。

南全境，是越南、老挝、柬埔寨的天然边界）以西，要到日南等港口，必须要经林邑控制的海岸航线。林邑常侵掠扶南，抢劫扶南船货，甚至截断扶南与交州的交通。这使扶南一直有借六朝国家制衡林邑的需要，要与六朝国家保持良好关系，没有侵犯交州的原因。[①] 林邑与日南接壤，经海路到达交广诸港口十分便利，加之国力强大，使其在南夷国家与六朝的丝绸贸易中处于优势地位。

交广是海上丝路贸易港口集中繁荣之地，交广刺史郡守等地方主要官职成为士族官僚迅速致富的肥差，"南土沃实，在任者常致巨富"。[②] 例如，标榜清廉无私，"无所取纳，表献俸禄之半"的广州刺史士族王琨，就从其卸任"还资"中拿出一百三十万钱在地价昂贵的建康购买宅第。[③] 其他没有操守的士族官僚大多把任职交广当成暴富的机会，纷纷利用职权，采取强行折价、贱卖贵买、武力恫吓等方式大肆勒索林邑等国商船。[④] 他们大多借此积累了大量财富，如刘宋孝武帝时，交州刺史垣闳罢州还，资财钜万，拥南资为富人。[⑤] 六朝国家与林邑等国在丝绸贸易上一直存在矛盾。这使林邑不断侵掠交州诸郡，"每岁又来寇日南、九真、九德等诸郡，杀伤甚众，交州遂致虚弱"。[⑥] 交州关系到六朝国家的财源，刘宋经过多年准备，于元嘉二十三年（446）集结交州地方武装和中央军远征林邑，占领其国都（今越南顺化），林邑王弃国而逃，刘宋掳获大量金银、珍宝、牲口、杂物，仅销毁其所铸金人，就获黄金几十万斤。[⑦] 刘宋虽大败林邑，但无法建立对当地蛮夷部落的稳固统治，仍需林邑国发挥其丝路转运作用。大获全胜后，刘宋只能撤军北返。经此一战，林邑再无侵掠交州，挑战六朝国家在海上丝路贸易体系主导地位的能力。

---

① 〔梁〕萧子显：《南齐书》卷五八《扶南国传》，中华书局 1972 年版，第 1016-1017 页。

②③ 〔梁〕萧子显：《南齐书》卷三二《王琨传》，中华书局 1972 年版，第 578 页。

④ 〔唐〕房玄龄等：《晋书》卷九七《四夷·林邑传》，中华书局 1974 年版，第 2546 页。〔唐〕李延寿：《南史》卷五一《萧励传》，中华书局 1975 年版，第 1262 页。〔唐〕姚思廉：《梁书》卷三三《王僧孺传》，中华书局 1973 年版，第 470 页。

⑤ 〔唐〕李延寿：《南史》卷二五《垣护之传附垣闳传》，中华书局 1975 年版，第 688 页。

⑥ 〔唐〕房玄龄等：《晋书》卷九七《四夷·林邑传》，中华书局 1974 年版，第 2547 页。

⑦ 〔唐〕姚思廉：《梁书》卷五四《诸夷·林邑传》，中华书局 1973 年版，第 786 页。

三、六朝建康丝绸贸易加剧了六朝社会通货紧缩形势

《隋书》卷二四《食货志》记载："梁初，唯京师及三吴、荆、郢、江、湘、梁、益用钱。其余州郡，则杂以谷帛交易。交、广之域，全以金银为货。"上列建康、三吴、交、广等地均是丝绸贸易等商业较为发达的地区。可见，丝绸贸易是推动建康等地使用金属货币的重要因素。丝绸贸易的发达程度直接关系到金属货币使用的范围和频度，如在海商奢侈品云集的交广地区，完全使用金银作为交易货币。在欧亚丝路贸易体系中，使用金银贵金属货币是丝路各国交易的惯例。例如，中亚粟特地区、丝路东段的中心城市高昌乃至中国河西走廊等陆路丝路贸易的重点地区，除用丝绸制品作为货币外，也大量使用丝路大国波斯所铸的银钱进行交易。罗马、波斯、印度在阿拉伯海、印度洋、红海等的贸易多用罗马金币、波斯银币进行交易。海上丝路贸易物资的东向流动使金银贵金属大量流入交广，成为交广地区普遍使用金银货币的原因。

六朝国家一直处于钱重物轻的通货紧缩、缺乏金银铜金属的困境中，[1]即使是用来铸造货币的铜料来源也很少。[2] 作为欧亚海上丝路和中国南北、长江流域丝绸贸易中心的建康，通过丝绸贸易能够获得一定量的金银。六朝国家还通过军事手段从林邑获得了大量贵金属。元嘉二十二年（445），迫于刘宋军事压力，林邑王杨迈一度要向刘宋输送黄金万斤、银十万斤、铜三十万斤。[3] 然而，六朝国家购买异域奢侈品消耗了大量的金银贵金属，对六朝国家财政构成了很大压力，如南齐武帝萧赜在永明五年（487）的诏书中说："泉贝倾于绝域……咸用九赋，虽有交贸之名，而无润私之实……远邦尝市杂物，非土俗所产者，皆悉停之。"[4] 还有相当一部分金银等贵金属被六朝统治集团、寺院做成各种金银饰品、器物以及装饰在宏大的宫殿

---

① 陈彦良：《魏晋南北朝的通货膨胀与紧缩——魏晋南北朝货币史论》，台湾清华大学出版社2013年版，第143-145页。

② 全汉昇：《中古自然经济》，《中国经济史研究》（一），中华书局2011年版，第33-34页。

③ 〔梁〕萧子显：《南齐书》卷五八《南夷·林邑国传》，中华书局1974年版，第1013页。

④ 〔梁〕萧子显：《南齐书》卷三《武帝本纪》，中华书局1972年版，第54页。

寺宇之上。^① 由此，通过丝路贸易而来的金银很可能所剩不多。在六朝时期，一旦用金银贵金属铸造新币，就会面临民间盗铸、剪凿，造成国家财政的巨大损失，而盗铸损毁钱币、捞取利益的又多是权贵豪强，^② 六朝国家无法禁止。为防止金银流失，六朝国家不能将金银贵金属投入货币铸造中。因此，六朝建康丝绸贸易的繁荣并没有改变六朝金属货币紧缺的局面。

六朝建康的统治集团成员囤有大量丝绸珍宝。例如，大士族羊侃囤积有大量的丝绸、珍宝等奢侈品。^③ 萧梁宗室萧宏"贮布绢丝绵漆蜜纻蜡朱沙黄屑杂货，但见满库，不知多少"。^④ 除供自身享用外，囤积的珍宝大部分被用来进行丝绸贸易牟取暴利。巨量囤货使六朝统治集团成员，在建康丝绸市场大宗交易中处于主导地位，足以控制整个市场的交易规则。他们为进行大宗贸易储积了巨额铜钱货币，如大士族江禄"颇有资产，积钱于壁，壁为之倒，迮铜物皆鸣"。^⑤ 萧梁宗室萧宏"性爱钱，百万一聚，黄榜标之，千万一库，悬一紫标，如此三十余间。帝与佗卿屈指计见钱三亿余万"。^⑥由此，六朝丝绸贸易导致金银以及铜钱高度集中在皇室、官僚、大士族及江南大族手中。他们将大量货币投入到日常的奢侈消费上，如萧宏"奢侈过度，修第拟于帝宫，后庭数百千人，皆极天下之选。所幸江无畏服玩侔于齐东昏潘妃，宝屦直千万"。^⑦ 这使香料、珍宝等奢侈品极为昂贵，如南齐东昏侯萧宝卷的贵妃潘氏使用的一支琥珀钏价值高达一百七十万钱。^⑧ 产自西天竺国的玻璃镜经扶南商人运至建康后，价格达到了百万贯钱。^⑨ 他们掌握的亿万铜钱货币中的相当一部分消耗在了购买异域奢侈品上，导致大量铜钱外流，加剧了市场通货紧缩。通货紧缩造成的钱贵物贱

---

① 刘淑芬：《六朝南海贸易的开展》，《六朝的城市与社会》，台湾学生书局 1992 年版，第 340 页。

② 〔唐〕姚思廉：《梁书》卷二四《萧昱传》，中华书局 1973 年版，第 372 页。

③ 〔唐〕姚思廉：《梁书》卷三九《羊侃传》，中华书局 1973 年版，第 562 页。

④⑥ 〔唐〕李延寿：《南史》卷五一《梁宗室上·萧宏传》，中华书局 1975 年版，第 1278 页。

⑤ 〔唐〕李延寿：《南史》卷三六《江禄传》，中华书局 1975 年版，第 944 页。

⑦ 〔唐〕李延寿：《南史》卷五一《梁宗室上·萧宏传》，中华书局 1975 年版，第 1277 页。

⑧ 〔梁〕萧子显：《南齐书》卷七《东昏侯本纪》，中华书局 1972 年版，第 104 页。

⑨ 〔宋〕李昉等撰：《太平御览》卷八〇八《梁四公子记》，中华书局 1960 年影印版，第 3592 页。

又使握有大量货币的六朝统治集团各群体的财富暴增。[1] 他们在建康及会稽等经济发达地区广建屯邸，囤积居奇、发放高利贷，[2] 如刘宋孝武帝诸皇子皆置邸舍，"逐什一之利，为患遍天下"。[3] 在经济发达的会稽，"王公妃主，邸舍相望，桡乱在所，大为民患，子息滋长，督责无穷"。[4] 由此，在统治集团各群体的政治权势和放债兼并的浪潮中，建康、吴会地区的小农商贩大量破产，"都下东土百姓，失业非一"。[5] 总之，六朝建康的丝绸贸易不仅没有改变六朝货币经济的紧缩局面，反而加剧了原有的通货紧缩，成为财富迅速集中到六朝统治集团、小农商贩大量破产的重要原因。

六朝统治集团中的皇室、官僚、大士族乃至豪强富室占有大量的土地山泽、依附人口，建有大量屯邸，占有大量经济资源，但六朝国家为争取其群体的政治支持，几乎无法惩治这个群体荫庇劳力、贪污强占等诸多不法行为，不能触动其经济利益，很难从其群体征收赋税徭役。这使六朝国家的赋役征发全部集中到小农和小商贩阶层。在六朝，小农除规定的户调田租外，还要缴纳大量杂调，一旦遇到大规模战事的临时征调，小农几乎倾尽家财，如元嘉二十七年（450），宋文帝为抵御北魏南侵，"戎役大起，倾资扫蓄，犹有未供，于是深赋厚敛，天下骚动"。[6] 六朝国家财政通常处于"府藏罄尽"状态，[7] 这使六朝国家对小农征赋有增无减，致使小农家庭"无乐生之色"，处于破产边缘。[8] 六朝小农每年缴纳的户调田赋中相当一部分都要折合成铜钱缴纳，市面大量流通的铜钱"钱多剪凿，鲜复完者"，[9] 小农出售丝绸，一般只能从市面上获得穿凿的劣币。然而，官府要求小农缴纳的铜钱必须要质地良好、轮廓完全，这就迫使小农必须出售大

① 〔梁〕萧子显：《南齐书》卷二《高帝本纪下》，中华书局 1972 年版，第 33 页。
② 唐长孺：《南朝的屯、邸、别墅及山泽占领》，《山居丛稿》，中华书局 2011 年版，第 6 页。
③ 〔梁〕沈约：《宋书》卷八二《沈怀文传》，中华书局 1974 年版，第 2104 页。
④ 〔梁〕沈约：《宋书》卷五七《蔡兴宗传》，中华书局 1974 年版，第 1583 页。
⑤ 〔唐〕李延寿：《南史》卷五一《梁宗室上·萧宏传》，中华书局 1975 年版，1278 页。
⑥ 〔梁〕沈约：《宋书》卷九二《良吏传序》，中华书局 1974 年版，第 2261 页。
⑦ 〔梁〕沈约：《宋书》卷七九《文五王·庐江王祎传》，中华书局 1974 年版，2041 页。
⑧ 〔梁〕萧子显：《南齐书》卷五四《高逸·顾欢传》，中华书局 1972 年版，第 929 页。
⑨ 〔梁〕萧子显：《南齐书》卷二六《王敬则传》，中华书局 1972 年版，第 482 页。

量丝绸换取优质铜钱，①导致丝绸价格大降。六朝吴会等地杂调的征发没有固定时间，一旦征调，州郡就"切求悬急"短期内上交完毕，致使丝绸市场上经常出现大量丝绸制品集中抛售的情况，这也是造成丝绸制品价格大幅下跌的重要原因。这使小农农作物和纺织品价格很低，"稼穑难劝，斛直数十，机杼勤苦，匹裁三百"。②货币市场的通货紧缩和官府催征，使官僚大士族、大土地所有者用少量金钱就能从小农和小商贩手中购得大量丝绸制品。六朝百万小农和小商贩是丝绸制品的生产者和转运贩卖者，他们处于丝绸贸易链条的最底层。小农、小商贩从丝绸贸易中费力赚到的少量铜钱，在六朝建康等大都市的通货紧缩下大幅缩水。六朝小农虽勤厉兼倍，但很难获得足额的铜钱缴税，甚至"饥寒尤甚"。在刘宋后期的市场上，绢一匹至二三千，绵一两亦三四百，小农为凑齐缴纳户调的绢、绵数量，甚至出现了"贫者卖妻儿，甚者或自缢死"的悲惨局面。③南齐时，即使是经济发达的浙东五郡，小农要缴纳一千钱的丁税都要质卖妻儿才能凑齐。④由此可见，六朝建康丝绸贸易并没有给小农、小商贩的生活带来多少改善，反而加重了小农的赋役负担，成为加速小农破产的原因。

余论：建康丝绸贸易与六朝社会经济结构性矛盾

六朝建康丝绸贸易将小农经济、世家大族大土地所有制与家财产业、六朝国家财政，以及欧亚丝路国家的大量物资资金相连接，使六朝社会经济受欧亚丝绸贸易的影响远比北朝要大。欧亚丝绸贸易是建立在大量使用金属货币，大量贩卖香料、珍宝等奢侈品及金银贵金属，丝路各地商业网络联系紧密的基础之上。这一特征在六朝建康丝绸贸易上有突出表现。六朝建康丝绸贸易，致使巨额大量铜钱货币集中到六朝统治集团成员手中，加剧了六朝货币通货紧缩，加重了小农阶层的经济赋役负担，导致小农破

---

① 〔日〕川胜义雄：《货币经济的进展与侯景之乱》，载于川胜义雄《六朝贵族制社会研究》徐谷芃、李济沧译，上海古籍出版社2007年版，第259页。

② 〔梁〕萧子显：《南齐书》卷二六《王敬则传》，中华书局1972年版，第482页。

③ 〔梁〕沈约：《宋书》卷八二《沈怀文传》，中华书局1974年版，第2104页。

④ 〔梁〕萧子显：《南齐书》卷二六《王敬则传》，中华书局1972年版，第483页。

产和流亡，成为世家大族的依附人口，六朝国家控制的编户越来越少。六朝建康丝绸贸易的最大受益者是掌握权势并拥有大量金属货币及土地的皇室、官僚大士族、大土地所有者等六朝统治集团成员，他们将丝绸贸易的所得投入奢侈品行业和商业放贷，这使建康的小农、小商贩大量破产，六朝大都市奢侈品行业消费却非常发达。根据"军人士人，二品清官，并无关市之税"的规定，[①] 六朝国家无法向皇室、世家大族及官僚将领收取商税，其征收的商税越来越少，财政收入大减。

以上因素使六朝形成了国家财政长期亏空，长江流域的建康、江陵、成都等大都市商业经济畸形繁荣；社会经济财富迅速集中到统治集团各群体手中；吴会等统治核心区乡村小农经济持续衰败破产，普通小农朝不保夕，贫富差距悬殊等一系列难以解决的结构性矛盾。六朝世家大族主导社会经济、把持国家官僚体系、皇权不振的政治结构，使六朝皇权国家无法从打击世家大族的经济利益入手解决这一矛盾，只能不断地在铸造新币、减轻币值、增发币量以及使用旧币之间反复调整，每次变动都是对小农、小商贩财产的掠夺。这一做法虽能使六朝国家财政暂时渡过难关，但这是以经济秩序破产、编户小农财产严重受损为代价的，至萧梁普通四年（523）梁武帝再也没有操纵铜钱改革的空间，不得不尽罢铜钱，更铸铁钱，致使物价暴涨，通货膨胀无法控制，[②] "人以铁贱易得，并皆私铸。及大同已后，所在铁钱，遂如丘山，物价腾贵。交易者以车载钱，不复计数，而唯论贯。商旅奸诈，因之以求利"。[③]

梁武帝执政末年（548—552）爆发了祸及江南的侯景之乱，握有大量财富和政治特权的世家大族在动乱中身死族灭，[④] 商业最为发达的吴会地区几乎化为废墟，[⑤] 由此，六朝吴会地区的货币经济无法维持，商业畸形繁荣引发的结构性矛盾得以解决，但也使江南社会秩序遭到巨大破坏，在建康、

---

① 〔唐〕李延寿：《南史》卷七七《沈客卿传》，中华书局1975年版，第1940页。

② 具体请参见陈彦良：《魏晋南北朝的通货膨胀与紧缩——魏晋南北朝货币史论》，台湾清华大学出版社2013年版，第189—194页。

③ 〔唐〕魏徵、令狐德棻：《隋书》卷二四《食货志》，中华书局1973年版，第690页。

④ 〔唐〕李百药：《北齐书》卷三五《颜之推传》，中华书局1972年版，第621页。

⑤ 〔宋〕司马光编著：《资治通鉴》卷一六三《梁纪一九》梁简文帝大宝元年（550）条，中华书局1956年版，第5045页。

吴会地区进行大规模丝绸贸易的基础几乎不复存在。例如，侯景之乱爆发后至隋灭南陈统一中国的 40 余年中，林邑、扶南等东南亚诸国及印度贸易使团至建康贸易仅 17 次，远远低于萧梁建立至侯景之乱爆发前 40 余年的36 次。① 受此影响，在建康丝绸贸易链条上的岭南诸州，也从大量使用金银转为使用粟谷、布帛等实物货币，"多以盐米布交易，俱不用钱云"。② 这是南陈建康丝绸贸易急剧衰落，隋唐时建康在欧亚丝路中的重要地位被扬州取代，扬州成为中国南方商业中心、长江流域丝绸贸易中心的重要原因。

---

① 王赓武：《南海贸易——对南中国海中国早期贸易史的研究》，载于王赓武《南海贸易与南洋华人》，姚楠编译，中华书局香港分局 1988 年版，第 71-72 页。

② 〔唐〕魏徵、令狐德棻：《隋书》卷二四《食货志》，中华书局 1973 年版，第 690 页。

论南宋前期东南会子的性质与流通状况 *

王 申 **

中国社会科学院古代史研究所

[**摘要**] 学界多将纸币东南会子视作南宋主要的流通货币之一，但并未考虑其在不同时段的性质差异。南宋前期的东南会子主要用于财政活动，面额较大，在流通货币中占比甚低。商人经由和籴获得官府投放的东南会子，再参与榷货贸易使东南会子回流至官府，该循环是东南会子最主要的发行—回笼渠道。军人在获得以东南会子等大额货币发放的军俸后，多需将其兑换为现钱才能供日常使用。另外，根据钱会品搭制度及其执行状况，赋税中东南会子的比例不高，普通民众在交税与日常交易中也少用东南会子。总之，南宋前期的东南会子更多地呈现出财政票据的性质，尚未成为一般的流通货币，不应简单地将不同时段的东南会子视作一体。

[**关键词**] 东南会子；铜钱；财政票据；流通货币

一、问题的提出

　　纸币在南宋的财政与经济发展中占据重要地位，一般认为南宋是中国古代行用纸币的代表性时代之一。宋廷曾发行钱引、关子、会子等多种具有一定货币功能的纸质票据，尤以会子为主。在会子之中，东南会子的流通区域最广、使用功能最多，逐渐成为南宋最重要的纸币。自绍兴三十一

---

　　* 原刊于《清华大学学报》（哲学社会科学版）2019 年第 3 期。

　　** 作者简介：王申，中国社会科学院古代史研究所助理研究员。

年（1161）官方初创，① 直至南宋灭亡，东南会子的发行与使用几乎未曾中断。接下来的宋孝宗在位期间（1163—1189）则是东南会子发行、流通等相关制度的奠基时期，本文的考察主要涉及1161—1189年，并将该时段称为"南宋前期"。学界对此时的会子制度及演进情况有所梳理，研究最为细致者当属草野靖，他广搜资料，按时间顺序基本厘清了早期东南会子的发展过程，② 这些论述也成为本文的基础。

其他学者力图明晰东南会子的制度全貌，相关问题随之大体澄清。③ 有学者将南宋东南会子的发行、流通状况分期如下：宋孝宗淳熙末段之前，会价较为稳定，是为"安定期"；此后会子逐渐增发、会价下跌，开禧北伐、端平入洛、十八界会子发行、见钱关子发行等是会价走低的几个主要节点。④ 其中，南宋后期会子的巨幅贬值成为最受关注的议题。⑤

然而，此类分期的主要依据是东南会子的发行量与价值，这就使以往的学术史遮蔽了东南会子自身的演进，使这种纸币在不同时段的差异看起

① 李心传：《建炎以来系年要录》卷一八八，绍兴三十一年二月丙辰，中华书局1956年版，第3150页。

② 参见草野靖：《南宋东南会子の発展（上）》，《東洋學報》1966年第49卷第1期；《南宋东南会子の発展（下）》，《東洋學報》1966年第49卷第2期。此外，加藤繁于1941年发表的《南宋初期的见钱关子、交子和会子》（《中国经济史考证》第二卷，吴杰译，商务印书馆1963年版，第60-87页）是这一领域的早期代表性研究。

③ 参见曾我部静雄：《宋代财政史》，大安株式会社1966年版，第269-301页；《纸币发达史》，印刷厅1951年版，第37-55页；彭信威：《中国货币史》，上海人民出版社1958年版，第323-343页；草野靖：《南宋财政における會子の品搭收支》，《東洋史研究》1982年第41卷第2期；刘森：《宋金纸币史》，中国金融出版社1993年版；高聪明：《宋代货币与货币流通研究》，河北大学出版社2000年版，第179-225页；汪圣铎：《两宋货币史》，社会科学文献出版社2003年版，第654-730页等，其中曾我部静雄与汪圣铎在史料搜集方面尤为突出。关于北宋以来纸币制度的流变，代表性研究当属李埏：《北宋楮币史述论》，《思想战线》1983年第2期；《北宋楮币史述论（续）》，《思想战线》1983年第3期。

④ 分期较为细致者如本田精一：《南宋官会子の論理と実態》，《九州大学東洋史論集》1997年第25期。

⑤ 全汉昇曾对该议题做出典范性研究，前文梳理的大部分研究也涉及此议题。参见全汉昇：《宋末的通货膨胀及其对于物价的影响》，《中国经济史论丛（合订本）》，香港中文大学新亚书院新亚研究所1972年版，第325-354页。刘光临与包伟民的对话则涉及整个南宋时代通货膨胀与财政的关系。参见刘光临：《市场、战争和财政国家——对南宋赋税问题的再思考》，《台湾大学历史学报》2008年第42期；包伟民：《再论南宋国家财政的几个问题——答刘光临君》，《台湾大学历史学报》2010年第46期。

来仅在于数量多少和会价高低。实际上，发行量与会价的差异只是某种表面现象，其背后的深层原因当是东南会子性质的变化。关于这一点，目前学界尚未揭示，而是将不同阶段的东南会子在性质上视为一体。我们今日大多根据南宋中后期的情况，直接将东南会子作为一种日常的流通货币，但能由此推及南宋前期东南会子的性质与流通状况吗？[①]

如果我们进一步考察东南会子的面额，更能确信上述问题无法含糊带过。东南会子的面额经过改动，隆兴元年（1163）的规定一直使用至南宋灭亡，面额为一贯、五百文、三百文、二百文；[②] 在此之前，会子曾被定为一贯、二贯、三贯，面额更大。[③] 据程民生研究，南宋普通劳动力每日的现钱报酬在几十文至四五百文之间，以一二百文居多。[④] 这说明即便是最小面额的会子也大约相当于时人一日的工资，市场中当有许多商品的价格远低于此。[⑤] 问题是，二百文会子之下便是一文铜钱，中间没有其他辅币，二者差距过大。大额且不能分割的货币在以小额交易为主的民间日常交易中很难获得较好的流动性，若有人持东南会子小额消费，卖家便面临为了找零而流失大量铜钱的窘境，这对于开展交易颇为不利。如果从国家财政层面思考此类问题，宋廷为何将东南会子作为大面额货币？

下文的讨论便基于上述疑问，试图从东南会子的发行数量、财政用途、民间交易和税赋中的钱会比例等角度展开论述，解明南宋前期东南会子的性质与流通状况，以期抛砖引玉，求得方家指正。

---

① 如高桥弘臣认为东南会子在南宋后期的广泛使用，使元代纸币政策能够在南宋故土内顺利推行。参见高桥弘臣：《宋金元货币史研究——元朝货币政策之形成过程》，林松涛译，上海古籍出版社 2010 年版。

② 李心传：《建炎以来朝野杂记》甲集卷一六《东南会子》，中华书局 2000 年版，第 363 页。

③ 李心传：《建炎以来系年要录》卷一八八，绍兴三十一年二月丙辰，第 3150 页。

④ 参见程民生：《宋代物价研究》，人民出版社 2008 年版，第 347-368 页。

⑤ 实际上，宋廷印发的东南会子绝大多数为一贯面额，五百文及以下的小面额会子较少。例如乾道元年（1156），户部曾申请将会子 100 万道，兑换诸路常平钱 100 万贯（徐松辑：《宋会要辑稿》食货六二之三九，中华书局 1957 年版，第 5968 页）。"道"为纸张的数量单位，这说明 100 万道会子的面值皆为一贯。凡此事例颇多，不再备举。小面额会子的缺失，加大了东南会子与铜钱的面额差距。

二、东南会子在货币流通结构中占比低

发行量和流通量是制约货币流通状况的主要因素，在很大程度上决定了有多少人能获得该种货币。如发行和流通数量较少，东南会子这样的大额货币恐怕难以深入基层交易。

绍兴三十一年（1161），随着金主完颜亮南征，宋金双方发生大规模战争。发行东南会子的初始原因正在于缓解宋廷的财政危机。当时中央财政现钱匮乏，户部奏请百官和军队的俸钱以银会品搭支付：百官以六分折银，四分会子；军队稍优，以五分折银，三分见缗，二分会子。①

随后即位的宋孝宗并未进一步依赖这种临时措施。就整个南宋而言，孝宗时期的东南会子发行数量是比较稳健的。据学者总结：绍兴三十一年至乾道二年（1166）共印造会子2800万道。会子分界始于乾道四年（1168），每界发行1000万贯。乾道五年第二界会子发行，此后两界并行，共约2000万贯。东南会子于淳熙末增发，如淳熙十三年（1186）发行的第七界会子增为2300余万贯。此后，东南会子的发行逐渐脱缰，南宋晚期的东南会子更是大幅贬值。②

南宋前期的稳健发行规模同宋孝宗本人的偏好不可分割。③他的发行策略总体上是严控数量、保证会价。宋孝宗本人更云："朕以会子之故，几乎十年睡不着。"④这种叙事逻辑被宋人所发挥，将宋孝宗的谨慎策略看作"圣政"，屡次予以赞美。⑤其后凡是涉及类似议题者多延续这种说法，今人亦大致赞成。

以上数据和描述直观地给予读者南宋前期东南会子发行状况的印象。

① 李心传：《建炎以来系年要录》卷一八九，绍兴三十一年三月甲午，第3159页。
② 高聪明：《宋代货币与货币流通研究》，第186-201页；汪圣铎：《两宋货币史》，第663-678页。
③ 宋代纸质货币的发行具有显著的外生性，其流通的基础更多地出于货币发行部门的主观意志。见包伟民：《试论宋代纸币的性质及其历史地位》，《中国经济史研究》1995年第3期。
④ 洪迈：《容斋随笔·容斋三笔》卷十四《官会折阅》，中华书局2005年版，第599页。活跃于嘉定年间的吴泳也集中整理了类似记载，参见吴泳：《鹤林集》卷十五《乾淳讲论会子五事》，见四川大学古籍研究所编：《宋集珍本丛刊》第74册，线装书局2004年版，第419-420页。
⑤ 佚名：《增入名儒讲义皇宋中兴两朝圣政》卷五四，江苏古籍出版社1988年版，第1630页。

这种印象大体无误，但由于缺乏同其他货币数量的比较，东南会子在货币中所占的比重仍未可知，讨论发行和流通数量的多少却必须考虑这一点。受资料所限，此处仅尝试做一粗浅的计算：

据学者估算，整个北宋的铜钱铸造额大约为 2.6 亿至 3 亿贯，① 如去除损耗灭失或回炉重铸者，实际数量应减少一些。不过，宋神宗与宋徽宗时期铸钱规模很大，显示出当时币材充足，重铸者所占比例不致过多。北宋灭亡后，宋廷控制区域缩小、财政积蓄损失，假设铜钱保有量减半，则尚有 1 亿余贯存世。这部分铜钱中，藏于民间的数量不少。绍兴二十九年（1159），宋廷曾约束铜钱贮藏行为，试图通过专卖渠道吸纳民间铜钱，"命官之家存留见钱二万贯，民庶半之，余限二年听变转金银，算请茶、盐、香、矾钞引之类。越数隐寄，许人告"。②

与此相对，东南会子由朝廷新创，须流经数重官府机构后方有部分投放至民间，其流通与发行之间的时滞明显。不仅如此，相当数量的东南会子深藏于官库内，并未参与流通。据度支郎中唐瑑在乾道三年（1167）的说法，绍兴三十一年（1161）至乾道二年（1166）发行的2800 万道东南会子中，已用者只有 55%，流存民间者仅为 35%。③ 即便认为东南会子分界后使用更为频繁，若以二界并行的 2000 万贯全数与铜钱 1 亿贯计算，其在货币总量中也仅占 16%。

因此，如从数量角度分析，东南会子在流通货币中所占比例甚低，这就从总体上使其难以广泛地参与交换。宋廷不具备在南宋前期将东南会子作为一般流通货币的基本条件。

三、东南会子的财政用途与流通路径

在流通占比较低的前提之下，南宋官方究竟在何种渠道、以何种方式使用东南会子？作为官方主导而新创的货币，东南会子须经财政支出方能

---

① 高聪明：《北宋铜钱制造额》，《中国史研究》1990 年第 1 期；宫泽知之：《北宋の财政と货币经济》，《宋代中国の国家と经济—财政·市场·货币—》，创文社 1998 年版，第 61 页。

② 脱脱：《宋史》卷一八〇《食货志下二》，中华书局 1977 年版，第 4395 页。

③ 马端临：《文献通考》卷九《钱币考二》，中华书局 1986 年版，第 98 页。

流通至市场。本节将自上而下地追踪东南会子的流通路径，由此便能较为清晰地呈现东南会子的性质与流通状况。

（一）和籴与榷货贸易

和籴对满足南宋官府和军队用度的重要性日渐加强。宋廷通常一次耗费数十万贯的巨额资金用于和籴，这是东南会子主要的投放渠道之一。例如乾道二年（1166），户部投入 100 万贯本钱，"以钱银、会子品搭支给，选委清疆官一员，就和籴场照应市价措置，招诱客人广行中籴，当官支给价钱，不得减刦作弊"。① 乾道四年（1168）五月之后，宋廷宣布不再使用度牒、关子等票据，转以东南会子、钱、银作为和籴本钱，此举正式确立了东南会子在和籴中的地位。② 此后单独使用东南会子和籴的事例增多，如乾道七年（1171）朝廷命令"镇江府于桩管朝廷会子内，支拨四十万贯付蔡洸收籴二十万硕，与见桩米一处桩管"；③ 淳熙十四年（1187），封桩库拨会子 50 万贯、淮东总领所拨桩管会子 19 万贯、湖广总领所拨桩管会子 30 万贯大规模和籴。④ 相近记载颇多，无须尽举。

这类和籴多以置场形式展开，交易对象主要为粮商。有时地方官府为了节约经费，向普通民众低价科敷，此为宋廷所禁止。⑤ 在完成和籴交易后，粮商将手中的东南会子投向何处？部分会子可能用于个人消费，但更多的资金仍应用于商业以实现财富积累。

粮商手中的大部分东南会子集中流向了以茶盐为代表的榷货贸易。

绍兴三十一年（1161），宋高宗诏会子务隶属于都茶场管理，"正以客旅算请茶、盐、香、矾等"，⑥ 这使东南会子从一开始便同榷货贸易捆绑起来。宋廷也将和籴与榷货贸易视为一体，如乾道二年（1166）七月，宋孝宗诏令"户部给降茶盐钞引五十万贯，付湖广总领所，量州军事力均拨，招诱客人请买，置场籴米"。⑦

① 徐松辑：《宋会要辑稿》食货四〇之四三，第 5530 页。
②⑤ 徐松辑：《宋会要辑稿》食货四一之五，第 5539 页。
③ 徐松辑：《宋会要辑稿》食货四〇之五三，第 5535 页。
④ 徐松辑：《宋会要辑稿》食货四一之一八，第 5545 页。
⑥ 马端临：《文献通考》卷九《钱币考二》，第 98 页。
⑦ 徐松辑：《宋会要辑稿》食货四〇之四四，第 5530 页。

最为重要的是，粮商与榷货贸易者之间关系甚密，不少商人可能同时参与粮食和茶盐贸易。① 从某种意义上说，相当多的大型粮商和茶盐商是同一批人。兹引二条史料稍加说明：

> "（隆兴二年八月）权发遣泰州刘祖礼言：……淮盐本上江客人所贩。"②

> "（乾道七年十二月）臣僚言，建康府榷货务近缘客人兴贩米斛前往上江，致入纳盐钞迟细，淮东积压盐袋数多。据淮西总领周闶措置，欲差官般载往鄂州出卖，称提盐货，候客人入纳通货日依旧……先于建康府桩积会子内借拨三十万贯收买盐钞，候一纲了毕，申请支降。"③

鄂州是南宋最重要的和籴场所之一，由第二条史料可知，来自两淮的"上江客商"是鄂州和籴交易中的重要力量。④ 客商长时间集中在鄂州从事粮食贸易，使得淮西盐钞销售惨淡、淮盐滞销。为此，淮西总领以会子请出盐钞，将淮盐贸易转移至鄂州，以迎合客商的区位。由此可见，在鄂州的粮食商人极有可能同时在两淮从事淮盐贸易。他们将在粮食贸易中的盈利作为购买盐钞的本钱，长江沿线的米盐贸易由此以客商的活动连接起来。

据前文论述，官府在和籴贸易中大量以东南会子作为支付手段；而宋廷允许在榷货贸易中使用东南会子，则是这种纸币沟通和籴与榷货贸易的关键。乾道二年，宋廷规定了各种货币和票据在榷货贸易中的使用比例：

> "一、行在榷货务都茶场算请，依自来指挥，茶、盐、矾见系六分经（轻）赍，谓金银、关子；四分见钱，目今多用会子。乳香八分轻赍，谓金银、关子；二分见钱，目今多用会子。至左藏缺少见银品搭

---

① 参见包伟民：《宋代的粮食贸易》，《中国社会科学》1990年第2期；梁庚尧：《南宋盐榷——食盐产销与政府控制》，台湾大学出版中心2010年版，第117-137页；长井千秋：《南宋の補給体制試論》，《愛大史学》2008年第17卷。

② 徐松辑：《宋会要辑稿》食货二七之一〇，第5260页。

③ 徐松辑：《宋会要辑稿》食货二七之三七，第5274页。

④ 王炎：《双溪文集》卷一六《又画一劄子》，《宋集珍本丛刊》第63册，第251页。

支遣。今欲将前项合纳四分、二分见钱分数，各以搭分为率，许用五分见钱、五分会子算请。

一、建康榷货务都茶场，自来除每袋五贯文通货钱并纳见钱外，余以金银、公据、关子入纳。所有合纳通货见钱五贯文，其间多用会子，今欲令纳一半见钱、一半会子算请。

一、镇江务场应入纳茶、盐、香、矾，并听客户以金银、见钱、公据、关子从便算请，欲只依旧法。"①

鉴于商人已在现钱部分中"多用会子"，宋廷顺势将东南会子作为现钱，并固定使用比例。在之前的隆兴二年（1164），宋廷尚将东南会子视作金银等轻赍的一部分；② 商人与宋廷把东南会子当作现钱使用，反映了会子在榷货贸易中的地位日渐上升。朝廷于乾道九年（1173）命令入纳行在榷货务的轻赍中"许用关子三贯外，并用四分本色银两，余听用余银、会子从便入纳"，并令镇江、建康场务照此执行，③ 排除了东南会子以外的财政票据，使东南会子进一步嵌入榷货贸易中。实际上，宋孝宗在位年间（1127－1194），在多数时段内鼓励商人使用东南会子，朝廷不仅规定商人携带会子经过场务时无须交税、不受骚扰；④ 场务为了招徕客商，有时还给出"入纳会子每贯优润钱三十文"的优惠，这是使用铜钱所享受不到的。⑤

由此，东南会子在和籴与榷货贸易之间的循环流动已经明了：其一，官府在和籴交易中投放东南会子；其二，商人向官府出售粮食，获得东南会子；其三，商人使用东南会子参与榷货贸易；其四，官府向商人出卖茶盐钞引，东南会子回流至官府。当然，这其中应存在若干低层级的转卖交易，官府之间也有针对东南会子的调拨或其他形式的转移支付。但若将"官府"与"商人"视为整体，上述流动已经构成了一个较为完整的循环，

① 徐松辑：《宋会要辑稿》食货二七之二二，第 5266 页。

② 徐松辑：《宋会要辑稿》食货二七之九，第 5260 页。

③ 徐松辑：《宋会要辑稿》食货二七之四二，第 5276 页。

④ 谢深甫编：《庆元条法事类》卷三六《库务门一》，见杨一凡、田涛主编：《中国珍稀法律典籍续编》第 1 册，黑龙江人民出版社 2002 年版，第 554 页。

⑤ 蔡戡：《定斋集》卷三《乞依行在场务优润状》，载《影印文渊阁四库全书》第 1175 册，台湾商务印书馆 1986 年版，第 592 页。

大量东南会子被吸纳其中。和籴与榷货贸易在当时属于财政物流的重要组成部分，需要巨额货币支撑，可以说东南会子的职能之一在于沟通财政物流的不同部分。从这个意义上看，南宋前期的东南会子具有非常浓厚的财政票据属性。

洪迈曾将东南会子的财政用途概括为"商贾入纳、外郡纲运"。[1] 外郡纲运涉及税赋，后文将详述；而商贾入纳正与本节的论述直接相关，其沟通了和籴与榷货贸易这两大重要的财政物流活动，因而尤为关键。

问题在于，榷货贸易已使用茶盐钞引等"有价证券"，宋廷为何还要引入东南会子？

北宋的经验表明，以茶盐钞引替代货币有碍于茶盐价值的实现，给宋廷造成损失。崇宁年间（1102—1106），蔡京屡次变更钞盐法，致使盐钞价格走低。崇宁四年，侍御史毛注上言称：

> "自崇宁以来钞法屡更，人不敢信，京师无见钱之积，而给钞数倍于昔年。钞至京师，无钱可给，遂至钞直十不得一，边郡无人入中，籴买不敷，乃以银绢、见钱品搭文钞，为籴买之直。民间中籴，不复会算钞直，惟计银绢、见钱，须至高抬粮草之价，以就虚数。"[2]

如以盐钞直接和籴，很容易影响财政物流的正常运作。一旦盐钞发行过多，官府不得不付出更多的盐钞去收购粮食，最终造成粮食价格上涨、食盐价格下跌。此消彼长，财政经费妄支。南渡之初，财计紧张，宋廷没有本钱供榷货收入流失。宋高宗因而在绍兴元年下诏："今后官司申陈缺乏，更不降给茶盐钞引，令榷货务常切遵守成法施行。"[3] 此后以茶盐钞引充作货币使用，多为特殊之举。晚宋人吕中编写的科举参考书《类编皇朝大事记讲义》中也曾提及北宋失败的茶盐钞引政策，[4] 可见茶盐钞引不宜直接用于和籴，似为南宋士人之常识。

---

① 洪迈：《容斋随笔·容斋三笔》卷一四《官会折阅》，第 599 页。
② 脱脱：《宋史》卷一八二《食货志下四》，第 4446—4447 页。
③ 徐松辑：《宋会要辑稿》食货三二之二五，第 5370 页。
④ 吕中：《类编皇朝大事记讲义》卷一七《神宗皇帝·罢官卖盐法》，上海人民出版社 2014 年版，第 317 页。

引入东南会子则十分"聪明"。增发东南会子无碍于榷货商品本身的价值，货币贬值所带来的损失也主要由商人承担。^① 当东南会子发行过多而超出财政物流的容纳限度时，多余部分便泄出至民间市场。这样，即便在全民为货币贬值承担损失时，宋廷的榷货收入依然不会受损。以至于在南宋中后期，宋廷还经常以榷货贸易回收东南会子，试图提升币值。尽管确有部分纸币回笼，若官府支出不减少，此种"称提"行为注定失败。可财政支出如何能够轻易削减？事实证明，宋廷的财政开支日益扩大，东南会子亦大幅增印。

总之，宋廷以东南会子沟通和籴与榷货贸易的实质在于控制成本以维护财政收入，而东南会子在南宋中后期成为日常使用的流通货币，无疑只是民众为从财政循环中溢出的超额会子"埋单"所附带的结果。

（二）军俸

东南会子另一个主要的投放渠道是军俸开支。从绍兴末期开始，军俸中的货币部分大多以品搭形式发放，不同级别军人的品搭比例也有所区分，如乾道八年（1172），宋廷规定"诸军七人例以上，以二分钱、三分银、五分会子；五人例，三分钱、四分银、三分会子"。^② 在一些军官的俸钱中，白银、会子等大额货币的比例占到一半以上。史料记载和前人研究提供的信息大约至此为止，本文提出的问题是：军人拿到大额货币后能否直接在市场上消费？这是关乎东南会子等大额货币性质的关键问题。

基层军人参与的日常交易往往十分琐碎。绍兴七年（1137），有人向宋高宗描绘基层军兵的生活：

> "至如近下军兵，有请一百钱，食二升半米，而赡三四口者。日逐上教，或至晚方罢。及回本营，欲得杯熟水以沃肺腑，亦不能得。夫何？自申牌前后，打灭火烛，不许复爨，其情可知。及其所请食钱，非独欲赡数口，一月之内，仍欲买皮条，买磁末，买弓弦，至于修理

---

① 宋廷常提升榷货产品售价来规避会子贬值的影响。参见徐松辑：《宋会要辑稿》食货二八之五一，第 5304 页。

② 脱脱：《宋史》卷一九四《兵志八》，第 4847-4848 页。关于军俸收入可参见王曾瑜：《宋代军制初探（增订本）》，中华书局 2011 年版，第 278-310 页。

弓箭。种种费耗，不过此一事食钱而已"。①

此段记载时间稍早，但充分说明了基层士兵的生活、消费状况。军人的货币收入多被消费于细碎而零散的交易中，大额货币显然在一开始便被找零，无法长期存在于这类交易活动中。更不用说某些低级军人每日的收入甚低，未必达到东南会子的最小面额。

朝廷在一定程度上了解这些难处。隆兴元年（1163）十月，宋孝宗下诏称："见今军人出戍，其效用军兵食料钱及五人衔官以上，并与支给见钱，免致变转减折。"② 用大额货币作为军费十分轻便，但不利于军人消费。皇帝为了表明对出戍部队的优待，舍轻求重，全以铜钱开支军俸。

不过，大部分军人仍需靠所属军队甚至自己来处理货币兑换问题。乾道六年（1170），宋廷规定："每月请到银，并依变卖实数俵散，不得令合干人减尅侵盗并将见钱兑换会子。"③ 可见，军俸中以银支付的部分须"变卖"成现钱后再行发放。因此，负责兑换的军官、干人和普通士兵之间就银的市场价格可能存在信息不对称问题，他们便有了贪污作弊的空间。宋廷还禁止作弊者将现钱再折为会子发放，一来将白银兑换为另一种大额货币发放意义较小，二来有关人员又能利用东南会子的面额与市场价之间的差价作弊。这说明虽然军俸下发时包含相当数量的东南会子，但很少有人乐于将其作为兑换时的优先选择。南宋中后期的情况也十分类似，如嘉熙四年（1240）袁甫在一篇劄子中提及"军人执券于市，便以易钱，何不乐之有"，④ 说明将东南会子兑换为现钱仍然更有利于生活交易。

当士兵本人兑换货币时，更是将自己暴露在市场风险中。限于史料，此处仅以彭龟年在宋光宗绍熙二年（1191）左右的一段上疏加以说明：

"臣窃惟国家兴创会子，所以济钱币之乏。若官司有以权之，使之流通不壅，然后缓急可恃。臣闻湖广总领所会子当来立法，止是许于

---

① 徐梦莘：《三朝北盟会编》卷一八〇，上海古籍出版社1987年版，第1303-1304页。
② 徐松辑：《宋会要辑稿》职官五七之八二，第3692页。
③ 徐松辑：《宋会要辑稿》职官三二之四三，第3027页。
④ 袁甫：《蒙斋集》卷七《论会子劄子》，载《影印文渊阁四库全书》第1175册，第416页。

湖北、京西界内行使，其襄、汉戍兵月得料钱，全靠客旅贸易。其会子止到鄂州，便着兑使，而官司无以权之，遂使坐贾之人乘其急遽，低价以售，用是一贯会子，止可得五百左右见钱。会子既轻，商旅不行，故戍兵所得会子愈难变转，而会子益轻矣。"[1]

绍熙二年的货币政策亦较为稳健；湖北会子在湖北、京西境内的使用方式同东南会子类似，故大体能以此段材料考察南宋前期士兵的货币兑换情况。湖北会子的兑换点仅有鄂州一处，彭龟年认为部分坐贾利用了这一点，以低价兑换出境商旅的湖北会子。此举产生连锁反应，最终导致境内的湖北会子也出现贬值情况，军人的收入减少。作者清晰地指出，士兵需要"变转"手中的会子为现钱后方能使用，他们面对市场风云不得不委曲求全。降低兑换额度的行为又使纸币进一步贬值，流通陷入恶性循环。

总之，军俸开支中的东南会子等大额货币更多作为财政支付手段，不易落实为一般的流通货币。军人需要将这些货币变转为现钱，方能在市场上从事零散的消费活动。

本节的考察表明：南宋前期东南会子主要活跃于国家财政活动中，具有浓厚的财政票据性质。大部分东南会子被和籴—榷货这一循环囊括，官府由此实现对东南会子的投放—回笼。宋廷以东南会子为桥梁，将客商的贸易活动与货币支付纳入财政体系，由此实现和籴与榷货贸易这两个重要财政环节的有机结合。而另一个主要投放渠道——军俸的运作实态也表明，这一时期东南会子更多地作为财政开支手段，并不适用于日常的零散交易。军俸中虽包括相当数量的纸币，但军人的日常消费仍主要依赖铜钱。

四、民众的日常交易与东南会子的流通层级

上文已表明东南会子在财政领域的用途，本节试图从几个侧面考察南宋前期普通民众的用钱状况。令人遗憾的是，宋人多不关注类似议题，宋代文献亦少有记载民间用钱状况的史料。本节在尽力挖掘民间交易史料的

---

[1] 彭龟年：《止堂集》卷六《论湖北京西楮币疏》，载《影印文渊阁四库全书》第1155册，第834页。

基础上，将部分民间与官府互动的记载作为佐证。当然，与上文涉及的重大财政问题相比，这些记载显得更为社会化，更能反映东南会子与民间日常交易的关系。

纳税是普通民众的一项重要经济行为。尽管纳税本身更多地体现财政属性，但民众纳税时需预先将农产品变卖为货币，这其中包含了相当多的民间交易活动。对此，活跃于淳熙至绍熙年间的袁采便告诫子孙："凡有家产，必有税赋，须是先截留输纳之资，却将赢余分给日用。岁入或薄，只得省用，不可侵支输纳之资。"[①] 自东南会子印行，民众赋税的现钱部分逐渐开始以钱会品搭形式交纳，东南会子也应是"先截留"的一部分。问题是，南宋前期的民众需不需要、能不能够筹措大量的东南会子以纳税？这个角度对我们进一步判明东南会子在民间的流通状况，并揭示其是否成为日常的流通货币颇有意义。

辛弃疾对南宋前期东南会子在民间的流通状况有一概括："今所谓行使会子之地，不过大军之所屯驻与畿甸之内数郡尔。至于村镇乡落稍远城郭之处，已不行使，其他僻远州郡又可知也。"[②] 东南会子的活跃区域正是京畿周围、大军屯驻之处等财政活动频繁的地带，乡村与偏远地区的会子数量不足可由此确定。因此，当宋廷规定税款中必须包含一定数量的东南会子，民众因筹措税赋钱款而求购东南会子时，会价便会上升。辛弃疾也进一步说明："近来以民间输纳用会子见钱中半，比之向来，则会子自贵。"[③] 税赋比例的变化使得民众对东南会子的需求增加，会价因而提高。与此相反，南宋后期的民众在面对类似情况时却陷入另一种境地，"又会价之落多在输官之时。方官物起催，限急星火，钱会中半，顷刻唯违。人忧责罚之严，只得低价兑纳。会价一落，增长愈难"。[④] "钱会中半"原则在南宋前期与后期造成了截然相反的结果，东南会子的流通数量显然是决定因素：在南宋前期，"钱会中半"使民众需要临时购买东南会子以供纳税，会价自然上涨；而随着东南会子在南宋后期的泛滥，相同的品搭比例反而令民众

---

① 袁采：《袁氏世范》卷下《赋税宜预办》，天津古籍出版社 1995 年版，第 166 页。
②③ 黄淮、杨士奇编：《历代名臣奏议》卷二七二《理财》，上海古籍出版社 1989 年版，第 3554 页。
④ 吕午：《左史谏草·戊戌年四月二十四日奏》，载《影印文渊阁四库全书》第 427 册，第 397 页。

需要以手中的会子换取铜钱，会价应声下跌。

为什么普通民众在南宋前期不选择大量持有东南会子？一个合理的解释是日常交易不太需要大额货币，东南会子并未成为一般的流通货币。全汉昇、梁庚尧指出，以墟市为代表的南宋低级别市场的交易量、交易额十分有限。① 大部分买卖集中于价格低廉、无须一次性大量采购的盐、油、醋、酒等生活必需品，而且多数墟市为定期集市，并未发展成为每日市。此外，一般民众平时所积蓄的货币总额亦不至过多，如陆九渊说，"农民皆贫，当收获时，多不复能藏，亟须粜易以给他用，以解逋责"。② 农民收入本就微薄，除纳税外，还要用于应付债务、购买生活必需品等诸多方面，即便一开始得到的是东南会子，也早已由找零等途径转为铜钱。毕竟在小额交易中，铜钱较东南会子更为实用。

《夷坚志》中的一则记载直观地展示了南宋前中期普通民众对于东南会子的态度：

"丽水商人王七六，每以布帛贩货于衢、婺间。绍熙四年至衢州，诣市驵赵十三家，所贵直三百千，赵尽侵用之。王久留索偿不可得，时时忿骂，赵但巽词迁延。一夕醉以酒，与妻扼其喉杀之，纳尸于大箄内。王常日奉事僧伽大圣甚谨，虽出行亦以画像自随，旦暮香火瞻敬。赵恐遗物招累，卷像轴并净瓶香炉并置箄内。俟半夜人定，欲投诸深渊。将出户，有僧数人继踵来。惧其见也，为之少止。良久再出，则遇僧如初。凡五六返，天且明。不暇顾，径舁至江滨。邻居屠者姜六一，讶其荒扰，执赵手欲就视。不隐，乃告以实，赂以五楮券。姜不听，曰：'我当诉尔于官。'赵夫妇哀祈，复增十券。姜喜，乃舍去。是日不买猪，即归而持券易钱。其妻疑之曰：'汝无事早归，不做经纪，何缘得有钱？定是做贼！'"③

① 参见全汉昇：《宋代南方的虚市》，《中国经济史论丛（合订本）》，第 201-210 页；梁庚尧：《南宋的农村经济》，联经出版事业公司 1984 年版，第 201-256 页。

② 陆九渊：《陆九渊集》卷八《与陈教授》，中华书局 1980 年版，第 109 页。

③ 洪迈：《夷坚志·夷坚支丁》卷八《王七六僧伽》，中华书局 2006 年版，第 1032 页。

因用楮皮纸制造，东南会子也被称为楮券。在这一则事例中，屠夫姜六一获得了赵氏夫妇给予的"封口费"15贯东南会子。同样是15贯钱，东南会子仅用15张楮皮纸，而铜钱却需要上万枚，重达数十千克，搬运极为不易。赵氏夫妇绝不可能在处理王七六的尸体和遗物时携带大量铜钱，他们使用东南会子是合情合理的。对姜六一而言，以东南会子保藏15贯不义之财显然更为隐蔽，但他仍然选择在第一时间将东南会子兑换为铜钱，以至于被其妻发觉。这表明，东南会子对于屠夫姜六一而言并不实用，他仅将东南会子视作兑换铜钱的票据，而铜钱才是其日常生活真正所需的货币。

赵氏夫妇与姜六一对于东南会子的不同态度提示我们，宋人已注意到东南会子与铜钱在基层社会中的功能区别。陆九渊在同友人的书信中建议抚州金溪县可以自行和籴，"以备来岁近郭之用"。他说："仓台所乏者非钱也，倘得径就使台支官会或见钱为便。钱虽难以擎挈，尚可为便兑之计。若得官会，则尤为顺便，盖乡间亦商旅之路，可发泄也。"① 铜钱不便携带，但方便兑换、找零。东南会子的优点在于轻便，但必须有"商旅之路"供其进出。这说明东南会子的主要使用者是商旅等需大量携带货币行动之人，流通地也要有相对便利的交通条件。又如另一则《夷坚志》记载的故事，嘉兴人闻人尧民于淳熙六年（1179）赴楚州做官，"经三月，积俸钱百千，买楮券，遣仆持归遗母"。② 闻人氏单纯以铜钱保存其官俸，平时并未积蓄东南会子；在需要携带大量钱物长途活动时，才临时将铜钱兑换为纸币。

在上述个人事例之外，范氏义庄的规定能让我们从一个侧面考察大型家族使用东南会子的方式。义庄中几乎所有的交纳、支出、赏罚均以米完成，唯独应举子弟的路费以东南会子开支。嘉定三年（1210），范之柔在《续定规矩》中写道："旧规，诸房弟子得贡大比者，义庄支裹足钱十千。今物价翔贵，难拘此数。如有子弟得解赴省，义庄支官会一百千，其钱于诸房月米内依时直均尅。其免举人及补入太学者，支官会五十千。"③ 此时为南宋中后期，东南会子的流通数量较前期大幅增加。范氏义庄却仍不储

① 陆九渊：《陆九渊集》卷八《与陈教授二》，第110页。
② 洪迈：《夷坚志·夷坚支癸》卷三《闻人氏事斗》，第1244页。
③ 范之柔：《清宪公续定规矩》，见《范仲淹全集》下册附录6，四川大学出版社2002年版，第1168页。

蓄会子，如有需要，则临时出卖各房的月米以获得纸币。由此可见，东南会子并非用于义庄人员的日常开销，其作用主要在于方便应举者长途携带。《续定规矩》所记载的"旧规"甚至暗示，在东南会子流通尚少的南宋前期，应举者的路费仍以铜钱开支。

石刻资料还保存了部分南宋前期的民间用钱实例。必须指出，由于记载的零散性，本文并非试图用"举例子"的手法使这些资料成为确证，但至少通过细读文句和对比南宋后期的状况，我们可以发现铜钱在南宋前期的使用更为普遍，东南会子向民间扩散存在漫长的过程，试举几例：乾道三年（1167）底，苏州灵岩山显亲崇报福院的僧人将米百余石变为现钱300余贯，会同其他资金共600贯购买土地，[①] 但南宋晚期的诸多土地交易却以东南会子为交易媒介，[②] 这也许体现了民间大额交易中货币的变化。又如乾道五年，处州括苍县的一些人户集资维护通济堰。各家根据规定出钱40～100文足，堰匠每日领取食钱120文足，[③] 上述报酬低于东南会子的最小面额。

南宋中后期的相关记载也能反衬东南会子在南宋前期的使用状况。例如嘉定元年十二月，临安府获得封桩库划拨的会子2000贯、丰储仓划拨的稻米200石赈济流民。发放时却变成了"每大人日支钱一十文、米一升"，改用现钱。[④] 这一方面说明大约极少的铜钱便能维持生命；另一方面证明相较零用，东南会子更适用于官府机构间的大额调拨。即便在南宋后期因会子贬值，铜钱逐渐被挤出流通领域时，人们仍对小额货币有大量需求。例如嘉熙年间（1237—1240），民间曾流行面额为50文、100文的竹木制货币替代物。[⑤] 可想而知，朝廷将东南会子的面额限定于较大面额，或许并不指望其渗透至最基层的民间贸易之中。

通过本节对民间用钱状况的考察，我们可以知道时人更多地以铜钱作

---

① 佚名：《广照和尚忌辰追荐公据》，《江苏省通志稿·艺文志三》，见国家图书馆善本金石组编：《宋代石刻文献全编》第2册，北京图书馆出版社2003年版，第272页。

② 参见张传玺主编：《中国历代契约汇编考释》，北京大学出版社1995年版。

③ 范成大：《括苍金石志》卷五《范石湖书通济堰碑》，见《宋代石刻文献全编》第3册，第821页。

④ 徐松辑：《宋会要辑稿》食货六八之一○四，第6305页。

⑤ 吕午：《左史谏草·戊戌二年四月二十日奏》，第397页。这也从一个侧面表明宋廷并未发行较多数量的小面额东南会子。

为货币，在日常交易中大量使用或储蓄东南会子的情况并不多见。东南会子的用途相当有限，大约仅在需要纳税和长途携带时，民众才将铜钱兑换为东南会子。据辛弃疾和陆九渊的说法，东南会子大多流通于财政活动集中、大额交易多、交通状况好的地方，需长途携带大量货币的商人成为东南会子最主要的使用者。总体而言，铜钱是南宋前期最主要的日常流通货币；而东南会子多用于较高层级的贸易中，并没有渗透至零散的日常贸易中，无法作为一般的流通货币在民间市场中广泛流通。

五、税赋中的钱会比例与东南会子的流通状况

税赋是勾连官民之间财政、经济活动的一个重要节点。在分别考察东南会子在财政物流、军俸开支与民间交易中的使用状况后，本节将聚焦税赋中的东南会子，以期贯通研究官、民在同一渠道中的用钱状况。

钱会中半是南宋最为常见的财政用钱原则，在税赋征收中也颇为常用。[1] 但是如果稍加计算，便能发现钱会品搭政策在南宋前期可能面临的困难。

据郭正忠研究，乾道年间除内藏、封桩外的东南货币岁入有 5000 万～5500 万贯。其中，建康、镇江榷货务的收入计算在内，共计 1600 万贯；行在榷货务的 800 万贯收入不属于这一部分。[2] 也就是说，3400 万～3900 万贯的收入由诸路提供而来。假设全以钱会中半，则应有 1700 万～1950 万贯为东南会子。问题是在此之外，榷货贸易，税收中上缴至内藏库、封桩库的部分，以及地方公使钱中也多少包含东南会子，更不用说还可能存在没有投入流通的会子，但东南会子的常规印发数量却只有 2000 万贯。从总量上看，税收中的钱会中半制似乎并不能得到很好的执行。

宋廷对税收品搭规则的数次调整也说明这一点。

---

① 近年对钱会中半制研究较有突破者为高桥弘臣（《宋金元货币史研究——元朝货币政策之形成过程》，第 165-206 页）。他的研究重视南宋货币政策对元代的影响，因而更为关注钱会中半制在南宋后期的崩溃。关于钱会比例的变化，可参阅草野靖（《南宋财政における會子の品搭收支》）与汪圣铎（《两宋货币史》，第 681-693 页）的梳理。如以钱会中半为基准，宋孝宗时期的变化大多为增加见钱比例。

② 郭正忠：《两宋城乡商品货币经济考略》，经济管理出版社 1997 年版，第 366-368 页。

绍兴三十一年（1161），朝廷规定："诏新造会子，许于淮、浙、湖北、京西路州军行使。除亭户盐本钱并支见钱外，其不通水路州军，上供等钱，许尽用会子解发。沿流诸州军，钱会各半，其诸军起发等钱，并以会子品搭支给。"① 此举的目的当然在于照顾交通不便的州军，使其省却运输铜钱的高昂运费。可当时东南会子发行未久，其流通主要依靠前文论及的财政开支与商人贸易，交通便利、发达富饶之处的流通状况必然好过交通闭塞、落后贫困之地。此时朝廷却先允许不通水路州军上供更高比例的东南会子，这种政策真的能顺利落实吗？

乾道二年（1166）六月，朝廷更改了诸州军起发的钱会比例，称"诸路州军起解钱纲，见以会子、见钱中半发纳。访闻诸州军却将人户纳到见钱避免起纲脚剩，兑换会子起解。可遍下州军，自今后将应合起发钱纲，并以十分为率，权许用二分会子、八分见钱解发"。② 地方官府将人户交纳的现钱购买会子，由此可省下脚剩钱归己所有。按理，民户交纳的现钱数与朝廷要求起发的现钱数之间差距越大，地方官能克扣的脚剩钱也越多。面对相似情况，宋廷在乾道六年要求地方官严格执行钱会中半制，此举合情合理。③ 可此时，宋廷却反而将钱会中半制改为会子二分、现钱八分，逻辑何在？

一个合理的解释是：民众纳税本以铜钱居多，该政策不过是适应了民众纳税的常态，而调整钱会比例更多地体现在官府解发层面，改变了不同官府部门之间的赋税发纳形式。以下证据能够更好地帮助我们理解这一点：

"（乾道）八年二月一日，户部尚书曾怀、侍郎沈复言：'……一、路诸（诸路）州军合发折帛钱并宽剩折帛及折帛头子钱，欲自今年受纳日，以九分见钱、一分会子解发……一、临安府合发折帛钱，欲以三分为率，用一分见钱、二分会子解发，仍自受纳日为始。'……从之。"④

① 李心传：《建炎以来系年要录》卷一九一，绍兴三十一年七月乙未，第3203-3204页。
② 徐松辑：《宋会要辑稿》食货四四之九，第5587页。
③ 徐松辑：《宋会要辑稿》食货四五之九，第5598页。
④ 徐松辑：《宋会要辑稿》食货五一之四七、四八，第5698页。

"乾道八年三月十三日三省、枢密院劄子：户部奏乞不系屯军去处，起发折帛钱，九分见钱一分会子。其屯驻军马去处，以钱会中半交收，亦以中半发纳省部，庶得会子流转，不致军入折阅。奉圣旨'依'。"①

同样起发折帛钱，诸路州军以九分现钱、一分会子的比例，而临安的钱会比例却为1：2，会子分数远高于地方。一个月后，诸路州军的钱会比例也有分化：普通州军仍维持9：1的钱会比例起发；而驻军处改为1：1。除了第二条史料明确指出驻军处"以钱会中半交收"，其余文字只针对地方官府解发比例，不涉及民众交税时的状况。也就是说，上述文字主要展现宋廷如何对承担不同财政任务的地域规定钱会比例。相较其他州军，临安和驻军处均是财政物流活动密集的区域，东南会子顺着财政渠道广为流通，这在赋税领域反映为会子比例相对较高，若东南会子在这些区域流转不畅，无疑对财政活动的开展形成负面影响。宋廷根据不同地域的财政状况区分钱会解发比例，恰能证明东南会子具有强烈的财政票据性质。

自乾道七年（1171）六月起，宋廷开始逐渐细化规定，命令人户也按照地方上供的比例交纳钱会，②辛弃疾曾描述偏远地区税赋征收的状况：

"僻远州郡，会子尚少。高其会子之价，纽作见钱，令人户准折输纳。及其解发，却以见钱于近里州郡收买，取其赢余，以资妄费。徒使民间有增赋之名，而会子无流通之理。"③

偏远地区会子尚少，民众无法以会子交税，故官府以高价出卖东南会子。在解发时，官府却用这部分现钱向外地低价收购会子，赚取第二次利润。当时许多地域的情况正是"民间输纳，抑令全纳见钱；而州郡于属县解发官钱亦不肯依分数行用"，④不仅朝廷规定的钱会比例得不到落实，官、

---

① 谢深甫编：《庆元条法事类》卷三〇《财用门一》，第469-470页。

②④ 谢深甫编：《庆元条法事类》卷三〇《财用门一》，第469页。

③ 黄淮、杨士奇编：《历代名臣奏议》卷二七二《理财》，第3554页。

民之间的用钱比例也是两个层面的问题。从这个角度看，无论制度规定还是地方作弊，都使得东南会子并没有太多进入普通民众纳税的环节中，南宋前期的民众仍主要以铜钱交纳赋税中钱的部分。不过，辛弃疾的言论提示我们增加东南会子的流通数量或许能够改善其在民间的流通状况。宋廷也确实感受到了会子数量不足对征税造成的压力。淳熙二年（1175）四月，钱良臣建议增发东南会子，理由在于"民间入纳缺少会子，并两淮收换铜钱已支绝会子"，① 民间既缺少会子，针对民众纳税的钱会比例又何以执行？七月，叶衡又奏称"今诸处会子甚难得，谓宜量行支降行使"。② 淳熙十三年（1186）八月，宋孝宗欣喜地称"闻此间军民不要见钱却要会子，朕闻之甚喜"，并增加会子在税收中的比例，重回钱会中半。③ 值得注意的是，第七界东南会子正是于淳熙十三年发行，且多于之前各界会子的发行量。新会的发行不但没有明显降低会价，反而推进了钱会中半制的实施。也就是说，东南会子若要真正落实到赋税的末端——普通民众之处，必须要保证相当的流通量，否则只能在官府之间发挥财政作用。

统言之，南宋前期的东南会子在赋税这一官民经济、财政活动节点中的意义十分有限。它更多地作为不同官府部门交收的财政票据，朝廷关于赋税中钱会比例的规定也在相当长的时间内仅针对地方州军解发，不涉及民众纳税时的状况。在行都周围、大军屯驻之处等财政活动频繁的地方，东南会子明显发挥着更为重要的作用，宋廷也根据财政需求分别规定不同地域的钱会解发比例。尽管随着会子流通，钱会比例规定逐渐下行至民众纳税这一层级，但地方官府却往往让民众全以铜钱交税。这既与地方官府作弊有关，又受限于东南会子的流通数量与流通范围。在宋孝宗统治后期，朝廷增加东南会子的发行量，试图让其更好地为赋税体系服务。总之，南宋前期的东南会子没有很好地落实于赋税体系，官—官、官—民之间的用钱状况基本断开，东南会子更多地作为财政票据而非一般流通货币活跃于官—官的财政运作中。这也就回答了第四部分开头提出的问题：南宋前期的民众无需，也很可能无法筹措大量的东南会子以供纳税。

---

① 佚名：《增入名儒讲义皇宋中兴两朝圣政》卷五四，第 1629 页。
② 佚名：《宋史全文》卷二六上，淳熙二年七月乙未，中华书局 2016 年版，第 2165 页。
③ 佚名：《增入名儒讲义皇宋中兴两朝圣政》卷六三，第 1979 页。

六、结语

前文从发行数量、财政用途、民间交易和税赋中的钱会比例等角度论证南宋前期东南会子的性质与流通状况。文章表明：当时东南会子仍是财政票据，在财政物流、军俸开支和赋税中官府解发等财政层面发挥重要作用，并未作为一般的流通货币普及于民间交易和纳税行为中。较大的面额与较小的发行数量也限制了东南会子的流通程度与适用性，这从外围证明了本文的观察。

以往的研究侧重于强调东南会子流通"量"的一面，汪圣铎先生曾广搜史料证明，尽管有所起伏，南宋前期东南会子的发行量比较少、与铜钱的比价高而稳定，南宋中后期的会价因会子发行量大增而暴跌，[①] 由此才在几个会子增发的节点上形成了对东南会子发行状况的分段。本文则试图在发行量平稳、通货膨胀等描述外，讨论东南会子的性质及其在不同领域的流通状况。本文认为发行量少、会价较高实际上是宋廷仅将东南会子定位为财政票据的表现。东南会子既是沟通财政物流的不同环节的工具，在满足财政需求的情况下，其发行量自然不必过多，面额无须缩小。普通民众手中因而不必过多持有东南会子，也不会将其用于日常的生活交易。随着东南会子在南宋后期增发，其日益挤出铜钱而成为一般的流通货币，会价下跌正是表现之一。作为对照，蒙元政权试图以纸币取代铜钱，故必须从一开始便让纸币成为一般的流通货币，其结果便是中统钞面额分为 9 等，最低面额为 10 文；至元十二年（1275）厘钞的面额为 2 文、3 文、5 文；至元钞 11 等，最低面额仅有 5 文。[②] 由此可见，看似连贯发行的东南会子，其前期与后期的性质很可能并不一致，并表现在流通状况上，不应将其笼统概括。我们对于纸币性质及流通状况的研究仍有深入的余地，而探索的基础则在于细化分析史料，洞察朝廷发行纸币的动机与逻辑。

---

① 汪圣铎：《两宋货币史》，第 693-699 页。

② 宋濂：《元史》卷九三《食货志一·钞法》，中华书局 1976 年版，第 2369-2370 页。

危机中的繁荣：中世纪晚期英国信贷与商业活跃性[*]

于振洋　李新宽[**]

复旦大学历史学系；上海师范大学人文学院世界史系

[摘要]　在中世纪晚期，英国经济遭受"小冰期"恶劣天气引发的饥荒和黑死病的双重打击，再加上14世纪以来货币短缺给商业发展带来的桎梏，加剧了既存的境况，漫长的14世纪早期危机直至16世纪初期才有所缓和。传统观点因此认为当时英国商业发展停滞不前，但事实上，中世纪晚期英国商业发展虽然经历了危机，但仍呈现出一定的活跃性。在这一过程中，信贷发挥了重要作用。正是由于信贷的广泛存在，英国商业在市场格局、商品消费以及贸易群体方面仍能保持相当的活跃性。信贷能够发挥这样的作用，其根本原因在于中世纪晚期英国确立了一套官方的信贷维护机制，能够为以信贷形式从事的商业活动提供制度和法律的保障。由此，在向近代的转型过程中，信贷不仅是商业活跃发展的助推力量，也成为国家治理商业的重要举措。

[关键词]　中世纪晚期；英国；信贷；商业

按照传统观念来看，中世纪晚期英国商业发展因"漫长的14世纪早期危机"而停滞不前。此处提及的危机指的是1290年前后至黑死病（即鼠疫）暴发前夕英国封建主义的危机、"小冰期"引发的饥荒等诸多社会问

---

　　*　基金项目：本文为国家社会科学基金重大项目"英国经济社会史文献学专题研究"（项目号：17ZDA225）的阶段性成果。本文已发表在《史林》2021年第2期。

　　**　作者简介：于振洋，复旦大学历史学系博士后，研究方向：中世纪晚期英国经济社会史；李新宽（1972—），男，博士，上海师范大学教授，研究方向：近代早期英国经济社会史。

题。在这种危机的影响下，加之黑死病的暴发，此前"不断扩张的经济发展陷于停滞，然后出现逆转的趋势。危机的表现主要有城市发展缓慢、工商业需求下降等"①，与之相关的是，市场上流通的货币量逐渐减少。② 其负面影响不仅波及当时的商业发展，而且贯穿了整个中世纪晚期。近年来，西方学者逐渐修正了这种观点，对中世纪晚期英国商业的活跃发展③予以肯定。然而，对于在危机的背景下，商业为何能保持活跃发展，西方学者的

---

① B. S. Campbell, *Before the Black Death: Studies in the Crisis of the Early Fourteenth Century*, Manchester: Manchester University Press, 1991, pp. 1-2; R. Dobson, "Urban Decline in Late Medieval England", *Transactions of the Royal Historical Society*, 1977, Vol. 27, p. 2; P. Slavin, "Market Failure during the Great Famine in England and Wales (1315-1317)", *Past & Present*, 2014, No. 222, p. 10.

② John Hatcher and Mark Bailey, *Modelling the Middle Ages: Economic Development in Theory and Practice*, Oxford: Oxford University Press, 2001, p. 187. 货币史学者马丁·埃兰统计出了 1158—1470 年英国货币的流通量。根据作者的估算，在大约 300 年间，英国的货币量大体呈下降趋势。详细数据参见 Martin Allen, "The Volume of the English Currency, 1156-1470", *The Economic History Review*, 2001, Vol. 54, pp. 595-611; P. Nightingale, "Gold, Credit and Mortality: Distinguishing Deflationary Pressures on the Late Medieval English Economy", *The Economic History Review*, New Series, 2010, Vol. 63, No. 4, pp. 1081-1104.

③ 西方学者的相关研究成果颇为丰富，主要体现在三方面：其一，对商业的发展进行综合阐述，权威性的研究是布里特奈尔的著作，参见 R. Britnell, *The Commercialisation of English Society*, 1000-1500, Manchester: Manchester University Press, 1996. 在本书中，他不仅探讨了中世纪晚期英国的商业化水平，更阐述了在此之前的商业化程度，以此进行对比。此外还有 C. Dyer, *An Age of Transition? Economy and Society in England in the Later Middle Ages*, Oxford: Oxford University Press, 2005; M. Postan, *Mediaeval Trade and Finance*, Cambridge: Cambridge University Press, 2002。其二，对商业问题进行专题探讨。其中，对市场与消费的探讨最具代表性，主要有 C. Dyer, "The Consumer and the Market in the Later Middle Ages", *The Economic History Review*, New Series, 1989, Vol. 42, No. 3, pp. 305-327; R. Britnell, "Commerce and Capitalism in Late Medieval England: Problems of Description and Theory", *Journal of History Sociology*, 1993, Vol. 6, pp. 359-376; R. Britnell, "The Proliferation of Markets in England, 1200-1349", *The Economic History Review*, 1981, Vol. 34, pp. 209-221。其三，研究从事商业贸易的群体。主要有 C. Dyer, *A Country Merchant, 1495 - 1520: Trading and Farming at the End of the Middle Ages*, Oxford: Oxford University Press, 2012; A. Sutton, *The Mercery of London: Trade, Goods and People*, 1130 - 1578, London: Routledge, 2016; M. James, "A London Merchant of the Fourteenth Century", *The Economic History Review*, 1956, Vol. 8, pp. 364-376. 国内学者对中世纪晚期英国商业的研究主要有沈琦：《中世纪晚期英国市场结构的转型》，《史学集刊》2009 年第 5 期；徐浩：《中世纪西欧市场和市集制度新探》，《经济社会史评论》2015 年第 4 期；于振洋、李新宽：《中世纪晚期英国商业债务解决机制的法治化》，《经济社会史评论》2020 年第 1 期。

研究尚有不少可进一步探讨的地方①，尤其是从信贷的视角进行研究。基于此，本文立足于丰富的普通诉讼法庭、商人法庭等原始档卷，阐明信贷在宏观上促进了城市与乡村市场的相互联结，并从微观上促进了商品种类与贸易群体的扩展，从而有力地推动了中世纪晚期商业的活跃，同时以王国法令为基础从制度层面分析商业活动在不利的发展环境下通过信贷方式得以长期活跃的根本原因。

宏观表现：相互联结的城乡市场格局

市场是衡量商业发展水平的重要因素。中世纪晚期，英国市场在信贷的推动下朝向网状化的格局发展，即以伦敦为中心，将重要的市镇联结在一起，形成了一个相对网状化的分布格局。正如英国著名中世纪晚期史学家克里斯托弗·戴尔（Christopher Dyer）所言，"如同在黑死病和饥荒发生前那样，城市中心仍保持同样大的规模，并在商业体系中维持着它们类似的地位。……而市场最重要的变化涉及由城市和交易场所组成的网络的作用"。②

网状的市场格局在伦敦辐射下的区域范围内表现得最为突出。伦敦是英国市场发展最具代表性的城市，信贷业务也最为频繁。"在11、12世纪，伦敦已经成为了英国地方和长途贸易的重要中心"。③ 英国商人以及外国商人在这里进行批发与零售贸易。由于货币短缺，中世纪晚期的贸易多是以信贷的方式进行的。因此，伦敦的债务纠纷比其他城市都要多。可以说，"没有任何一座记载债权人或债务人的地方市镇能够与伦敦的数量和规模相

---

① 对于中世纪晚期英国商业活跃发展的缘由，学界普遍从消费与购买力的角度进行研究，以英国史学家克里斯托弗·戴尔最具代表性。根据戴尔的新中世纪史观，人均消费的增长刺激了整个经济。参见克里斯托弗·戴尔：《转型的时代：中世纪晚期英国的经济与社会》，莫玉梅译，社会科学文献出版社2010年版；C. Dyer, *Making a Living in the Middle Ages: The People of Britain*, 850-1520, London: Yale University Press, 2009.

② 克里斯托弗·戴尔：《转型的时代：中世纪晚期英国的经济与社会》，第188-189页。

③ R. Britnell, *The Commercialization of English Society*, 1000-1500, Manchester: Manchester University Press, 1996, p. 8. 关于伦敦在商业方面具有的这些优势，布里格斯认为主要有三大缘由：其一，由于毗邻泰晤士河，伦敦对外国的影响持开放态度，乐于吸收外来的事物；其二，伦敦是西北欧贸易路线的重要一环；其三，伦敦地处英格兰东南部，周围地势相对平坦，便于贸易往来。参见M. Briggs, *Economic History of England*, London: W. B. Clive, 1914, pp. 420-421.

比拟"。① 通过对 1285—1289 年官方发布的债务证明书事例进行统计，"伦敦登记处发布的债务证明涉及金额为 3921 英镑，占整个王国范围内登记处发布证明书的 46.6%，处于第二位的林肯为 21.3%，与之相差一半还多，继之以波士顿的 15.1%、温彻斯特的 12.45%，而约克、布里斯托等地的占比低于 2%"。②

伦敦作为国内外商品的集散地，"对于那些使用贸易中心体系的商人，尤其是购买货物并出售给英格兰其他地区消费者的商人，伦敦提供了最好的货物、质量最佳的货物以及选择最优的货物"。③ 这符合"信贷市场只存在于经济活动十分活跃的地区"④ 这一规律。英国各地的商人都倾向于到伦敦购买货物。1400—1409 年，普通诉讼法庭档卷中记载了 103 例信贷性质的商品销售类案件⑤。其中，伦敦占 86 例，其余 17 例散见于萨默塞特、萨福克、埃塞克斯、伍斯特、亨廷顿等地区。从地理位置上看，这些地区都分布在伦敦的周围，这也从侧面反映了伦敦的商业影响力。一般而言，在伦敦市场，信贷交易货物的金额较大，从数先令到数十英镑不等，例如 1442 年 5 月，莱斯特郡的商贩理查德·斯科特（Richard Schete）从伦敦杂货商约翰·阿克（John Acre）手中购买了 240 磅胡椒、100 磅杏仁、48 磅黑加仑、2 令书写纸以及 2 令普通纸，总价为 19 英镑 10 便士。⑥ 此外，英国各地的商人也会选择在伦敦筹措资金，金额不等。1447 年 9 月，莱斯特

---

① P. Nightingale, *Enterprise, Money and Credit in England before the Black Death* 1285-1349, Oxford: Palgrave Macmillan, 2018, 2013, p. 231.

② P. Nightingale, "Alien Finance and the Development of the English Economy, 1285-1311", *The Economic History Review*, 2013, Vol. 66, No. 2, p. 482.

③ Richard Goddard, *Credit and Trade in Later Medieval England*, 1353-1532, London: Macmillan Publishers Ltd., 2016, p. 229.

④ 克里斯托弗·戴尔：《转型的时代：中世纪晚期英国的经济与社会》，第 37 页。

⑤ 根据普通诉讼法庭档卷记载的内容来看，信贷案件可以细分为多种，如商品销售类、债券类、账目类等。每类案件的数量都较多。以此处引述的商品销售类案件为例，10 年间共有 103 例。奈廷格尔认为，中世纪晚期，信贷的债务违约率大致为 20%。参见 P. Nightingale, "Alien Finance and the Development of the English Economy, 1285-1311", *The Economic History Review*, 2013, Vol. 66, No. 2, p. 481. 若按照 20% 的比率来算，那么 10 年间的信贷债应该在 500 例左右。值得注意的是，中世纪时能够解决债务纠纷的法庭非常多，各个法庭都保留了大量与此相关的案例，由此可见信贷活动的总体情况十分可观。

⑥ "CP40/742: Trinity Term 1446" in J. Mackman, *Court of Common Pleas: The National Archives, Cp40 1399-1500*, London: Centre for Metropolitan History, 2010, p. 1502.

绸布商马默杜克·玛沙（Marmaduke Marsshall）在伦敦绸布商约翰·萨尔曼（John Salman）手中买了 38 英镑 11 先令 10 便士的货物，同时又借了 20 先令。[①] 1457 年 4 月，萨里的酿酒师托马斯·卡迪夫（Thomas Cardyffe）与伦敦的金匠托马斯·雷奈尔（Thomas Reyner）签订了一份 35 先令 8 便士的债券，同时又借了 4 先令 4 便士，共 40 先令。[②] 以信贷方式筹措资金的群体不局限于商人，用途也较为多元化。1458 年 5 月，萨里的神职人员约翰·格兰斯登（John Grannysden）向贩鱼商人罗伯特·德灵顿（Robert Derlyngton）借了 36 英镑 6 先令 8 便士用来修缮自己所在的修道院。同年 7 月，约翰又借了 20 英镑 10 便士。1460 年 3 月和 12 月，他再次分别借了 100 先令和 60 先令。[③] 由此可见，伦敦市场在信贷应用方面表现出了显著的优越性。

伦敦市场的显著发展并不意味着其他城市市场发展的滞后。事实上，信贷在伦敦以外的城市也得到了一定程度的应用，尤其是在 1353 年《商栈法令》确立的 15 座商栈城市中，如约克、林肯、布里斯托等，从而令各地区的市场也得到了不同程度的发展，这种发展在人们之间的交易往来中可以窥见，最常见于短途的交易。以伦敦周边地区为例，尽管周围城市的人都倾向于到伦敦购买所需商品，但各个地区之间也存在一定的贸易往来，1474 年 8 月，沃里克郡的西蒙（Simon）从米德尔塞克斯的裁缝沃尔特（Walter）手中购买了价值 55 先令的布匹，包括 6.75 码的黑色呢绒布以及 40 码的"肯德尔耳绿色粗呢"。[④] 长途贸易中也存在信贷关系，1447 年 5 月，伦敦的绸布商人托马斯·斯考塞（Thomas Scauseby）前往北方的约克郡，在那里卖给唐卡斯特的托马斯·海德（Thomas Heynde）一桶钢材、两桶沥青等货物，价值 40 先令。[⑤] 这些交易皆是以信贷的形式进行的。

---

① "CP40/754：Trinity Term 1449" in J. Mackman, *Court of Common Pleas：The National Archives, Cp40 1399-1500*, London：Centre for Metropolitan History, 2010, p. 4302.

② "CP40/796：Hilary Term 1460" in J. Mackman, *Court of Common Pleas：The National Archives, Cp40 1399-1500*, p. 3302.

③ "CP40/802：Michaelmas Term 1461" in J. Mackman, *Court of Common Pleas：The National Archives, Cp40 1399-1500*, p. 1302.

④ "CP40/871：Hilary Term 1480" in J. Mackman, *Court of Common Pleas：The National Archives, Cp40 1399-1500*, p. 7702.

⑤ "CP40/824：Trinity Term 1467" in J. Mackman, *Court of Common Pleas：The National Archives, Cp40 1399-1500*, p. 1502.

除此之外，贸易往来不局限在城市之间，城乡之间的贸易也不容忽视。中世纪晚期，英国乡村市场的数量十分可观，多达 1500 多处。[①] 综观中世纪时期，城乡之间始终处于一种相互依存的关系，主要表现在城市需要乡村供应粮食等生活资料，而城市会生产乡村所需的生活必需品。[②] 与此同时，城乡之间也存在羊毛等商品类型的贸易。生活在 15 世纪晚期的乡下人约翰·赫里蒂奇（John Heritage）为此提供了佐证。赫里蒂奇从事羊毛贸易活动，在从事贸易的过程中，分期结算的信贷方式是他最为普遍的交易方式。关于贸易的地点，除了自身生活的莫顿之外，赫里蒂奇会将收集的羊毛运送到伦敦，卖给从事对外贸易的大商人。同时他也会购置日常生活品和一些奢侈品，运回家乡莫顿去售卖。[③] 因此，人们的这种信贷活动在客观上将伦敦与英国各郡的城市、郡中乡村等各个层次的市场联系在了一起，从而促进了商业的活跃发展。

由上可见，在信贷的推动下，英国各地市场的发展反映出以下事实：首先，英国市场得到充分发展的地区以东南部为主，尤其是伦敦周遭，这些地区有天然的地理优势。相比之下，英国北部以及靠近内陆的西部地区的市场发展相对滞后。其次，商人的流动性较大，流动方向有三：英国各地商人流向伦敦获取资本与商品；伦敦商人前往各地的城市和农村进行贸易往来；地方性城乡之间的人群相互来往。无论是何种流动性都表明了中世纪晚期英国商品市场的相对活跃性。最后，市场中交易群体广泛，以商人为主，同时包含了其他社会阶层的人群，如神职人员、贵族、乡绅以及一些社会底层的人，因此中世纪晚期的市场发展在交易人群、地点、交易金额等方面都呈现出了商业的良好发展态势。概而论之，"市场是经济的核心所在"[④]，中世纪晚期英国商品市场的发展并没有

---

① C. Dyer, "The Consumer and Market in the Later Middle Ages", *The Economic History Review*, *New Series*, 1989, Vol. 42, No. 3, p. 307.

② 关于这一方面的研究，参见刘景华：《中世纪西欧城市与城乡关系的转型》，《世界历史》2017 年第 6 期。

③ 有关约翰·赫里蒂奇从事贸易的详细情况，参见 C. Dyer, *A Country Merchant*, 1495 - 1520: *Trading and Farming at the End of the Middle Ages*, Oxford: Oxford University Press, 2012.

④ V. N. Bateman, "The Evolution of Markets in early Modern Europe, 1350-1800: A Study of Wheat Prices", *The Economic History Review*, 2011, Vol. 64, No. 2, p. 447.

因"漫长的 14 世纪早期危机"以及数次瘟疫而受到严重冲击。相反，在信贷的作用下，英国市场呈现出了以伦敦为中心、城市之间以及城乡之间相互联结的格局。

微观表现：商品与贸易群体的多层次

在微观层面上，信贷已经渗透到人们日常的商品消费中，市场上的商品种类丰富，能够满足社会各个阶层的需求。中世纪晚期，尤其是在黑死病之后，商品消费呈现出了新的特点，主要表现在社会底层人群、中等阶层人群的购买力增加，能够消费得起更多的商品。按照戴尔"新中世纪史"的观点，"中世纪晚期，人均消费能力的增长刺激了整个经济"。[①] 在购买商品的时候，人们可能会面临无法用现金购买足够所需物品的问题，这是货币长期短缺的局面造成的。在这种情况下，信贷就起到了重要的作用。值得注意的是，信贷作为一种支付方式并没有取代货币的地位，而是与货币共同成为人们日常生活中的一种支付手段。[②] 因此，信贷是缓解货币短缺、促进贸易发展的重要工具。在信贷的带动下，商品的消费在城市和乡村都表现出了相当的活跃性。

在人们购买的商品中，利用信贷购买的饮食类商品占据了重要的比例，

[①] 克里斯托弗·戴尔：《转型的时代：中世纪晚期英国的经济与社会》，第 153 页。

[②] 关于货币与信贷的关联性，学术界普遍认可的看法是信贷的使用与货币的流通量存在正相关，以奈廷格尔的研究成果最具代表性。"一旦货币十分难获得，他们就会减少供应，提高所需的利率，或者在极端的情况下，完全停止借贷。"参见 P. Nightingale, *Enterprise, Money and Credit in England before the Black Death* 1285–1349, p. 13。在《中世纪晚期英格兰的货币收缩与商人信贷》一文中，奈廷格尔更是详细谈及了货币对信贷的直接影响："中世纪英格兰的信贷随着海外贸易给铸币厂带来的金银块的供应而扩张和收缩。当这种供应减少时，信贷为工业或商业扩张提供资金的程度，部分取决于商人可以动用的现金储备，部分取决于他们愿意在排除其他利益（如财产）的情况下投资于贸易的程度，部分取决于他们能够以何种程度来用现金取代商品交换。"参见 P. Nightingale, "Money Contraction and Mercantile Credit in Later Medieval England", *The Economic History Reciew*, Vol. 43, No. 4, 1990, pp. 560–575。波斯坦也指出了货币与信贷之间的关系，"中世纪商人没有对任何特定的金融方法表现出偏爱。在采用以信贷或现金方式购买货物时，商人的选择……由一种非常明确的经济因素决定。这一因素是可获得资本的数量。正是一个商人在交易时资本的相对充裕或匮乏决定着在买卖时对信贷的使用"。参见 M. Postan, "Credit in Medieval Trade", *The Economic History Reciew*, 1928, Vol. 1, pp. 234–261。因此，合理地看待信贷与货币两种支付手段在商业贸易中发挥的作用非常重要。

例如大麦、小麦、豌豆、羊肉、牛肉、猪肉、鱼肉、面包、酒等。商品种类丰富，能够满足社会各个阶层人群的消费。其中，酒是最为常见的饮品。市场上的酒类多样，能够满足不同人群的消费需求。1428 年 11 月，律师理查德·海格（Richard Hegge）从威廉·波特勒（William Boteler）那里购买了 10 桶啤酒，价值 40 先令。双方约定于次年 1 月偿还欠款。[①] 与啤酒、麦芽酒相比，葡萄酒通常来自国外，价格昂贵，更需要信贷的采购方式，1405 年，伊萨贝尔·塞利安德（Isabel Seriand）从托马斯·格雷（Thomas Grey）手中买了两桶加斯科涅的红葡萄酒，价值 53 先令 4 便士。[②] 一般而言，英国每年都会从加斯科涅进口葡萄酒。"13 世纪早期进口的数量多达 2 万桶，在黑死病之后下降至 6000~8000 桶，直至 16 世纪初葡萄酒的进口又达到了一个高峰"。[③] 此外，各种肉类是餐桌上的常见食物，尤其是鱼。由于英国距离北海渔场较近，"这里拥有北欧最重要的鱼产地，北海的鳕鱼、黑线鳕鱼和鲱鱼都很著名"[④]，因此英国人能买到种类丰富的鱼。1402 年，沃尔特·布里斯托维（Walter Bristowe）在法庭上声称尼古拉斯·布里斯托维（Nicholas Bristowe）买了他价值 5 马克 4 先令 6 便士[⑤]的物品，即 3 桶白鲱鱼、2000 条红鲱鱼、12 条鲑鱼以及 12 条咸鱼。[⑥] 猪肉、牛肉以及羊肉也是人们经常购买的食物。1441 年 4 月至 1443 年 1 月，凯瑟琳·伯格（Katherine Burgh）从威廉·霍廷（William Houtyng）那里买了 14 英镑 8 先令 8 便士的牛肉、小牛肉、羊肉以及猪肉。[⑦] 总之，中世纪晚期，凭借信贷手段，英国社会各阶层的人都可以根据自身的经济能力购买到不同层次的

---

① "CP40/675：Michaelmas Term 1429" in J. Mackman, *Court of Common Pleas：The National Archives*, *Cp*40 1399-1500, p. 2802.

② "CP40/590：Trinity Term 1408" in J. Mackman, *Court of Common Pleas：The National Archives*, *Cp*40 1399-1500, p. 1102.

③ C. Dyer, *Standards of Living in the Later Middle Ages*, Cambridge：Cambridge University Press, 1998, p. 104.

④ 詹姆斯·W. 汤普逊：《中世纪晚期欧洲经济社会史》，徐家玲译，商务印书馆 1992 年版，第 79 页。

⑤ 1 马克 = 13 先令 4 便士，故 5 马克 4 先令 6 便士 = 2 英镑 11 先令 2 便士。

⑥ "CP40/567：Michaelmas Term 1402" in J. Mackman, *Court of Common Pleas：The National Archives*, *Cp*40 1399-1500, p. 1302.

⑦ "CP40/736：Hilary Term 1445" in J. Mackman, *Court of Common Pleas：The National Archives*, *Cp*40 1399-1500, p. 3202.

食物和饮品。

商业发展的重要表现是非饮食类商品的消费日益重要。自 14 世纪末以来，"人们有能力将大部分的收入花费到食物以外的商品上，例如布匹、服饰、房子以及家具等"，① 从而提高生活质量。以呢绒为代表的布业在商业贸易中占据着举足轻重的地位，最能说明问题。当时的英国人能够买到颜色各异的布料，以 1388 年的一则交易为例，是年 10 月，琼·默恩（Joan Mohun）从罗伯特·萨默塞特（Robert Somersete）手里买了各式各样的布：1.5 夸脱的猩红色布，价值 8 英镑 17 先令 8 便士；8 码以及 1 夸脱的黑布，价值 12 英镑 7 先令 11 便士；20 码黄褐色布，价值 4 英镑；2 码的红布，价值 10 先令；半码紫罗兰色的布，价值 5 先令；16 码白布，价值 50 先令 10 便士；11 码以及 1.5 夸脱的条纹布，价值 8 英镑 10 先令；11 码以及 3 夸脱的 "迈得尔耶"（Medleye）布，价值 9 英镑 15 先令 10 便士。② 由此可见，中世纪晚期英国市场上的商品种类呈现出多层次化的特征，在一定程度上能够满足社会各个阶层的需求。

在中世纪晚期的欧洲，从遥远的东方运输而来的商品在欧洲广受欢迎。自 11 世纪起，西欧的商人们就已经开始忙碌于东方商品的贸易。"11 世纪初期，英国商人会前往意大利北部寻求香料和丝绸……来自德国、弗兰德尔③和法国北部的商人们会在伦敦的港口登记带来的布匹、葡萄酒、鱼以及木材。"④ 其中，最具代表性的是各种香料。一般说来，这类物品是保存食材的重要材料，实用性很高，但价格较为昂贵。1397 年 9 月，尼古拉斯·斯托肯伯里（Nicholas Stokenbury）从托马斯·诺尔（Thomas Knole）那里购买了 36 英镑 13 先令 7.75 便士的物品，其中以香料数量最多，包括 6 磅的姜、100 磅的胡椒、5 磅的藏红花、2 磅丁香。⑤ 丝绸织物在市场上也广

---

① C. Dyer, *Making a Living in the Middle Ages：The People of Britain*，850-1520, p. 296.

② "CP40/560：Hilary Term 1401" in J. Mackman, *Court of Common Pleas：The National Archives*，Cp40 1399-1500, p. 4002.

③ 佛兰德尔（Flanders），中世纪时期佛兰德尔佰国涵盖的地区，是独立的政治体。与英、法两国毗邻，地理位置大概包括今天的比利时、法国北部、荷兰南部等地。

④ C. Dyer, *Making a Living in the Middle Ages：The People of Britain*，850-1520, p. 66.

⑤ "CP40/560：Hilary Term 1401" in J. Mackman, *Court of Common Pleas：The National Archives*，Cp40 1399-1500, p. 1202.

受人们喜爱。1402 年，小商贩沃尔特（Walter）从绸布商人约翰手中买了 16 英镑的物品，包括 300 厄尔的呢绒和 100 条丝绸头巾。丝绸织物主要是从低地国家进口的。[①] 商人的大批量购买正是丝绸受欢迎且利润可观的绝佳例证。与日常必需品相比，此类奢侈品是人们用信贷交易更为常见的物品，其缘由在于此类物品价格昂贵、需要长途运输。更为重要的是，14 世纪中叶以后欧洲货币短缺的窘况在一定程度上也增加了人们对信贷的依赖。

与商品种类丰富相伴随的是从商人群的多层次化。一般而言，使用信贷从事商品买卖的人群主要以商人为主，正如英国学者詹姆斯·戴维斯（James Davis）所言，"信贷对中世纪的商人来说是一种必要的工具，允许他们……扩展商业的范围"[②]。与此同时，信贷使用者在城市中还包含普通的市民以及上层的贵族等群体，而乡下的农民也是使用信贷的重要人群。在这一方面，戴尔曾指出，"农民经常通过延迟付款来和自己的邻居就日常买卖进行大量的无货币交换，通过'记账'的方式定期结算。……信贷是农民生活中正常而实际上又非常重要的一部分"[③]。凭借着信贷工具，城乡社会各个阶层的人群都能够一次性购买到比以往数量更多、种类更为丰富的商品。由上所述，购买的商品既有日常生活所需的物品，也有远洋而来的奢侈品。

总之，从商品与贸易群体来看，在信贷的推动下，中世纪晚期英国商业发展呈现出了一定的活跃性，尤其是 15 世纪时期，"这个世纪见证了贸易的大发展……贸易在范围上更为广泛"[④]。此时的商品种类已经呈现出多层次化的特征，表现为市场上既有满足中、高等阶层的商品如从加斯科涅进口的葡萄酒、丝绸等，又有符合低等阶层需求的商品如麦芽酒、亚麻布衣服等。另外值得注意的是，中世纪晚期，欧洲的商品已经向区域化生产的趋势发展。各个国家、地区因地制宜生产自身所特有的产品，例如英国的呢绒、加斯科涅的葡萄酒、斯堪的纳维亚半岛的木材和沥青等。与此同时，使用信贷进行贸易等活动的人群也不局限于商人群体，而是囊括了上

---

① C. Dyer, *Standards of Living in the Later Middle Ages*, p. 79.

② James Davis, "Market Courts and Lex Mercatoria in late Medieval England," in Martin Allen and Matthew Davies, *Medieval Merchants and Money*: *Essays in honor of James L. Bolton*, London: Institute of Historical Research, 2016, p. 271.

③ 克里斯托弗·戴尔：《转型的时代：中世纪晚期英国的经济与社会》，第 187 页。

④ M. Briggs, *Economic History of England*, p. 400.

至贵族、下至农民的社会各阶层。

根本缘由：商业信贷维护机制的建立

信贷对商业活跃性的促进在市场格局、商品种类与贸易群体等方面得到了突出的体现。那么，信贷为何在普遍"危机"的大环境下仍能够对商业起到如此重要的拉动作用？这得益于官方信贷债务维护机制的建立。自信贷作为一种金融工具出现以来，一个共生共存的问题就是债务可能无法得到偿还。对这一问题的妥善解决关系到信贷在商业活动中能否存在下去。长期以来，英国人在解决信贷带来的债务纠纷问题时多采用私下协商的方式，直至13世纪80年代，英国议会通过法令的形式建立了一套解决债务问题的官方机制，从而使债务问题的处理更具保障。

在私下解决的过程中，买卖双方会在原有债务契约的基础上达成新的共识。1401年的普通诉讼法档卷中记录了一则私下协商的案例：1399年4月，约翰·戈德桑德（John Godsonde）等原告与被告荣格·奥利弗（Roger Olyver）签订了一份价值40英镑的契约，最后偿还时间为同年的5月6日，但被告逾期未还，由此双方曾约定用63夸脱的上乘麦芽酒来抵债。[①] 这一案例在反映买卖双方私下解决债务纠纷的方式同时，也表明了这种解决方式的漫长性，从1399年至1401年上诉法庭为止，历经了长达两年的私下协商。从普通诉讼法庭档卷中的债务案件，可以窥见买卖双方自行解决纠纷的时间跨度。以1401年的案件为例，是年，法庭档卷共记录了78例债务类的案件。从买卖双方签订债务契约起至上诉法庭止，除去1例时间不明（1%），时间间隔在2—3年的债务案共39例（50%）、3—5年共16例（21%）以及6年以上的22例（28%）[②]。从中可见，私下解决时间在2—3年内最为普遍，但也不乏拖延至6年以上的债务纠纷。因此，一套系统的官方债务解决机制的建立是十分必要的。

---

① "CP40/560: Hilary Term 1401" in J. Mackman, *Court of Common Pleas*: *The National Archives*, *Cp*40 1399-1500, pp. 202-203.

② 该数据是根据普通诉讼法档卷中1401年的案件整理而来，详细情况参见当年春季、夏季以及秋季三个时期的案件。参见 J. Mackman, *Court of Common Pleas*: *The National Archives*, *Cp*40 1399-1500, https://www.british-history.ac.uk/no-series/common-pleas/1399-1500.

　　为了有效地解决债务纠纷问题，1283 年，英国议会颁布了著名的《阿克顿·伯纳尔法令》。依据该法令建立的债务机制主要包含以下内容：其一，设定专门的债务登记处，主要在伦敦、约克、布里斯托、林肯、温顿和什罗普。从地理上看，上述地区基本囊括了英国全境，并且登记处的选择充分考虑了各个地区的商业发展状况，例如伦敦有着便利的交通条件、充足的资本支持等。其二，在债权人和债务人之间形成了一种权责关系。交易双方在上述地点登记信息并取得债券，其上记载了双方姓名、借贷金额、偿还日期等基本内容。按照债券上的要求，债权人有义务向债务人提供具体的资金或者货物，而债务人则需要在规定的时间内以分期或一次性付清的方式偿还欠款。中世纪时期，交易双方习惯于口头协定的方式①。与之相比，在登记处注册的债券能够有效地得到法庭的认可，从而更可能在短时间内追回欠款。其三，追缴程序的连贯。信贷维护机制运行的核心就在于追缴程序是否连贯。根据 1283 年颁布的法令，当债务人未按期偿还债务的情况下，市长就会发布令状②扣押债务人的动产，以此确保债务能够得到有效偿还。如果债务人没有足够的财产来抵消债务，"他本人将会被逮捕并扣押在监狱里，直至他为此达成协议，或者他的朋友为他达成协议"。③其中的债务追责程序凸显出了"先物后人"的原则。总之，自 1283 年《阿克顿·伯纳尔法令》颁布以来，英国"在整个王国内确立了一种债券拟定与执行的统一规则，从而与商业进程相适应"④。

　　1283 年确立的信贷维护机制在实际操作的过程中呈现出了诸多问题。对于此，英国史学者米歇尔·普雷斯特维奇（Michael Prestwich）指出了三大问题："债务登记地点太少；对动产和土地的限制太多；治安吏不愿意实施新的法令。"⑤ 除此之外，法令在债务人逃离问题、担保人的责任等方面

---

①　Richard Goddard, *Credit and Trade in Later Medieval England*, 1353-1532, p. 32.

②　关于令状的原始范本以及格式，参见 Hubert Hall, *Select Cases Concerning the Law Merchant*, 1251-1779, *Central Courts*, London：Bernard Quaritch, 1963, pp. 74-75.

③　*The Statutes of the Realm*, Vol. 1, London：Dawsons of Pall Mall, 1963, p. 54.

④　M. Postan, *Mediaeval Trade and Finance*, p. 37. 在该法令颁布之后，英国陆续颁布了数则与此相关的法令，重要的有 1285 年的《商人法令》、1353 年的《商栈法令》。关于上述三则法令的具体内容，参见 *The Statutes of the Realm*, Vol. 1, pp. 53-54, pp. 98-100, pp. 332-343.

⑤　Michael Prestwich, *Edward I*, London：Yale University Press, 1997, p. 278.

也有不完善之处。为此，1285 年，英国议会颁布《商人法令》对这些问题进行修订。根据法令来看，完善的内容主要有：一方面，实行"债务人和财产一并扣押"的原则。"在偿还日期到的时候，市长会下令逮捕债务人"①，与此同时扣押其财产，包括动产与不动产。另一方面，强化对担保人的要求。1283 年的法令并未对担保人有明确的规定，而在 1285 年的法令中明确规定，"在期限过后，这些担保人会因所有债务（事项）而受到传唤，无论是逮捕、转交地产抑或其他事项"。② 在信贷维护机制的完善过程中，1353 年颁布的《商栈法令》具有举足轻重的地位。凭借这部法令，英国在英格兰、爱尔兰和威尔士建立了 15 座商栈，从事呢绒等大宗商品的国内外贸易。根据法令的内容，商栈都设立了实行商人法的商栈法庭。这是《商栈法令》具有的最显著优势，因为该法庭拥有独立司法审判权，并且施行的法律是商人法而非普通法。凭借于此，"债务双方有随时便捷审判的权利……由此商人不会因预谋而被拖延"。③ 因此，商栈法庭更能适应复杂多变的商业环境，解决债务纠纷。

总之，信贷维护机制的建立并不是一蹴而就的，而是经历了漫长的完善过程。这套机制为解决因信贷产生的债务纠纷提供了官方的法律渠道，为解决债务问题提供了制度和法律的保障。玛丽安娜·科瓦尔斯基（Maryanne Kowaleski）谈及了该机制对信贷市场稳定的作用，"用于追缴债务的高效率法律手段……在某种程度上缓解了信贷市场的紧张局面"④。这在具体的实践中可以窥见，1384 年 7 月，商人威廉·巴雷特（William Baret）就一笔 100 马克的债务对弗洛里蒙德·斯帕雷（Florimund Sparre）提出诉讼。由于被告四次缺席，原告恳请评估其财产并转交给他。金匠约翰·克拉特（John Coraunt）等四人对其财产估价，共计 48 英镑 15 先令 4 便士。在对财产负责的担保下，扣押的财产转交给原告以偿还部分债务。⑤ 对于

① *The Statutes of the Realm*，*Vol. 1*，p. 99.
② *The Statutes of the Realm*，*Vol. 1*，p. 100.
③ *The Statutes of the Realm*，*Vol. 1*，p. 340.
④ Maryanne Kowaleski，"A Consumer Economy，" in Rosemary Horrox eds.，*A Social History of England*，1200–1500，Cambridge：Cambridge University Press，2006，p. 242.
⑤ A. Thomas，ed.，*Calendar of the Plea and Memoranda Rolls of the City of London*，1381–1412，*Vol. 3*，London：His Majesty's Stationery Office，p. 226.

法庭处理债务问题的时效性，根据普通诉讼法庭案卷的记录来看，当案件本身并不复杂时，法庭能够较快地对其进行处理。1404 年夏，威廉在法院陈述道，约翰欠自己 6 马克 10 先令，据此要求赔偿 100 先令的损失费。约翰对此并不否认，但是却表明自己欠的是 6 马克 5 先令。鉴于此，法庭判决，约翰偿还这笔债务以及法庭评估的 10 先令损失费。① 对于地方的市场法庭来说，"从最初的诉讼到最后的判决，时间范围从 6 星期到 21 星期不等。……尽管部分诉讼会延期，但绝大多数的诉讼会在 3 个月之内完成"。② 因此，在解决债务纠纷方面，官方的信贷债务维护机制要比私下协商等方式更有效率。

综上所述，14 世纪以来的重重危机并没有中止英国商业化的进程。相反，在信贷的拉动下，商业的发展仍表现出了一定的活跃性，主要表现在信贷推动了市场格局网状化的发展以及商品消费与贸易群体的多层次化，因此可以说"信贷润滑了商业贸易的车轮"③。信贷在商业中能够发挥如此重要的作用，其根本原因在于英国议会以法令的形式确立了一套维护信贷活动的官方机制。诚然，依托于这套机制，由信贷产生的债务纠纷仍无法得到根本解决，究其原因在于中世纪英国社会"农本"的性质，国家颁布法令的根本目的在于从商业中获取利润，而非促进商业的长远发展，但是在日益商业化的背景下，这套官方机制在保障以信贷为基础的商业活动方面仍发挥了不可忽视的作用。总之，信贷犹如一只"看不见的手"渗透到了商业领域，成为我们理解英国经济与社会从中世纪晚期向近代早期转型的独特视角，让我们看到了金融信贷在英国市场机制形成过程中的重要作用，不仅体现在缓解了商品交易中货币短缺的局面，更通过英国政府以立法形式对信贷活动进行规范的活动，反映出市场经济发展离不开国家的监管，这种市场与国家的互动为我们理解近代早期重商主义的起源提供了一扇窗口。

---

① "CP40/574: Trinity Term 1404" in J. Mackman, *Court of Common Pleas*: *The National Archives*, *Cp*40 1399–1500, p. 3502.

② James Davis, "Market Courts and Lex Mercatoria in Late Medieval England", in Martin Allen and Matthew Davies, *Medieval Merchants and Money*: *Essays in honor of James L. Bolton*, p. 278.

③ James Davis, "Market Courts and Lex Mercatoria in Late Medieval England", in Martin Allen and Matthew Davies, *Medieval Merchants and Money*: *Essays in Honour of James L. Bolton*, p. 289.

明清中国土地典交易新论

——概念的梳理与交易方式的辨析[*]

谢开键[**]

南京师范大学历史系

[**摘要**] 典是传统中国独有的土地交易形式。本文运用产权理论，对"一田二主"实态下的典进行重新定义，以期更清晰地反映典的实际内涵，并对典和当、活卖及胎借等土地交易形式之异同进行辨析。"一田二主"实态下的土地典交易，标的物为田面（田面主为实际耕种者）时，与田面、田底合一的情况相同，转让的是土地的使用权益、收获权益及部分处置权益；标的物为田面（田面主佃与他人耕种）或田底时，则转让的是收小租或大租的权益，不涉及土地使用权益。当实际上是抵押借贷，与典有本质区别。在标的物为田面时，活卖和典几无区别，这是二者多被等同的根本原因。胎借源于福建，在传入台湾地区后衍生出三种形式，即普通胎借、对佃胎借和起耕胎借。土地交易方式的不断更新和演变，土地不断流转，土地资源持续优化配置，或可为论证中国传统社会的长期延续提供新的思路或视角。

[**关键词**] 典；当；活卖；胎借；一田二主

中国的土地私有制自商鞅变法开始确立并合法化，私人正式取得政府认可的土地所有权。此后，土地私有成为中国历史上最重要的土地所有方式，[③]

---

* 基金项目：国家社科基金青年项目"清水江文书视域下贵州苗、侗社会经济研究（1644-1949）"（项目编号：20CZS076）；用友基金会第三届"商的长城"一般项目，"清代以降贵州清水江流域民间借贷文书的整理与研究"（2019-Y05）。本文已刊于《中国经济史研究》2019年第4期。

** 作者简介：谢开键，南京师范大学历史系讲师，邮箱：xkj19860209@163.com。

③ 自北魏太和九年（485）孝文帝颁行均田制始，至唐德宗建中元年（780）实行两税法止，在此间近300年的时间内，中国土地私有制发生变化，土地为国家所有，唐中叶之后，随着均田制的崩溃，土地私有制再次在全国范围内确立。

而土地公开买卖也成为中国和封建时代的西欧和日本的重要区别。迨至明清时期，土地交易形式趋于多样化，租佃、抵押、顶、退、押租、典、活卖、绝卖等方式在此时得到进一步发展、成熟，并形成"一般租佃—押租—典—押、抵—活卖—绝卖、股份交易"的体系。① 土地交易形式的多样化为有意以土地为媒介获取资金者提供了更多选择。

近年来，部分学者采用法学的物权理论或经济学的产权理论，结合各地民间土地契约文书分析中国的土地交易方式，并将其纳入相应的解释框架。② 但由于中国土地交易所具有的多样性和复杂性，以及"一田二主"③土地实态的存在，目前对于土地"交易规则及其功能的差异尚未厘清，有的甚至被误读"。④ 尤其是典交易，学界对其认识存在诸多可继续讨论之处。本文从梳理和评述典的概念入手，对典和当、活卖及胎借等土地交易形式之异同进行辨析，希冀对相关研究有所推进。舛误之处，尚祈方家指正。

一、典概念的梳理

本文所述之典，乃专就土地交易而言，非指将财物抵押于当铺以获得资金的"典当"交易。

1. 将典释为典权

法学界多将典释为典权。在清末至民国时期的法典中，典经历了从无到有、从不动产质权到典权的过程。光绪三十四年（1908），清廷聘请日本

---

① 龙登高：《地权市场与资源配置》，福建人民出版社 2012 年版，第 51 页。

② 参见曹树基：《传统中国乡村地权变动的一般理论》，《学术月刊》2012 年第 12 期；龙登高：《地权市场与资源配置》；刘志：《地权的分割、转移及其阐释——基于传统中国民间土地市场》，《中国经济史研究》2017 年第 3 期。

③ 国内外关于"一田二主"的研究很多，日本学者寺田浩明对此有较为全面的总结。参见寺田浩明：《田面田底惯例的法律性质——以概念性的分析为中心》，王亚新等译：《权利与冤抑——寺田浩明中国法史论集》，清华大学出版社 2012 年版，第 1-71 页。对于"一田二主"出现的时间，学界一般认为其源于宋代。参见漆侠：《宋代经济史》（上），上海人民出版社 1987 年版，第 223 页；戴建国：《宋代的民田典卖与"一田两主制"》，《历史研究》2011 年第 6 期。最新的研究表明，"一田二主"在唐代业已出现。参见杨际平：《论唐、五代所见的"一田二主"与永佃权》，《中国经济史研究》2018 年第 3 期。

④ 龙登高：《清代地权交易形式的多样化发展》，《清史研究》2008 年第 3 期。

法学家志田钾太郎和松冈义正起草《大清民律草案》，二人误将"典"等同于日本的"质"，将典解释为"不动产质"。民国初年，黄右昌在起草《民国民律草案》时纠正了这一错误，将传统的典阐释为"典权"，并将其定义为："典权人因支付典权（价），占有他人之不动产而为使用及收益。"① 《中华民国民法典》的编纂者则将典阐释为："典权者，谓支付典价占有他人之不动产，而为使用及收益之权。"② 法学研究者也多沿用此定义。那么，该定义是否准确？笔者认为其至少存在以下缺陷：

第一，将典视为典权，不符合中国实际。典权是近代中国西化的一个缩影，是中国近代部分法学者接受近代西方民法理论并以其为蓝本，抛弃传统中国固有的典制度，而对这一制度加以改造、重塑的产物。将典释为典权，引发了其为"用益物权"还是"担保物权"的法理之争，至今未形成共识。③ 究其原因在于：物权起源于罗马法，用物权解释传统中国的典制度无法将典还原回罗马法。

第二，忽视了典的重要交易规则——回赎。典的一个重要特征就是以原价回赎标的物，即在签订典契约之时，交易双方会约定标的物出典期限，在约定的典期到限后，出典人上门抽约取赎。虽然有部分契约未书明标的物的典期，但是会在契约内标明可回赎，民间对此也是默认的，故有"一典活千年""典田千年有分"等俗谚。

第三，将典的标的物限定为不动产。动产和不动产是近代传入中国的一组法律概念，潘维和认为传统中国社会也有动产和不动产之分："称动产为物，财或财物，称不动产曰产、业或产业。物之所有权人为物主或业主。"④ 张晋藩则认为，"动产所有权人为'物主'或'财主'；不动产所有权人为'业主'、'田主'、'地主'、'房主'"。⑤ 但遗憾的是，在传统中国社会中，无论是历朝法典法规，抑或是在现实生活中，均无动产和不动产概念之区分。明清两朝法律对典的标的物均有涉及。《大明律》明确规定，田宅、园林、碾磨等物可以作为标的物出典，同时视情况之不同，对

① 潘维和：《中国历次民律草案校释·民国民律草案》，汉林出版社1982年版，第496页。
② 徐百齐编：《中华民国法规大全·中华民国民法》，商务印书馆1936年版，第76页。
③ 王利明：《物权法研究》，中国人民大学出版社2004年版，第509—511页。
④ 潘维和：《中国民事法史》，汉林出版社1982年版，第354页。
⑤ 张晋藩：《清代民法综论》，中国政法大学出版社1998年版，第82页。

典雇妻女的行为处以杖六十至一百的惩罚，[①] 这表明民间存在以妻女作为标的物的典交易行为。《大清律》的相关规定沿袭明律。[②] 台湾地区的典"有广狭两义，广义不仅出典动产及不动产，出典妻妾奴婢亦包括在内，即律例所谓的'典卖田宅''典卖田房''典卖妻妾'。狭义是出典不动产，出典动产通常称为'当'或'押'，亦有称为'典'者，例如《福建省例》称出典动产为小典"。[③] 此外，民间还存在将自身出典的情形。[④] 这些均表明传统中国典交易的标的物超出了所谓不动产范畴。

在土地典交易中，土地似乎属于"不动产"范畴，故有学者指出"典卖是业主将不动产交给钱主，钱主占有不动产"，[⑤] 但其忽略了明清时期民间土地存在田骨（田底）和田皮（田面）分别交易的实际。[⑥] 早在20世纪30年代初，日本学者长野郎就指出，土地"在出典的时候，田面权和田底权也可以分别的出典"。[⑦] 冯和法亦注意到此问题，并将浙江西部的土地出典分为出典田底面（面底合一）和田底两大类。[⑧] 出典田底包括两种可能：一是田底和田面分别属于不同之人；二是田底和田面为同一人所有。浙江平湖县就存在田面和田底分属两人，且田底主出典田底的情况。[⑨] 杨国桢认为，土地在"一田二主"和"一田三主"形态下，"大小租作为相对独立的物权权利，均可单独让渡、典卖。典卖契约按其对象分为大小全租、大

---

① 刘惟谦等：《大明律》卷6《户律三·典雇妻女》，《续四库全书》第862册，上海古籍出版社2002年版，第457、第460页。

② 参见姚雨芗原纂、胡仰山增辑：《大清律例会通新纂》卷8《户律·典买田宅》、卷9《户律·典雇妻女》，同治十二年（1873）刊本，第25、第28页。

③ 陈金田译：《临时台湾旧惯调查会第一部调查第三回报告书——台湾私法》第1卷，台湾省文献委员会1990年版，第344页。

④ 《癸卯年（943年）敦煌吴庆顺典身契》，张传玺主编：《中国历代契约会编考释》（上），北京大学出版社1995年版，第270—271页。

⑤ 曹树基：《传统中国乡村地权变动的一般理论》，《学术月刊》2012年第12期。

⑥ 在某些地区，对田底和田面的称法恰恰相反。在福建闽北地区的建宁、延平、邵武等府属诸县和闽西汀州府属地区，通常称土地田底为田骨，田面为田皮；而福州、福宁府属诸县则称田面为田骨，称田底为田皮。参见杨国桢：《明清土地契约文书研究》，中国人民大学出版社2009年版，第219、第308—309页；刘克祥：《中国永佃制度研究》（上），社会科学文献出版社2017年版，第1—2页。

⑦ 长野郎：《中国土地制度史的研究》，强我译，神州国光社1932年版，第224—225页。

⑧ 冯和法编：《中国农村经济资料》（下），华世出版社1978年版，第558—560页。

⑨ 冯和法编：《中国农村经济资料》（下），华也出版社1978年版，第566页。

租、小租三种"。① 显然，大租、小租均不属于不动产范畴。因此，典的标的物超出了不动产范畴，故将其限定为不动产不符合中国的历史实际，也无法展现典交易标的物的丰富性。

2. 引入产权或物权中的使用权、收益权、处置权等概念

杨国桢最早运用产权相关理论对典进行了定义和阐释，指出"典是债务人直接以土地在一定期限内的经济收益抵算利息，交由债主掌管收租。当是在典的基础上，每年另加纳粮银若干"，并认为在土地出典期间，承典人有对土地的使用权和处分权，"可以自种或召佃收租，或原主耕作纳租，或转典于他人"。② 随后，严桂夫、王国健等运用类似理论解释中国土地交易问题，认为徽州地区的典交易是"将土地财产典出后，土地暂时归受典人支配，出典人已无耕种权、租佃权等使用权"。③ 黄宗智在比较清代和民国民事法律制度后指出，典"是一个西方现代法律所没有的、附有回赎权的土地转让制度，一旦出典，使用权便即转移，但出典人仍然保留以有条件回赎土地的权利"。④ 孔迈隆根据台湾南部弥弄地区（美浓镇）的契约，将典视为抵押销售（pledge sale）或赎回销售（redeemable sale）或有条件销售（conditional sale），即将土地或其他财产交给支付现金的一方当事人，收取土地或者其他财产的一方可对土地或其他财产进行耕种或使用，双方约定一旦偿还现金，土地或其他财产将返还其原所有者手中。⑤ 曹树基在上述学者的基础上指出，土地出典后，原业主保留部分土地处置权，钱主拥有对土地的全部收益权和使用权，以及对土地的部分处置权。⑥

2007 年，《物权法》的颁行推动了人文学科更多地运用物权理论进行相关研究，如运用物权中的他物权、自物权，以及涉及物的使用权、收益权、处置权和占有权等概念来分析地权的分割。龙登高指出，典是地权所

---

① 杨国桢：《明清土地契约文书研究》，人民出版社 2009 年版，第 280 页。

② 杨国桢：《明清土地契约文书研究》，人民出版社 2009 年版，第 27-28 页。

③ 严桂夫、王国健：《徽州文书档案》，安徽人民出版社 2005 年版，第 153 页。

④ 黄宗智：《中国历史上的典权》，《清华法律评论》第 1 卷第 1 辑，清华大学出版社 2006 年版，第 1 页。

⑤ 孔迈隆：《晚晴帝国契约的构建之路——以台湾地区弥浓契约文件为例》，载于曾小萍等编《早期近代中国的契约与产权》，李超等译，浙江大学出版社 2011 年版，第 46 页。

⑥ 曹树基：《传统中国乡村地权变动的一般理论》，《学术月刊》2012 年第 12 期。

有者出让约定期限内的土地控制权与收益权，获得现金或钱财，期满之后，备原价赎回。其特色是约定期内以土地物权转移与经营收益来偿还债务。[①] 典亦是土地收益与资本利息之间的交易，指地权所有者出让约定期限内的物权获得贷款，以土地经营权与全部收益支付资本利息。出典人保留最终所有权或自物权，在政府产权登记中不发生交割过户；期满后备原价收回土地。出典人获得贷款，成为债务人，承典人即债权人（银主）获得约定期限内的土地物权。[②]

以上对于典的定义均较为准确，极富启发性。学者们指出典的可回赎性质，分析了典交易双方在土地出典前后转移或获取的权益，并对"一田二主"问题进行了深入研究，认为田骨和田皮可以分别进行交易。但需要指出的是，已有研究尚未对田骨和田皮可分别出典的情况予以关注。田底主所有的田骨，其义务是向国家交租、向田面主收租（大租），所以若将田底出典，实际标的物乃是大租，而大租根本不涉及土地的使用权益。因此，认为出典人转让典标的物的使用权益无法解释土地在"一田二主"形态下的典交易。

3. 与当、活卖等田宅交易形式混同

典、当和活卖是明清时期非常普遍的土地交易形式，因为其存在诸多相似性，所以容易混同。将典等同于活卖者，认为"典田是一种过渡性的买卖行为。有的农村将出典土地称为'活卖'，即没有绝卖，将来还有机会赎回"。[③] 将典混同于当者，认为"所谓典，类似动产的当。双方在契约中写明，到了规定的期限，原业主有权退还典价，收回原业"。[④] 又有学者将晋西北的"典当地"视为活卖，指出典当的雅号是"长生库""穷人的后

---

① 龙登高：《地权市场与资源配置》，福建人民出版社 2012 年版，第 52 页。

② 龙登高、林展、彭波：《典与清代地权交易体系》，《中国社会科学》2013 年第 5 期。

③ 张之毅：《玉村农业和商业》，费孝通、张之毅：《云南三村》，天津人民出版社 1990 年版，第 401 页。另可参见孔庆明等编著：《中国民法史》，吉林人民出版社 1996 年版，第 259、第 639 页；陈志英：《宋代物权关系研究》，河北大学 2006 年博士学位论文，第 66 页；郭建：《典权制度源流考》，社会科学文献出版社 2009 年版，第 148 页；李力：《清代民间土地契约对于典的表达及其意义》，《金陵法律评论》2006 年第 1 期；曹树基：《传统中国乡村地权变动的一般理论》，《学术月刊》2012 年第 12 期。

④ 经君健：《清代关于民间经济的立法》，《中国经济史研究》1994 年第 1 期。

门"和"穷人衣物的储藏所",① 但"长生库"诸语乃是形容当铺,而非抵押,这样不仅混淆了典和土地的当(抵押),还将土地的抵押误解为当铺之"当"。实际上,典和当、活卖是有区别的,此待下文详述。

4. 运用传统中国民间惯用的"管业"概念

前文提及,众多学者使用西方的法律概念,将其"类推到明清契约文书的内容上",② 至 20 世纪 80 年代,中国和日本的学者开始反思这一研究方法。梁治平首先反对以西方法律术语生搬硬套于传统中国的土地研究。③ 之后,日本学者寺田浩明主张用传统中国民间固有的"业"的概念来阐释中国的土地交易。④ 李力则在寺田氏的基础上对"业"的内涵加以扩展,指出传统中国的"业"可以"被用来指称地权、田骨权、田皮权、永佃权、典权、股权、井权等一系列财产性权利,在观念上并不以对物的占有为核心,而以收益的权利为其基本内涵"。⑤ 吴向红亦赞同寺田的观点,着力将典置于"前所有权"语境下考察,并提出"正典理论"来重塑中国的典制度。⑥ 然而,将典和其他交易方式都纳入"业权"的范畴,会造成典和其他交易方式并无二致,并引起新的概念混淆。

5. 本文对典的理解

吴承明曾强调:"研究经济史,唯一根据是经过你考证的你认为可信的史料,怎样解释和处理它,可根据所研究问题的性质和史料的可能性,选择你认为适宜的方法进行研究。"⑦ 对于中国土地交易中的典,笔者将采用产权理论,并结合中国实际来进行阐释。所谓中国实际,指的是土地存在"一田二主"这一特殊形态。因此,要解释典,必须厘清典交易的标的物。在土地面底合一的情况下,典是在典期内将土地全部使用权益、收获权益

---

① 张玮:《战争·革命与乡村社会:晋西北租佃制度与借贷关系之研究(1937—1945)》,中国社会科学出版社 2008 年版,第 253 页。

② 岸本美绪:《明清契约文书》,王亚新、梁治平编:《明清时期的民事审判与民间契约》,法律出版社 1998 年版,第 294 页。

③ 梁治平:《清代习惯法》,广西师范大学出版社 2015 年版,第 89-90 页。

④ 寺田浩明:《权利与冤抑——清代听讼和民众的民事法秩序》,王亚新等译:《权利与冤抑——寺田浩明中国法史论集》,第 218 页。

⑤ 李力:《清代民法语境中"业"的表达及其意义》,《历史研究》2005 年第 4 期。

⑥ 吴向红:《典之风俗与典之法律》,法律出版社 2009 年版,第 298-308 页。

⑦ 吴承明:《经济史:历史观与方法论》,《经济研究》2001 年第 3 期。

（包括土地的收获权益或土地种植物的收获权益）和部分处置权益（转典、招佃或撤佃等）转让给承典人获得典价的行为。到期后，出典人以原典价（绝大多数情况）将前述权益收回，出典方无力回赎，可增加典价，延长典期或出卖，承典人也可将其在典期内获得的权益转让给他人（即所谓转典）。

本文需要着重阐释的是"一田二主"形态下的土地典交易。倘若出典的是田面且田面主为土地的实际耕种者，则田面主转让的权益和田底合一的情况相同。假如田面主将土地佃与他人耕种，那么此时出典田面转让的则是收小租的权益，不涉及土地的使用权益。假如出典的是田底，那么田底主转让的是收大租的权益，不涉及土地的使用权益。因此，土地典交易是指出典人在约定期限内将土地的全部使用权益和收获权益（包括土地或土地上种植物的收获权益）及部分处置权，或将大租、小租（大租或小租的出让不涉及土地使用权益）转让给承典人，获得典价（贷款）的一种经济行为。期限到后出典人以原典价将前述全部权益（或收大租、小租的权益）收回。出典人无力回赎，可通过增加典价的方式来延长典期，或者承典人将其在典期内获得的权益转让给第三者，抑或将土地绝卖，但是将土地变卖已不属于典交易的范畴。

二、多样化土地交易形式：典与当、活卖、胎借的辨析

当和活卖是明清时期常见的土地交易方式，学者们往往将其与典混同。另外，源于福建地区的胎借虽属抵押借贷的范畴，但在传入台湾地区后衍生出多种形式。对这些土地交易方式展开比较讨论和辨析，有助于我们进一步理解典的性质和特色，以及明清以来民间的土地交易形式多样化的实态。

1. 典和当的辨析

典和当连用，与收取抵押财物放贷的营业机构（即今日为人所熟知的典当铺）之称呼演变有关。当铺，起源于南北朝时期佛寺的"质库"，元代之前大都沿用这一称呼。[1] 元、明之际，民间开始混用典、当，"典当"

---

[1]　刘秋根：《中国典当制度史》，上海古籍出版社 1995 年版，第 16 页。

成为一个合用的固定词语，典和当也作为同义词使用。① 从当铺和土地当交易的规则可知，当乃"抵押"之意，二者均属抵押借贷。因此，典当铺其实只能被称为当铺。民间土地的当交易是指以土地作为抵押物并向债权人交纳利息的借贷行为，这与典交易不同，具体见下文论述。至于部分地区错典为当，或错当为典，则是混用"典当"二字的结果。

对于土地交易中的典和当，学界有颇多争论。郑力民以徽州契约文书为例，言其所见典当契中，也有部分契种名不副实，但细加甄别，却都是错典为当，而决不错当为典。乾隆二十四年（1759）之前出现这种情况也是为了规避契税，而此前当契无须缴纳契税，典契则需要；乾隆二十四年之后，"虽仍有错典为当的，但肯定已不再是为逃税，如究其原委，看来是为错已久，遂相沿成习，以至专用当而不立典，从而还造成典、当不分的假象，给后人留下了一道难题"。② 对于此，吴秉坤提出不同的观点，认为明代至民国时期徽州地区存在"错当为典"的情况，即便在乾隆二十四年之前，亦存在"错典为当"的契约，并且这些契约都缴纳过契税。此外，吴秉坤将典、当交错运用的原因归结为"不是为逃避税收，而是因为'典'、'当'意义相通，皆是'典当'的省略之称，二者是可以互换、连用和混用的"。③ 如前所述，笔者认为当用于土地等物时，具有"抵押"之意，而典在意义上更接近卖，所以民间典、当交错运用非省略"典当"引起，而是民间长期以来对典和当两词含义的误解和混用，并在部分地区形成习惯之故。

贵州清水江流域的天柱县便存在典和当混用的情况。同治十三年（1874）三月，补元祖将先年得当的土地"冲大田右边壹大截，并基地禾地"等出当与香运洪名下为业，并约定"田山自当日为始，任凭钱主耕理"。④ 民国二十二年（1933）四月，蒋景田将"老鼓皮水田乙连三坵，计谷拾运"出当于蒋景耀名下为业。⑤ 由这些出当契可知，出当人都将标的

---

① 郭建：《典权制度源流考》，中国社会科学文献出版社 2009 年版，第 34 页。
② 郑力民：《明清徽州土地典当蠡测》，《中国史研究》1991 年第 3 期。
③ 吴秉坤：《清至民国徽州田宅典当契约探析——兼与郑力民先生商榷》，《中国经济史研究》2009 年第 1 期。
④ 《同治十三年三月十六日补元祖当田山各色木枝禁林等项字》，张新民主编：《天柱文书》第 1 辑第 18 册，江苏人民出版社 2014 年版，第 239 页。
⑤ 《民国二十二年四月十六日蒋景田当田契》，张新民主编：《天柱文书》第 1 辑第 8 册，第 44 页。

物交给承当人，而且未向承当人交纳利息，因此在天柱县，所谓"当"交易其实指的是典交易。与天柱毗连的锦屏县的情况则不一样。嘉庆二十一年十二月，姜廷华因缺少银钱，以"杉木坐落地名冉石丹又一团；皆反从后二团"作当，向姜之摸借钱二两，"其银照月加三行利"。① 该契约中的当，即指抵押。例如典交易在广东更常见，而四川则更常用当，② 可以认为在广东地区，民间对典和当有更清晰的认识，四川地区则相对模糊。因此，"错典为当"是将典误认为当，实际为当交易；"错当为典"是将当误解为典，实际上是典交易。

土地作为标的物有三种情况，即田面底合一、田底或田面。其中，田面又可分为自己耕种和他人耕种两种。以下便按照土地标的物的三种类型对典和当进行区分，如表1所示。

表1 典和当的辨析

土地标的物形态		交易方式	使用权益	处置权益	收获权益	
					钱息	谷息
田底合一		典	全部转让	部分转让	—	全部转让
		当	不转让	部分转让	不转让	全部或部分转让
田面	自己耕种	典	全部转让	部分转让	—	全部转让
		当	不转让	部分转让	不转让	全部或部分转让
	他人耕种	典	无	部分转让	—	转让全部小租
		当	无	部分转让	不转让	全部或部分转让小租
田底		典	无	部分转让	—	转让全部大租
		当	无	部分转让	不转让	全部或部分转让大租

注："转让"意为出典者或出当者将权益转让给承典者或承当者。"无"代表出典者或出当者本身就不具有该项权益。"大租"和"小租"指田面主将土地交由他人耕种，向佃农收取小租，向田底主交大租。

需要指出的是，如果是向当铺借贷，同样需要将标的物交付给当铺，

① 《姜廷华当杉木字（嘉庆二十一年十二月二十三日）》，张应强、王宗勋主编：《清水江文书》第1辑第7册，广西师范大学出版社2007年版，第183页。
② 步德茂：《诉讼、合法性以及致命暴行——19世纪中国乡村法庭无法阻止财产暴力纠纷制原因》，载于曾小萍等编《早期近代中国的契约与产权》，李超等译，浙江大学出版社2011年版，第96页。

但是当铺无权使用标的物，只有在出当人无法赎回标的物（即所谓"死当"）时，当铺才有权处理标的物。由此可知，土地典交易、当交易及当铺当交易三者之间具有较为明显的区别。

2. 典和活卖的辨析

活卖是明清时期一种比较特殊的交易形态，介于绝卖和典之间，大概与土地交易时间和推收过割在时间上的脱节有关。[①] 典和活卖被混同，主要是因为"典卖"连用经常出现于典籍之中，而且二者都可以回赎。另外，有些契约的书写造成"活卖和典当的界限不清"，[②] 以至于很多学者将典和活卖视为同一种交易形态。

在"一田二主"的特殊形态中，土地的田面、田底或面底合一都可以作为出典或活卖的标的物。首先，论述在田底、田面合一情况下典和活卖的区别，田底、田面分离情况下的相应区别可同理进行推导。前文论及，典是在一定期限内将土地的使用权益、收获权益及部分处置权益转让给他人，出典人仍为土地的所有者，典"乃民间一时借贷银钱"，[③] 是一种债务关系。活卖则不仅将使用权益、收获权益及处置权益转让给他人，土地的所有者也发生了转移，即土地为买主所有。这是二者最根本的不同。典和活卖虽然都可以回赎，但典的回赎是在土地所有者发生改变之前发生的，活卖则是在土地所有者改变之后进行的。典的回赎是典交易进行的一个重要环节，只要出典者有能力回赎，便会受到法律保护。清律规定，出典的标的物"年限已满，业主备价取赎，若典主托故不肯放赎者，笞四十，限外递年所得花利追还给主，依价取赎。业主无力取赎者，不拘此律"。[④] 活卖的回赎，则是另一种交易，回赎后土地所有者再次发生改变。

契税方面，典交易在清代初年需要缴纳契税，税率为典价的3%。乾隆二十四年（1759），清廷正式在全国范围内取消契税。光绪末年，部分省份

---

① 杨国桢：《明清土地契约文书研究》，人民出版社2009年版，第20页。

② 章有义：《清代鸦片战争前徽州土地制度——从休宁朱姓置产薄所见》，章有义：《明清徽州土地关系研究》，中国社会科学出版社1984年版，第77页。

③ 中国第一历史档案馆编：《雍正朝汉文谕旨》第2册，广西师范大学出版社1999年版，第387页。

④ 姚雨芗原纂、胡仰山增辑：《大清律例会通新纂》卷8《户律·典买田宅》，同治十二年（1873）刊本，第25页。

开始征收典交易契税，各省税率不一。宣统元年（1909），清廷在湖广总督陈夔龙的奏请下，于是年十月再次在全国范围内征收典契契税，税率为6%。① 活卖与卖（绝卖）契税税率相同，由此前的6%提升为9%，这是典和活卖的又一区别。

无论是典抑或是活卖，在交易进行之后都可以找价，典一般称之为加典或者续典（加典一般是延长典期），活卖则一般称之为找价。典在加典后，土地所有者依然未发生改变，只有绝卖后才发生改变。活卖的找价，则是在土地所有者发生改变后进行的。有观点指出，活卖变为卖，其本性没有发生改变，所以用加价；典变为卖后，其性质发生改变，则只用找价。② 不知论者据何得出此结论。各地对加价、找价的称呼很多，仅福建地区就有数十种之多。③

另外，刘高勇从赋税的交割方面区分典和活卖，即活卖需要交割赋税，典不需要。④ 吴秉坤对此问题有过纠正，认为存在"钱粮赋税从出典人户内推入受典人户内，由受典人承担；钱粮赋税不需推割，由出典人自己承担；钱粮赋税不需推割，但由受典人每年贴钱与出典人，由出典人代为交纳赋税；钱粮赋税不需推割，但典价内已经包含一笔经费，这笔经费的利息收益就是用来交纳钱粮赋税"⑤ 四种情况。

又有学者从典和活卖交易的出售方和承接方对二者进行区分：典的出售方为业主、出典人，承接方为钱主、典权人、典主；活卖的出售方为卖方，承接方为买主。然而，在土地买卖时，称买主为钱主或银主的情况十分常见，试举几例加以说明。称买主为钱主者，如：光绪二十五年（1899）魏发明、魏爱明将名下之田卖与陈世亮时，说到"其田任从钱主子孙永远管业"；⑥ 民

---

① 谢开键：《读〈地权市场与资源配置〉二札》，《中国经济史研究》2017年第3期。
② 郑力民：《明清徽州土地典蠡测》，《中国史研究》1991年第3期。
③ 福建师范大学历史系编：《明清福建经济契约文书选辑》，人民出版社1997年版，第216-365页。
④ 刘高勇：《论清代田宅"活卖"契约的性质》，《比较法研究》2008年第6期。
⑤ 吴秉坤：《再论"活卖"与"典"的关系》，《黄山学院学报》2012年第1期。
⑥ 《光绪二十五年十一月十六日魏发明、魏爱明卖田契》，张新民主编：《天主文书》第1辑第1册，第19页。

国三十三年（1944）陈代乡卖田时，亦称"其田卖与钱主子孙永远耕管为业"。① 称买主为银主者，如：道光三年（1823）杨玉清卖茶园地契中载"其地在于银主耕管为业"；② 同治十二年（1873）周长春卖水田契中载"其田卖与银主子孙耕管为业"。③ 因此，仅从交易双方的称呼上无法区别典和活卖。

以上是土地面底合一情况下典和活卖的区别，田面和田底分离的情况可以根据上述逻辑推导，如表2所示。需要指出的是，田面和田底分别买卖，不为清政府所认可，④ 所以在田面和田底分别进行的典和活卖就不存在是否需要缴纳契税的问题。

表 2　典和活卖的辨析

土地形态		交易方式	使用权益	处置权益	收获权益	土地所有者	契税
田底合一		典	全部转让	部分转让	全部转让	不变	乾隆二十四年停征，宣统元年重征
		活卖	全部转让	部分转让	全部转让	改变	有
田面	自己耕种	典	全部转让	部分转让	全部转让	不变	不合法
		活卖	全部转让	部分转让	全部转让	不变	不合法
	他人耕种	典	无	部分转让	转让全部小租	不变	不合法
		活卖	无	部分转让	转让全部小租	不变	不合法
田底		典	无	部分转让	转让全部大租	不变	乾隆二十四年停征，宣统元年重征
		活卖	无	部分转让	转让全部大租	改变	有

据表2可知，田面的典和活卖在各项权益的转让上没有什么区别。从

---

① 《民国三十三年十一月十三日陈代乡卖田契（附：陈代卿除帖领田价字）》，张新民主编：《天主文书》第1辑第1册，第25页。

② 《道光三年十月四日杨玉清卖茶园地契》，张新民主编：《天主文书》第1辑第3册，第147页。

③ 《同治十二年三月六日周长春卖水田契》，张新民主编：《天主文书》第1辑第1册，第30页。

④ 仁井田陞著，姚荣涛译：《明清时代的一田两主习惯及其成立》，刘文俊主编：《日本学者研究中国史论著选译》第8卷《法律制度》，中华书局1993年版，第410、第419-420、第432-433页。

这点来看，典和活卖确实是等同的，而典交易多是在典期内转让田面及其包括的各项权益，这应当是其多被视为活卖的根源。

3. 典和胎借的辨析

胎借，是明清时期源于福建地区以土地或房屋为抵押物的一种借贷形式，在清代"开发台湾的高潮中，闽南移民把这种借贷形式带到台湾"。[①] 关于胎借的含义，清末民初的调查报告中有所涉及，如漳平民间"以不动产向人押款，谓之'胎借'。其产仍由原主管理，其款须如约计息，到期如不能清偿，债权人得扣留所胎之产"。[②] 福清"民间订借银款时，恒约明利率、偿期，将田园或屋宇作抵，写立'胎'字为凭，届期，债务人如不偿还，债权人得将所胎物产召回管业，以抵本息，但债务人有款时仍可随时取赎，名曰'胎借'"。[③] 台湾"通常称普通的贷借为信借，有信凭的贷借为胎借"。[④] 因此，无论是福建抑或是台湾地区，"胎"乃是指借贷时的抵押物。在出胎人不能偿还借款时，抵押物归债权人所有。嘉庆五年（1800）七月，林辟因缺少经营生意的本钱，以自置的"厝一间"为胎，向咤叔借出"清水佛面银拾大员"，约定年利率为 20%，并于次年归还本息。如果不能按时归还，房屋则交由咤叔掌管。[⑤] 这种胎借形式和其他地区的抵押借贷相比，不同的只是称呼而已。

胎借在传到台湾地区后衍生出两种新的形态：一是对佃胎借，又称汇租。所谓对佃胎借，是指承胎人可直接向土地的佃耕人或房屋租住者收取相当于利息的租谷或租银。对佃胎借和普通胎借的区别在于：前者对抵押物的收益有直接权利，后者的承胎人仅持有抵押物的字据，对抵押物的收益并无直接权利。[⑥] 因此，对佃胎借较普通胎借更为安全可靠，故而在台湾

---

① 周翔鹤：《清代台湾民间抵押借贷研究》，《中国社会经济史研究》1993 年第 2 期。

② 前南京国民政府司法行政部编，胡旭晟、夏新华、李交发点校：《民事习惯调查报告录》（上），中国政法大学出版社 2000 年版，第 315 页。

③ 前南京国民政府司法行政部编，胡旭晟、夏新华、李交发点校：《民事习惯调查报告录》（上），中国政法大学出版社 2000 年版，第 321 页。

④ 陈金田译：《临时台湾旧惯调查会第一部调查第三回报告书——台湾私法》第 1 卷，台湾省文献委员会 1990 年版，第 367 页。

⑤ 《林辟立胎契》，参见《闽南契约文书综录》，《中国社会经济史研究》1990 年增刊。

⑥ 陈金田译：《临时台湾旧惯调查会第一部调查第三回报告书——台湾私法》第 1 卷，台湾省文献委员会 1990 年版，第 368 页。

北部地区比较流行。此类胎借，如黄阿番、黄阿顺因"乏银应用"，以"承祖遗下向社番给有青山垦批"为胎，向林德胜等四人借佛银① 170元，每元每年缴纳谷利1.2斗，共计20.4石。② 谷息则直接由债权人向佃农收取，假若大租有余，则交由债务人。从文书的表述可知，对佃胎借方式并不是在"一田二主"的形态下进行的，所以只需比较田面田底合一情况下的典和对佃胎借的区别即可。对佃胎借的债权人并不将土地的使用权益、处置权益转让给债务人，其只是以土地的大租作为偿还利息，且大租收入多于利息时，债务人可将多余部分收为己有，即转让部分的收获权益。典则需要转让使用权益、部分土地处置权益和全部的收获权益。

二是起耕胎借。起耕胎借的债权人可以对抵押物进行管业，可以更换佃人或房屋租住人，同时以抵押物产生的收益作为利息，但如果所得收益超过需要支付的利息，债权人需要将溢出部分还给出胎人。③ 此类胎借，如谢天送因"乏银应用"，以"祖父遗拨阄分内应得水田埔地壹处"为胎，向谢霖雨借洋银120元，双方约定水田等物交由银主"掌管、收租抵利"，④ 多余的谷息要退还与债务人，所以债权人拥有胎借土地的全部使用权益、部分处置、收获权益。这种胎借方式和典非常相似，二者的主要区别在于，倘若胎借物所产超过利息额，承胎人需将超出部分的收益还给出胎人。此外，典特别是"一田二主"形态下的土地典交易，承典人一般不能随意更换佃农，但起耕胎借可以。

此外，产生于宋代的"出典回佃"⑤ 式典交易同起耕胎借亦较相似，

---

① 所谓"佛银"，即"佛面银"，曾被称为"鬼面""番面"，后被称为"佛头"，是指印有西班牙国王头像的西班牙银元。林满红：《两千年间的"佛"与"国"：传统中国对西方货币领袖头像的认知》，《中国经济史研究》2018年第2期。

② 《立对佃胎借银字人黄阿番、黄阿顺》（光绪八年十一月），"台湾历史数位图书馆"。

③ 陈金田译：《临时台湾旧惯调查会第一部调查第三回报告书——台湾私法》第1卷，台湾省文献委员会1990年版，第368页。

④ 《立起耕尽租胎借银字人谢天送》（光绪十八年十一月），"台湾历史数位图书馆"。

⑤ 乾隆朝刑科题本的案例显示，"出典回佃"在山西、广东、湖南、广西和安徽等地区均存在，具体见中国第一历史档案馆、中国社会科学院历史研究所合编：《乾隆刑科题本租佃关系史料之二——清代土地占有关系与佃农抗租斗争》（上），中华书局1988年版，第236-237、第241-243、第248-250、第268-271、第299-302页。此外，保定地区的"典图图种"（亦称为"典地不出手"）、江苏地区的"典田图种"均是此种情况，见前南京国民政府司法部编，胡旭晟、夏新华、李交发点校《民事习惯调查报告录》（上），中国政法大学出版社2000年版，第22、第179页。

所谓"出典回佃"是指出典人佃种出典土地的一种社会经济行为。在"出典回佃"交易中，出典人向承典人交纳定额或约定地租，起耕胎借的出胎人是以土地的收益作为借贷的利息。实际上，出典人交纳的租谷也可视为出典人向承典人支付典价的利息。在典交易中，典价（即贷款）并非无息，它是以土地全年所得为典价的利息，即所谓"收花为利"。假若承典人自己耕种入典的土地，那么典价的利息是该土地全年收获扣除劳动、谷物种子和肥料等耕种成本后的所得。承典人将典入之田佃给他人耕种，佃农交纳的租谷便是典价的利息。因此，承典人出佃土地，只要佃农按时纳租便可，至于佃农是谁对其并无实际影响，而在"出典回佃"式交易中出典人就是佃农，他交纳的租谷与其说是租，还不如说是交纳典价的利息。①"出典回佃"和起耕胎借的出典人（或出胎人）将土地的部分处置权益及土地收获权益转让给承典人或承胎人。"出典回佃"同起耕胎借的不同之处在于，"出典回佃"的出典人并不转让土地的使用权益，土地依然由出典人耕种，起耕胎借的出胎人则需转让土地的使用权益。"出典回佃"由一般的典交易衍生而来，它并不占典交易的大部分，因此本节只对比一般的典交易同胎借的区别。

综合以上三种胎借方式，其与典之间的区别可以参见表3。

表3　典和普通胎借、对佃胎借及起耕胎借的辨析

	土地使用权益	土地处置权益	土地收获权益	是否可以随意更换佃农
典	全部转让	部分转让	全部转让	不可
普通胎借	不转让	不转让	不转让	不可
对佃胎借	不转让	不转让	部分转让	不可
起耕胎借	全部转让	部分转让	部分转让	可以

另外，对于台湾地区的对佃胎借和起耕胎借，有观点认为，主要是在"利息的支付方式、土地占有转移的时间、回赎期限以及所交易的财产权的性质"等方面有新变化。其中，所谓"利息的支付方式"变化指的是福建

---

① 谢开键：《"出典回佃"式交易研究——以清中后期贵州锦屏县为例》，《中国社会经济史研究》2019年第1期。

地区的胎借仅是以现金作为利息。① 然而，《闽南契约文书综录》已收入大量以谷息作为利息的胎借契约文书，因此笔者认为上述观点并不正确。② 至于回赎期限，普通胎借假如能够按时还款，根本就无须回赎。依据上述表述，笔者以为其中的回赎期限应当是指还款的期限，福建地区胎借的还款期限有长达五年者，更有"不限年月"者，并非"半年到一年"。此外，还有学者认为胎借是"以土地为胎，订立契约借贷银钱，即以地权为抵押，以土地收货物来还本付息。土地收益归债主，不能依约还债则发生地权转移"，③ 或认为胎借"以产业（土地）作为抵押而形成的借贷关系。抵押田由'银主（债权人）收租抵利'，一旦拖欠利粟，抵押之田便听银主'起耕掌管'。但如偿清债务，不拘年月，即可赎回抵押物，银主不得刁难"。④ 上述观点仅注意到胎借在台湾地区演变之后的情况，忽视了其原始形态。而且普通胎借的利息为谷息或银息，对佃胎借和起耕胎借是以土地收货物偿还利息而非本金。又如，"胎借是一种不须改变原有租佃关系的借贷形式，土地所有者借债，直接由佃户向债主交纳地租来偿还，佃户改变，则由新佃户直接交纳地租给债主"，故将胎借视为地租交易。⑤ 前述起耕胎借可以改变原有的租佃关系，所以笔者认为该观点不完全正确。

结　论

在"一田二主"土地形态下进行的典交易，其标的物的范畴有所扩展。与之相应，对典的理解也应当随之调整。以西方的法律概念阐释典，不仅使典的含义缩小，而且使典失去原有的内涵，同时掩盖了典的丰富性和复

①　杨柳：《市场、法律与地方习惯：清代台湾的胎借》，《中外法学》2009 年第 3 期。

②　以谷物作为利息的福建地区胎借契约文书，可参见《闽南契约文书综录》，《中国社会经济史研究》1990 年增刊。

③　龙登高：《清代地权交易形式的多样化发展》，《清史研究》2008 年第 3 期。又如，"胎借，指'立借借银'，主要流行于台湾和福建。以土地为胎，订立契约借贷银钱，即以地权为担保并以之还本付息。不能依约还债则发生地权转移"。参见龙登高：《地权市场与资源配置》，福建人民出版社 2012 年版，第 61 页。

④　张晋藩：《清代民法综论》，中国政法大学出版社 1998 年版，第 161-162 页。

⑤　参见龙登高：《地权市场与资源配置》，第 61 页；龙登高、林展、彭波：《典与清代地权交易体系》，《中国社会科学》2013 年第 5 期。

杂性，不符合中国实际。而以静态的视角观察典，忽视其动态性，得出的结论自然也会有所偏差。本文在考虑明清时期"一田二主"形态下典交易标的物多样性的基础上，以期对典进行更为科学、准确、符合中国实际的定义。

当，无论是当铺还是土地交易当交易，均为抵押之意。典交易和当交易二者存在本质区别，二者虽然混用，但可根据土地契约的表述判断究竟为典或是当交易。因此，"错典为当"是将典误认为当，实际为当交易；"错当为典"是将当误解为典，实际上是典交易。活卖和典在土地田底合一或标的物只是田底的情况下，二者有所区别，但是在标的物为田面之时，二者几无区别。而无论是典或是活卖，交易的主要是田面，因此这应当是造成二者混同的根本原因。胎借源于福建，在传入台湾地区后衍生出三种形式，即普通胎借、对佃胎借和起耕胎借。

土地的交易方式在明清时期具有多样性，其表现之一是固有的土地交易在传入另一地区之后，为适应当地的经济发展需求或实际，衍生出其他形式，如胎借。表现之二是新的土地形态使得土地交易方式进一步扩大。明清时期"一田二主"在空间上进一步扩展，极大地丰富了土地交易的方式。以典为例，其标的物由土地合一扩充为田面或是田底。在现代金融机构匮乏的农村，土地交易的多样化使得以土地作为金融媒介的借贷活动愈加丰富，债务人的选择范围亦随之扩大。这些都给农村社会经济注入了新的活力，有利于农村社会的稳定。土地交易方式的不断更新或演变，土地不断流转，土地资源持续优化配置，或者能为论证中国传统社会得以长期延续提供新的思路或视角。

养民与聚民：清代粮食市场中的
国家调控（1644—1840年）[*]

胡　鹏　魏明孔[**]

西北大学科学史高等研究院；中国社会科学院大学经济学院

[摘要] 清代国家对粮食市场的干预源于传统儒家"养民"和"聚民"思想，其目标是赈恤农民、维持农业生产和平抑价格，具体包括恤赏、减免、缓征、改征、借贷和籴粜六类行为。清代粮食市场中的国家宏观调控体系以蠲恤制度为中心，依托田赋制度、关税制度、漕运制度和仓储制度等诸多制度，各类行为的适用条件和实施方式都有详细规定，并于乾隆朝形成定制，成为影响市场发展的正式制度，对粮食市场产生了长期影响。通过对《清实录》相关记录的统计分析可知，清代国家干预粮食市场行为谕令的数量具有显著的时空特征，且各类行为的地位也发生了比较显著的变化。

[关键词] 粮食市场；国家调控；清代

清代粮食市场问题研究在中国社会经济史研究中具有较高价值。一方面，粮食市场是理解清代市场发展情况的基本途径。粮食作为传统社会最

---

　*　基金项目：用友基金会"商的长城"一般项目"明清内地交通网及商贸运输成本量化研究"（2020-Y09）；陕西省社会科学基金项目"明清陕西重大灾害应对政策及历史经验研究"（2020G011）。

　**　作者简介：胡鹏（1985—），男，西北大学科学史高等研究院副教授、硕士生导师，研究方向为经济史、灾害社会史、量化历史研究，邮箱：drhupeng@126.com；魏明孔（1956—），男，中国社会科学院"登峰战略"学科带头人、中国社会科学院大学经济学院特聘教授，研究方向为经济史、区域经济。

主要的产品，直至清代仍是市场中最重要的商品。① 长期以来，有关清代市场问题的研究亦多以粮食市场为切入点。② 另一方面，探讨鸦片战争前的清代市场有助于理解当代中国经济发展的历史脉络。18 世纪前后，全球经济形势发生巨变，中国市场也开始向现代演变，从传统社会转向现代，并逐渐走上当代经济社会发展道路。鸦片战争前的清代处于中国这一历史转变的起始阶段。正如戴逸先生所言，这段历史是理解当代中国的一把钥匙。③

现有关清代国家干预粮食市场的研究主要集中于漕运和仓储两方面。例如，李明珠通过对直隶省内粮价的量化分析，发现仓储和漕运制度显著影响了清代直隶省内的市场发展；张瑞威认为国家主导漕运制度导致 18 世纪华北和江南两大区域的大米长程贸易无法发展，阻碍了区域间的发展。④ 黄玉玺等还对清代国家粮价调控行为进行了系统梳理，但分析结果表明相关举措还是以漕运和仓储为基础。⑤ 此外，由于灾荒是引起清代国家干预粮食市场的重要原因之一，灾荒史研究往往也会涉及国家干预粮食市场的行为。例如，李向军、周琼等学者分析、总结的救灾制度的运行机制，在很多情形下也与清代国家干预粮食市场的实施规则一致。⑥

虽然清代国家干预粮食市场研究已取得较多成果，但仍存在一定局限——缺少对国家调控粮食市场的细节梳理。当然，这也是由清代并未形成独立的国家干预市场制度的客观原因造成的。然而，笔者通过前期的分

---

① 吴承明：《论清代前期我国国内市场》，《历史研究》1983 年第 1 期；李伯重：《十九世纪初期中国全国市场：规模与空间结构》，《浙江学刊》2010 年第 4 期；彭凯翔：《清代以来的粮价：历史学的解释与再解释》，上海人民出版社 2006 年版，第 111-114 页。

② 相关研究成果可参见吴承明：《利用粮价变动研究清代的市场整合》，《中国经济史研究》1996 年第 2 期；颜色、刘丛：《18 世纪中国南方市场整合程度的比较——利用清代粮价数据的研究》，《经济研究》2011 年第 12 期；彭凯翔：《从交易到市场：近代民间经济的脉络》，浙江大学出版社 2015 年版；罗畅、李启航、方意：《清乾隆至宣统年间的经济周期——以开封、太原粮价数据为中心》，《经济学（季刊）》2016 年第 2 期；陆长玮：《清代中后期江南市场整合的动态变化及其解释——基于多变量 DCC-GARCH 模型的分析》，《上海经济研究》2021 年第 4 期。

③ 戴逸：《从大清史角度看待刘铭传保台建台的意义》，《学术界》2006 年第 1 期。

④ Li, L. M., "Integration and Disintegration In North China's Grain Markets, 1738-1911", The Journal of Economic History, Vol. 60, No. 3, 2000, pp. 665-699; 张瑞威：《十八世纪江南与华北之间的长程大米贸易》，《新史学》2010 年第 1 期。

⑤ 黄玉玺、胡鹏、李军：《清代粮食价格波动与国家行为》，《农业考古》2017 年第 6 期。

⑥ 李向军：《清代荒政研究》，中国农业出版社 1995 年版；周琼：《清前期重大自然灾害与救灾机制研究》，科学出版社 2021 年版。

析发现，清代蠲恤制度中的各项安排与现代国家干预市场行为非常接近，而且其中的恤赏、减免、缓征、借贷、改征和籴粜六类涉粮的干预行为对清代粮食市场也产生了重要影响。[①]

故而，本文将以现代经济学视角审视清代蠲恤制度，从中提取对粮食市场产生影响的恤赏、减免、缓征、借贷、改征和籴粜六类国家行为，并在此基础上，通过对《大清历朝实录》（以下简称《清实录》）所载国家干预粮食市场行为谕令的统计分析，展现清代国家干预粮食市场的基本情况和主要特征。

一、清代国家干预粮食市场的制度构成

清代国家市场干预行为源于传统儒家"养民"和"聚民"思想。儒家经典《周礼》言"以保息养万民"和"以荒政聚万民"是实现"安扰邦国"的必要方式，主张常年保息养民、凶年荒政聚民。[②] 其中，养民的宗旨在于保障民众温饱、促进社会发展，聚民的宗旨在于安抚流民、维护国家秩序。两者均是中国古代国家统治合法性的来源。[③]《清会典》在阐释蠲恤时直言，"古者以保息养万民，岁有不登则聚之以荒政"，径直将清代具有市场干预性质的蠲恤制度溯源至上古"养民"和"聚民"思想。[④] 至于具体措施安排，包含"养民"之政十，即赐复、免科、除役、恤孤贫、养幼孤、收羁穷、安节孝、恤薄宦、矜罪囚、抚难夷；"聚民"之方十二，救灾、赈饥、平粜、贷粟、蠲赋、缓征、贩运、劝输、兴土工、抚流亡、奏

---

① 胡鹏、李军：《自然灾害影响市场整合的政府路径——基于 1776—1840 年华北小麦市场的实证分析》，《中国经济史研究》2019 年第 3 期。

② 据郑玄注解，慈幼指爱护儿童，养老指以公养老，振穷指接济矜寡孤独，恤贫指给无财业者借贷，宽疾指宽待重病患者，安富指平均徭役；散利指出借籽种、口粮，薄征指减轻租税，弛力指停止徭役，舍禁指公无禁例，去几指取消市场关税，眚礼指凶荒杀礼，杀哀指办凶礼，蕃乐指停止作乐，多昏指简办婚礼，索鬼神指修葺寺庙。参见郑玄注、贾公彦疏：《周礼注疏》卷 10，载《景印文渊阁四库全书》，台湾商务印书馆 1983 年版，第 90 册，第 187–189 页。

③ Will, Pierre-étienne, Wang, R. B. and Lee, J., *Nourish the People: The State Civilian Granary System in China*, 1650–1850, Center for Chinese Studies Pubications, 1991；李军、黄玉玺：《救灾与救政：中国古代社会救济制度反思》，《南京农业大学学报（社会科学版）》2018 年第 3 期。

④ 乾隆《钦定大清会典》卷十九《蠲恤》，载《景印文渊阁四库全书》，台湾商务印书馆 1983 年版，第 619 册，第 162–163 页。

报之限、灾伤等级。①

在传统儒家"养民"和"聚民"思想的影响下，清代国家将干预粮食市场的目标设定为赈恤灾民、维持农业生产和平抑价格。其中，赈恤灾民，是指发生天灾人祸后对灾民基本生活物资的补助和救济，具体行为是恤赏，实施载体是口粮、银钱、耕牛、籽种等；维持农业生产，是指农业正常生产受阻后运用财政手段减免赋税、借贷钱粮，实现恢复和促进农业生产，具体行为是减免、缓征、改征和借贷，实施载体是地赋、丁赋、漕粮、租课和耗羡等；平抑价格，是指粮食市场价格出现异常波动，可能对普通社会民众正常生活产生负面影响时，国家通过市场手段平抑粮食价格，具体行为是籴粜，实施载体是仓粮、漕粮和库银等。②

清代国家干预粮食市场主要通过调节市场供需关系实现。虽然难以严格地将恤赏、减免、缓征、借贷、籴粜、改征等国家干预行为的性质界定为"调节市场供需关系"——尚未有证据显示当时的统治者有类似的"现代"市场理念，但从客观效果上看，达到了调节市场供需关系的效果。这些干预行为的实施会引起相同的结果——在增加市场相对供给量的同时降低市场相对需求量。一方面，通过恤赏、借贷或出粜等干预行为将粮食投入市场，增加市场的供给量；另一方面，通过减免或缓征等干预行为，减少对粮食的征收，降低市场的需求量。清代蠲恤制度中的这些干预行为虽然主要是短期行为，但在清代已成定制，成为影响市场发展的正式制度，通过调节供需关系对粮食市场产生了长期影响。

清代粮食市场中的国家干预行为并未有专门的制度设置，而是以蠲恤制度为中心，依托田赋制度、关税制度、漕运制度和仓储制度等诸多制度展开的。国家干预措施在实施过程中需要遵循这些制度中相关的细则。其

---

① 蠲恤制度包含的具体措施的名称在清代历朝有所不同，如光绪《清会典事例》中的"恤孤贫""赈饥""贩运""抚流亡"和"奏报之期"在乾隆《清会典则例》中分别称为"振茕独""拯饥""通商""反流亡"和"奏报之限"，但二者内容一致。本文统一采用光绪《清会典事例》中的名称。

② 截留和调运措施也会对粮食市场的价格产生影响，但通常情况下，在来源层面，所截留和调运的粮食或是源于各地常平仓所存粮食，或是源于它地采买；在使用层面，所截留和调运的粮食或是用于恤赏或是用于籴粜。也就是说，截留和调运在粮食市场中的归宿仍在于恤赏和籴粜，故未再单独列出。

中，在清代国家干预粮食市场中最为基础的制度是漕运、仓储和奏报制度。

（一）漕运和仓储制度：清代国家干预粮食市场的物质保障

清代在前代的基础上，建立起了系统、完善的漕运制度和仓储制度，为国家治理的诸多行为提供了坚实的物质保障。顺治十七年（1678 年），户部议奏漕粮二道考成则例，将漕粮完纳分数与官员奖惩相连，严格保证漕粮供给。[1] 虽然乾隆朝以后，漕运制度和仓储制度由于政治腐败、官吏贪污等原因逐渐衰落，但根据《清实录》中相关史料记载，漕运制度和仓储制度在鸦片战争前的国家干预粮食市场措施的实施方面发挥了巨大的作用。至少至道光朝，清代国家调运钱粮所依托的漕运制度和仓储制度的运行依旧比较顺畅。[2]

清代承袭前代旧制，每年从山东、河南、江苏、浙江、安徽、江西、湖北和湖南 8 个省份征收漕粮和白粮，运至京通仓用于国家支度和储备。根据光绪《清会典事例》记载，清代漕运粮食分为正兑漕粮、改兑漕粮、白粮、小麦、黑豆、折粮等类目。清代每年额定漕粮规模约为 428.36 万石，由京通二仓分贮。其中，正兑漕粮 330 万石、小麦 3.46 万石、黑豆 15 万石，运贮京仓；改兑漕粮 70 万石，运贮通州仓；白粮 9.9 万石，由京通二仓分贮。此外，所征白粮分别征自江苏省的苏州府、松江府、常州府、太仓州，浙江省的嘉兴府和湖州府六府州。[3]

仓储制度为古代中国历代统治者所重视，经过不断地完善和发展，清代建立起了主要由京通仓、常平仓、预备仓、盐义仓、旗仓、社仓和义仓为主体的粮食仓储体系。其中，"常平积谷留本州县备赈，义仓社仓积谷留

---

① 《清实录》，中华书局 1985 年版，第 3 册，第 1031 页。中华书局 60 册《清实录》先后于 1985 年、1986 年和 1987 年出版，其中第 1~第 12 册于 1985 年出版、第 13~第 42 册于 1986 年出版、第 43~第 60 册于 1987 年出版。后文引用来源涉及《清实录》的不再一一标明出版年份。

② 相关研究参见 Will, P., Wong, R., B., and Lee, J., *Nourish the People: the State Civilian Granary System in China*, 1650-1850, Michigan: Univesity of Michigan, 1991；魏丕信：《十八世纪中国的官僚制度与荒政》，人民出版社 2006 年版；江太新、李文治：《清代漕运》，社会科学文献出版社 2008 年版；李明珠：《华北的饥荒：国家、市场与环境退化》，人民出版社 2016 年版。

③ 光绪《清会典事例》卷 194，《户部·漕运·额征漕粮》，中华书局 1991 年版，第三册，第 221-223 页。

本村镇备赈，永免协济外郡"。① 除社仓和义仓由民间社会筹办，具有民间互助性质外，其他粮仓由国家官方经营，是国家干预粮食市场的物质基础。

自汉代以来，常平仓制度在历朝历代价格调控中发挥着重要的作用，发展到清代，受到认为"积贮乃天下之大命"的康熙帝的重视，从康熙朝便开始大力建设，一直持续到乾隆朝后期，最终形成了覆盖全国县级行政单位的庞大粮食仓储网。康熙三十年（1691 年），对直隶常平仓粮食储存量做出统一规定：大县 5000 石、中县 4000 石、小县 3000 石。此后，经过多次修订，最终确定了全国各州县常平仓的粮储定额，直至清末。②

清代的预备仓继承自明代，主要设于河南省和安徽省。盐义仓属于专门粮仓，设于两淮、江西、浙江等盐场，用于当地盐场灶户事务。旗仓设于关外的盛京和吉林，用于八旗事务。

《清实录》从乾隆六年（1741 年）起每年岁末开始"天下谷数"一项，记录当年全国各省存仓米谷数量。如图 1 所示，乾隆朝全国存仓米谷呈

图 1　清代全国直隶各省存仓米谷年度变动情况③

---

①　《清实录》，第 4 册，第 1115 页。

②　光绪《清会典事例》卷 190，《积储·常平谷数》，第 3 册，第 158–175 页。

③　嘉庆元年湖南省、湖北省和福建省福州府，嘉庆八年湖北省、陕西省和福建省，道光三年直隶省武清县等 31 州县、江苏省、福建省台湾府，道光四年江苏省和福建省，道光十二年福建省，道光十六年福建省和湖南省，道光十九年湖南省、福建省和台湾府，当年册报未到，据笔者估计应按上年数额计算。此外，乾隆三十九年仓谷数量显著低于其他年份，可能是文献记录有误。

逐渐增长趋势，在中后期达到 4.1 亿石水平上下，嘉庆朝前期大幅降至 3 亿石水平，后到嘉庆朝末年逐渐恢复至 3.7 亿石水平，道光朝则基本保持在 3.2 亿石水平。由此可见，乾隆朝后全国粮仓存贮粮数量虽有下降，但就其整体规模而言，仍有较大体量，为国家干预粮食市场提供了坚实的物质基础。

（二）奏报制度：清代国家干预粮食市场的信息支持

为及时、准确地掌握粮食供给和需求情况，清代在全国范围内建立起了系统、完善的监控农业生产的收成奏报和灾伤奏报制度，以及监控粮食价格的粮价奏报制度，为国家行为的实施提供了可靠市场信息，较好地解决了粮食市场中的信息不对称问题，保证了国家行为介入的及时性。

在收成奏报方面，清代规定，各省督抚需奏报年岁收成分数，除随时具折奏报外，需将通省夏收、秋收分数据实、按时奏报。[①] 嘉庆二年（1797 年），还对题报收成分数的形式做出具体规定："嗣后各省督抚，每年按例题报收成分数各本，惟就本年情形，简明叙列，以便一目了然，毋得牵叙例案，至滋繁冗。"[②] 此外，各省督抚还需题报约收分数，即根据气候和种植情况，在题报实收分数前 1~2 个月预估当地收成分数加以上报。若在题报约收分数后再发生旱涝虫伤，则"该督抚即当据实续行入告，断不可因奏报约收在先，稍存讳饰"。[③] 由于对约收分数的掌握有益于对粮食市场的预期、减少市场不确定性，有助于国家行为的有效实施，清代统治者十分重视，对约收分数奏报不实的官员非常严厉。例如嘉庆十九年（1814 年），嘉庆帝在了解畿辅一带天气情况后，认为时任总督那彦成所报约收分数有

---

① 福建、浙江限 5 月，直隶、安徽、河南、山东、陕西、四川、云南、贵州限 6 月，奉天、江苏、广东、广西限 7 月，山西、甘肃限 8 月；题报秋收分数：福建、河南限 9 月，直隶、奉天、安徽、山东、陕西、甘肃、四川、贵州限 10 月，江苏、浙江、山西、广东、广西、云南限 11 月；江西每年 5 月、8 月、10 月三疏题报；湖北、湖南二省题报夏秋收成分数，不必拘定 6、8 两月限期，俟颗粒登场据实题报。详见同治十三年《钦定户部则例》卷 9，《田赋三·题奏收成》，早稻田大学图书馆藏版。

② 同治十三年《钦定户部则例》卷 9，《田赋三·题奏收成》；光绪《清会典事例》卷 177，《户部·田赋·奏报秋成》，第 2 册，第 1256-1257 页。

③ 《清实录》，第 28 册，第 949-950 页。

误，勃然大怒，传谕内阁称那彦成所奏"一派虚词，全不足据"，并传旨各省督抚加以申饬，"若再有虚饰，经朕查出，必将该督严惩不贷"。①

在灾伤奏报方面，清代在国家建立之初便对灾伤奏报事项进行了规定。顺治六年（1649年），规定若有灾害发生，各省总督、抚巡、按察使等省级官员须即行上奏受灾情形和田亩面积。顺治十七年（1678年），规定各省奏报灾情，夏灾限于6月底前、秋灾限于7月底前奏报。雍正六年（1728年），规定受灾后，需在45日内上报灾情。乾隆十二年（1747年），对连续多次受灾的上报期限进行了进一步细化规定，若新灾距原报情形之日未过15日，奏报期限不变，即仍为45日；若新灾距原报情形之日大于15日，上报期限可增加20日，即可增至65日；如果新灾发生于原灾45日期限以外者，重计奏报期限。②

在粮价奏报方面，清代粮价奏报始于康熙朝，经雍正朝发展，至乾隆朝形成定制。康熙三十二年（1693年），康熙帝在收到苏州织造李煦呈报的包含苏州米价内容的密折时批复："秋收之后，还写帖奏来。"此后，可直接向皇帝呈递奏折的官员均开始奏报治下地方粮价。乾隆元年（1736年），乾隆帝颁发谕旨："各省巡抚具折奏事时，可将该省米粮时价开单，就便奏闻"，在全国范围内推行粮价奏报制度。乾隆三年（1738年），乾隆帝以湖广总督德沛奏报的"湖北、湖南（乾隆二年）十二月米麦时价清单"为蓝本，统一了粮价奏报单的格式，并一直沿用至清代结束。③ 粮价奏报的具体流程如图2所示。

---

① 《清实录》，第31册，第969—970页。

② 同治十三年《钦定户部则例》卷84，《蠲恤二·查勘灾赈事例》；光绪《清会典事例》卷288，《户部·蠲恤·奏报之限》，第4册，第366—368页。

③ 王业键：《清代的粮价陈报制度》，《故宫季刊》1978年第1期；王砚峰：《清代道光至宣统间粮价资料概述——以中国社科院经济所图书馆馆藏为中心》，《中国经济史研究》2007年第2期；余开亮：《粮价细册制度与清代粮价研究》，《清史研究》2014年第4期。

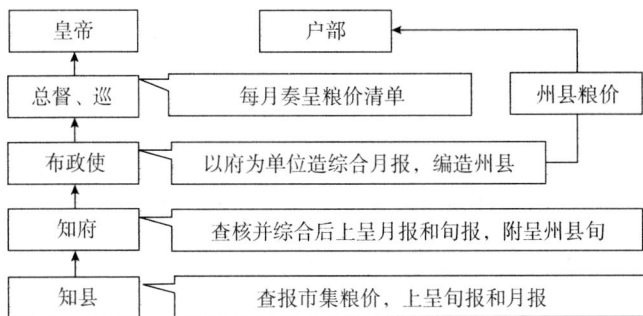

图 2　清代粮价奏报程序示意图

资料来源：此图根据王业键的研究整理而得，详见王业键：《清代的粮价陈报制度》，《故宫季刊》1978 年第 1 期。

二、清代国家干预粮食市场的实施规则

清代对恤赏、减免、缓征、借贷、籴粜和改征等国家干预粮食市场行为的适用条件和实施方式都有非常详细的规定。

（一）恤赏

清代国家恤赏行为的基本规则在乾隆朝前期已成定制。遭遇天灾人祸后，各地督抚在奏报同时，首先散给灾民 1 个月口粮，然后根据灾伤分数和受灾者贫富程度续给抚恤。被灾 10 分时极贫灾民再给 4 个月口粮、次贫灾民再给 3 个月口粮，被灾 9 分时极贫灾民再给 3 个月口粮、次贫灾民再给 2 个月口粮，被灾 7 分和 8 分时极贫灾民再给 2 个月口粮、次贫灾民再给 1 个月口粮。如需特别恤赏口粮，督抚可"临时题请"。每户计口日给米 5 合，儿童减半。[1]

通常情况下，国家的恤赏行为以粮食为主，"如仓谷不敷，再行动拨银两，本折兼放"，所给银两数目"则依时价以银代给"。[2] 对于恤赏口粮和

---

① 乾隆《钦定大清会典》卷十九，《蠲恤》，第 162-163 页；同治十三年《钦定户部则例》卷 84，《蠲恤二·查勘灾赈事例》。

② 《清实录》，第 36 册，第 319 页。同治十三年《钦定户部则例》卷 84，《蠲恤二·查勘灾赈事例》。

银钱比例也有特别规定，应根据发赈时间设定粮钱比例，如乾隆帝曾在晓谕时任山东巡抚明兴时指出，初赈"民间甫经秋收，尚有粮食，可以籴买，自可放给折色"；至二赈三赈时因"为时较久，民间米价缺短"，应当"银米兼放"，如此行事"方足以资接济"。① 此外，京师和各地省会每年均会设厂煮赈，恤赏口粮。京师五城每年农历 10 月 1 日至次年 10 月 20 日开厂煮赈，每城每日给米 10 石、柴薪银 1 两。各地省会照京师五城之例，于农历 11 月煮赈 1 个月。②

（二）减免

清代国家规定，如遇灾伤歉收，应缴地丁正赋根据被灾轻重做相应减免，如表 1 所示，减免力度自顺治朝起逐渐加大，到乾隆朝初形成定制。而且，国家还会不定时地对积欠的款项给予相应的减免。③ 对于减免谕令发布时已经征收的钱粮，有"准作次年正赋"之例。④ 至于减免钱粮数量在地主和佃户之间的分配，最初由地主独占减免利益，康熙九年（1670 年）规定地主与佃户同占，康熙二十九年（1690 年）规定地主占 7 分、佃户占3 分，康熙四十九年（1710 年）再次明确"三七"之例。⑤

表 1　清代减免赋税的规定情况

时间	规定
顺治十年（1653 年）	被灾 8、9、10 分，免 3 分；被灾 5、6、7 分，免 2 分；被灾 4 分，免 1 分
康熙十七年（1678 年）	被灾 9、10 分，免 3 分；被灾 7、8 分，免 2 分；被灾 6 分，免 1 分
雍正六年（1728 年）	被灾 10 分，免 7 分；被灾 9 分，免 6 分；被灾 6 分，免 1 分
乾隆元年（1738 年）	被灾 10 分，免 7 分；被灾 9 分，免 6 分；被灾 5、6 分，免 1 分

资料来源：光绪《清会典事例》卷 288，《户部一三七·蠲恤·灾伤之等》。

---

① 《清实录》，第 25 册，第 353 页。
② 同治十三年《钦定户部则例》卷 84，《蠲恤二·查勘灾赈事例》。
③ 如乾隆五十年，免除了顺天府、保定府、河间府、天津府、广平府、大名府、遵化州和赵州等 8 个府州所属的 49 个州县，乾隆四十一年至四十九年农户因灾借贷的 13.68 万石谷米豆麦积欠。详见《清实录》，第 24 册，第 451 页。
④ 《清实录》，第 9 册，第 819 页。
⑤ 《清实录》，第 4 册，第 456 页；第 5 册，第 630-631 页；第 6 册，第 422-423 页。

　　除灾伤歉收，皇帝寿诞和新帝登基、谒陵祭祖、木兰围猎、巡幸游历、平定地方五种情况下，国家也会实施相应的减免行为。其一，皇帝寿诞和新帝登基方面，往往会对天下钱粮实施普免。[①] 其二，谒陵祭祖方面，在清代政治文化中"孝道"占据重要地位，皇帝几乎每年都要恭谒先祖帝陵。通常而言，会减免所有沿途经过地方当年地丁钱粮十分之三，个别年份也有加恩多免的情形。[②] 其三，木兰围猎方面，清代统治者原为满族游牧民族，在入关定居建国后仍保持秋狝木兰的传统。正常情况下，皇帝每年 5 月（嘉庆七年（1802 年）后每年 7 月）前后启銮至避暑山庄，在 8 月前后回銮时实行木兰围猎，而对沿途所经地方会减免当年额赋的十分之三，个别年份亦会加恩多免。[③] 道光帝登基后夏季不再启銮避暑山庄，秋狝木兰的地点改为京郊南苑，施恩对象亦改为南苑苑户。其四，巡幸游历方面，通常而言，每次巡幸均会减免所经地方当年额赋十分之三，有时亦会对积年旧欠予以减免。[④] 其五，平定地方方面，顺治年间平定各省、康熙初年平定三藩、西南改土归流等事件均永久性地免除了明代万历朝后的新增赋税、藩地私设税项和土官自设税项。[⑤] 嘉庆朝出现地方叛乱时，为促进各地农业

　　① 如乾隆四十二年孝圣宪皇后九旬大寿、乾隆五十九年天象上元月食修德、乾隆六十年嘉庆帝次年登基，嘉庆四年因乾隆帝驾崩等均上旨普免天下钱粮、积欠。详见《清实录》，第 21 册，第 739-739 页；第 27 册，第 465-467 页、第 909-911 页；第 28 册，第 708 页。

　　② 如嘉庆十四年恭谒东陵，道光二十年恭谒西陵，乾隆四十八年恭谒盛京祖陵，加恩减免十分之五；嘉庆二十三年恭谒盛京祖陵、东陵和西陵，加恩减免十分之七；嘉庆五年恭谒东陵和嘉庆十六年恭谒西陵时更是分别减免了所经地方当年的全部额赋和新旧欠；嘉庆七年恭谒两陵时还加赏了所经地方贫民棉衣 2 万件。详见《清实录》，第 23 册，第 880 页；第 28 册，第 985 页；第 29 册，第 235 页；第 30 册，第 773 页、第 775 页；第 31 册，第 246 页；第 32 册，第 558 页、第 596 页；第 38 册，第 183 页。

　　③ 如乾隆五十九年减免十分之五，嘉庆七年减免十分之七，嘉庆四年全行蠲免。详见《清实录》，第 27 册，第 368 页；第 28 册，第 457 页；第 29 册，第 285 页、第 349 页。

　　④ 如乾隆四十一年和乾隆四十五年两次巡幸山东，乾隆四十九年巡幸江南，乾隆五十三年、乾隆五十九年和嘉庆十三年三次巡幸天津时，都对部分经过地方积年旧欠"概予蠲免"。嘉庆十三年巡幸天津时，同时减免了直隶省全省嘉庆十一年以前积欠额赋的十分之二。详见《清实录》，第 21 册，第 450-451 页、第 461 页、第 469 页；第 22 册，第 725 页；第 24 册，第 30-31 页；第 25 册，第 470 页；第 27 册，第 319-320 页；第 30 册，第 552 页。

　　⑤《清实录》，第 3 册，第 94-98 页、第 135-138 页、第 154-157 页、第 272-274 页、第 410-411 页、第 847-848 页、第 1014-1015 页；第 5 册，第 71 页、第 5 册，第 825-826 页；第 7 册，第 564-565 页。

恢复，国家对受到影响的地区也实施了相应的减免额赋的措施。^① 值得注意的是，如非特别说明，巡幸游历减免的空间范围是"附近御道，平坦大路两旁各以三里为界，山径地窄道路两旁各以二里为界"，道光帝后来也强调"不准照阖境额数蠲免"。^②

清代国家干预粮食市场的减免举措还涉及粮食流通税。如乾隆三年（1738 年）上谕明确了歉岁特免关榷米税之例，规定"遇地方歉收，有藉外省接济者即行奏闻，免收米税。如情形孔亟，奏请需时者，即一面奏闻，一面停其输税"。^③ 通过降低关税，激励商人贩运粮食，增加荒歉地方的粮食供给。

（三）缓征

根据同治《钦定户部则例》和光绪《清会典事例》记载，灾伤后缓征的国家行为至嘉庆朝形成定制。其基本原则是根据灾伤分数暂缓租赋：被灾 8~10 分者，分作 3 年带征；被灾 5~7 分者，分作 2 年带征；被灾 5 分以下不成灾者，由皇帝直接下旨或督抚题明，缓至次年夏收后征收，次年夏收钱粮递展至秋成征收。此外，水旱之年，至深冬才有雨雪或积水方退，缓征事项需另行题明，可将已经缓至夏收征收的钱粮，缓至秋成以后再征。^④ 同时，与减免相同，国家还会不定时地对因灾常年积欠的款项给予相应的缓征，如乾隆五十年（1785 年），将江苏淮安府、徐州府和海州 3 个府州历年积欠的新旧钱粮"缓至本年秋成后征收"。^⑤

---

① 如乾隆四十一年，对上年调派八旗劲旅和索伦等精锐进剿金川所经直隶省地方的部分往年积欠，"普行蠲免"。嘉庆四年，减免"调派盛京吉林黑龙江兵丁经过沿途州县本年额赋，直隶自山海关至磁州十分之三，河南至湖北十分之五"。详见《清实录》，第 21 册，第 448-449 页；第 28 册，第 622 页。

② 《清实录》，第 12 册，第 881-882 页；第 33 册，第 1073-1074 页。

③ 《清实录》，第 10 册，第 162 页。

④ 就华北地区而言，正常情况下，直隶、山东、河南、安徽四省的征收期限是 2 月开征、5 月底完半、8 月接征、12 月底征完，江苏是 2 月开征、7 月底完半、8 月接征、12 月底征完。参见同治十三年《钦定户部则例》卷 9《田赋·钱粮事例》，卷 84《恩蠲灾蠲事例》；光绪《清会典事例》卷 288，《户部·蠲恤·灾伤之等》，第 368-372 页。由此可知，清代每年的赋税的实际征收数额＝当年应征数额－当年缓征数额+带征上年数额。

⑤ 《清实录》，第 24 册，第 454 页。

缓征行为虽主要用于对灾伤歉收地方的抚恤，但有时亦会在巡幸或地方受贼匪滋扰时加以施行，如乾隆四十一年（1776年），乾隆帝在巡幸山东找见时任江苏巡抚萨载时，加恩缓征江苏省上年受灾地方的漕粮额赋。嘉庆二年（1797年）、嘉庆十八年（1813年）和嘉庆十九年（1814年）等年份分别缓征了河南和山东"前被贼扰"地方的新旧额赋。①

（四）借贷

清代国家借贷行为主要在两种情况下实施："被灾五分不成灾"未达到恤赏条件者，以及被夏灾但可望秋成者。借贷以籽种、银两、口粮和牛具为主，不计利息。乾隆初年，借贷对象除水旱灾外，还进一步拓展至风、雹、蝗等影响粮食收成的灾害。② 正常年份，禁止官方借贷行为。例如，嘉庆六年（1801年）谕旨"其无灾年份，概不准出借"。③ 借贷籽种、银两通常以亩计算，每亩所给籽种银通常不超过0.06两。除"被灾五分不成灾"的限制外，有时亦会对农户耕地规模有所限制。例如，乾隆五十年（1785年），在给山东省济南府、东昌府、泰安府、兖州府、曹州府、济宁州和临清州等地受灾州县提供借贷籽种银时规定，只有"查明地在二十亩以下者"，才可有资格"每亩借给籽种银五分以资耕作"。④

对于各省督抚借贷口粮的提请，皇帝有时亦会升格为恤赏。例如乾隆五十七年（1792年），直隶、山东、河南、江苏和安徽督抚均题请"酌借口粮"，乾隆帝加恩"俱著加恩竟行赏给"。⑤

此外，对于国家借贷中的地主和佃户关系，国家借贷钱粮、农资，由"业主领给""业主还官"，佃户从地主处领用时，地主"不得取息"。⑥

---

① 《清实录》，第21册，第466页；第28册，第230页；第31册，第781页、第844页、第854页、第943页、第1087页。

② 同治十三年《钦定户部则例》卷84《蠲恤二·查勘灾赈事例》；光绪《清会典事例》卷288《户部·蠲恤·灾伤之等》，第368-372页。

③ 光绪《清会典事例》卷276，《蠲恤·贷粟》，第183页。

④ 《清实录》，第24册，第441页。

⑤ 《清实录》，第26册，第724页。

⑥ 《清实录》，第15册，第903页。

（五）籴粜

在"谷贱伤农"和"谷贵伤民"的治理思想下，清政府十分重视对粮食市场价格的调控，主要方式即籴粜——减价出粜和采买入籴。与减免、缓征和借贷行为不同，在农业自然生产周期的影响下，籴粜行为不只在灾伤歉收之年实施，正常年份亦会实施，"每年平粜不得屯粮"。京师地区粮食籴粜主要依托于京通粮仓，其他各地粮食籴粜主要依托于常平仓。

至于清代国家籴粜行为的性质定位，由于其目的主要是灾后赈恤和平抑市场粮价，它的社会福利属性重于市场盈利属性。例如乾隆四十五年（1780 年），时任直隶总督袁守侗在核查直隶常平仓仓储情况时提到，"向来直属平粜仓粮秋后买补，有较原价节省者，亦有仍照原价买补者"，① 即常平仓在采买时，不会以出粜价格作为依据，追求利润。当然，由农产品季节属性引起的价格差异，国家的籴粜行为在很多时候可以盈利，例如乾隆四十五年（1780 年）上半年，山东省常平仓盈余银 4.48 万两，存谷超出额定存量 9.38 万石。②

根据同治《钦定户部则例》记载，京通仓平粜，由户部奏拨，各仓米麦按市价酌减定价，出粜以每人每日 2 斗为率。常平仓平粜，由各州县官员具体实施，并上报府州行政单位核准出粜数量、粮食种类、出粜价格等事项。平粜地点以县城为主，如有距县城距离较远、村镇民众买粮不便者，择道路始终之地分厂运粜，出粜价格不变，相关运输费用由地方财政支出，江苏省和安徽省丰年除外。③

对于粮食的采买入籴，为防止采买引起当地市场粮价过度波动，清代国家规定各地粮仓按照市价采买，严禁动用行政力量强行抑价采买或加价采买。如乾隆四十三年（1778 年），由于河南和山东二省歉收，"恐北来贩运不能源源接济，将来京师麦价未免渐昂"，乾隆帝在谕旨从奉天调粮运京时特别强调，即使市价较高也"不必用官价抑买"。而后，在京师粮食供应形势有所平缓，并在了解到盛京"种麦者较少于各种米粮"的情况后，

---

① 《清实录》，第 22 册，第 790 页。
② 《清实录》，第 22 册，第 808 页。
③ 同治十三年《钦定户部则例》卷 18《仓庾二·京通各仓平粜》《仓庾二·直省各仓平粜》。

"恐一时采买过多，麦价或渐至腾贵"，将原 "酌量情形采买二三十万石"
谕旨，改为 "如采买不甚费力，价值不致骤昂，即购办一二万石运京。若
办理稍觉竭蹶，止将现在采买之七千余石，即派员由海船运送"。①

清代国家实施籴粜行为时还十分注意自己的行为对其他市场主体的影
响。例如乾隆五十二年（1787 年），在河南采买小麦以运京师时，"但恐商
民闻知京城麦价昂贵，在豫采买不无居奇牟利，或致京城市价，未能得减
而河南本省麦价转致加增，亦不可不虑"。②

（六）改征

乾隆《钦定大清会典》、同治《钦定户部则例》和光绪《清会典事例》
等清代政书中没有有关国家改征的专门规定。但是，根据《清实录》记载，
当地方出现应征粮食品种减产、歉收时，经地方督抚题奏，在皇帝批准后
可改征其他品种的粮食，或直接将当年米谷本色改为银钱折色。改征主要
用于有灾伤发生，但 "勘未成灾" 地方的赈济恢复。但是，当地方发生灾
伤歉收后，只要成灾分数达到 5 分即有恤赏、缓征行为或减免行为实施，
如果成灾未达到 5 分 "勘未成灾" 还有借贷或出粜行为作为补充。所以，
改征行为在清代中期实施次数相对于其他国家干预行为数量较少。

三、清代国家干预粮食市场谕令的统计特征

为全面展现清代国家干预粮食市场行为的基本特点，本部分根据《清实
录》，分省统计涉及粮食生产、流通和消费环节，并有明确空间地理信息的记
录，建立省级、年度国家干预粮食市场谕令面板数据，进一步开展量化分析。

通过对 1644—1840 年《清实录》载有地理空间信息约 11.1 万条记录
的筛选，共摘录出涉及清代内地十八省地区③国家干预粮食市场的谕令

---

① 《清实录》，第 22 册，第 81 册，第 101–102 页。
② 《清实录》，第 25 册，第 112–113 页。
③ 内地十八省又称汉地十八省，是清代在关内地区设立的十八省。

7939 条。① 下文将以摘录出的 7939 条国家干预粮食市场谕令为基础，从时间、空间和类别三个层面开展分析。

就国家干预粮食市场谕令发布数量的时间特征而言，如图 3 所示，具有比较显著的阶段特征，可大致分为三个阶段：第一阶段，顺、康、雍三朝，国家干预粮食市场谕令数量在年均 18 条上下波动；第二阶段，乾隆朝前期，国家干预粮食市场谕令数量增至年均 80 次以上，最高在 1751 年达到 124 条；第三阶段，乾隆朝中期至鸦片战争前，国家干预粮食市场谕令数量回落至年均 50 条上下。

（条）

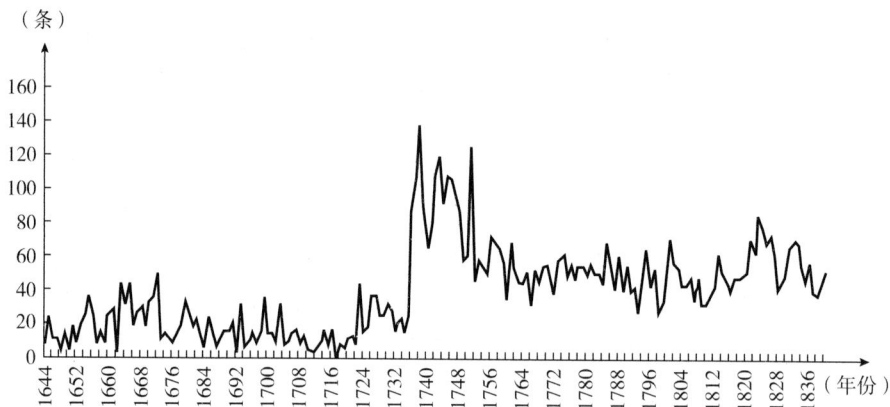

图 3　清代国家干预粮食市场谕令发布数量的时间特征（1644—1840 年）

① 具体统计步骤如下：第一步，筛选恤赏、减免、缓征、借贷、籴粜和改征六类国家干预粮食市场行为的记录；第二步，剔除没有明确记有"省""府""县"等地理信息的记录；第三步，以"省"为空间单位进行统计，该省下辖府、州、县每实施国家干预粮食市场行为 1 次，则记作该省实施国家干预粮食市场行为 1 次。此外，有两点统计处理方式需进一步说明：其一，合并相同记录，对属于同一次国家干预行为的记录只做一次统计。例如乾隆二十一年，仁和等七州县漕粮缓征事宜，于闰九月言"该督抚等奉到此旨即具摺奏闻，交部备案可也"，后又于次月明降谕旨"俱行缓征"。（《清实录》，第 15 册，第 595-596 页、第 607 页）我们对这两条记录只做一次统计。其二，只统计付诸实行的记录，剔除需"下部议奏""有司确查""查明详奏"，而后"再降谕旨""届时有旨"，处于商议未定阶段的记录。例如乾隆二十三年山东巡抚阿尔泰在奏请东昌府属馆陶等十县借欠各项钱粮蠲免事宜时，乾隆帝要求"分晰办理，或将某年分先完，某年分暂缓，及一年内应完十分之几，应缓十分之几，逐一查明，分别应征应缓各数详奏，再降谕旨"。（《清实录》，第 16 册，第 239 页）我们对此条记录不予统计。谕令记录存在一条谕令记录多个省份的情况，所以后文分省谕令加总数量会多于 7939 条的谕令总数。

　　就国家干预粮食市场谕令发布数量的空间特征而言，如图 4 所示，利用"几何间隔法"进行分类的结果显示，由东北向西南整体呈递减趋势。具体言之，位于东北部的直隶、山东、江苏、安徽和河南等省国家干预粮食市场谕令数量处于高频区，分别为 1284 条、861 条、1264 条、656 条和 757 条；位于中部的山西、浙江、江西、福建、湖北、陕西和甘肃等省的国家干预粮食市场谕令数量处于中频区，分别为 604 条、306 条、523 条、278 条、495 条、526 条和 605 条；位于西南部的湖南、广东、广西、四川、云南和贵州等省国家干预粮食市场谕令数量处于低频区，分别为 263 条、142 条、79 条、165 条、143 条和 87 条。

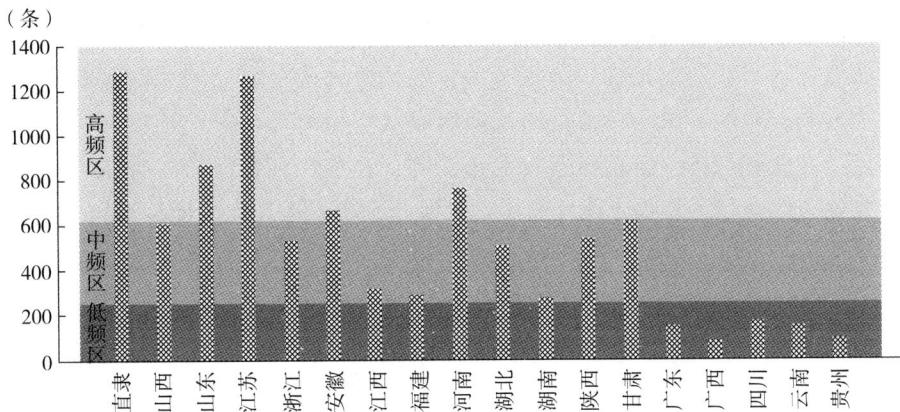

图 4　清代国家干预粮食市场谕令发布数量的空间特征（1644—1840 年）

注：数据引自 CHGIS V6 1820。

　　就国家干预粮食市场的行为类别特征而言，如图 5 所示，减免行为最多，为 3805 条、占总量的 42%；缓征行为次之，为 2401 条、占总量的 26%；恤赏行为再次之，为 1903 条、占总量的 21%；借贷行为又次之，为 842 条、占总量的 9%；籴粜和改征行为相对较少，分别为 127 条和 78 条，占总量的 1% 上下。

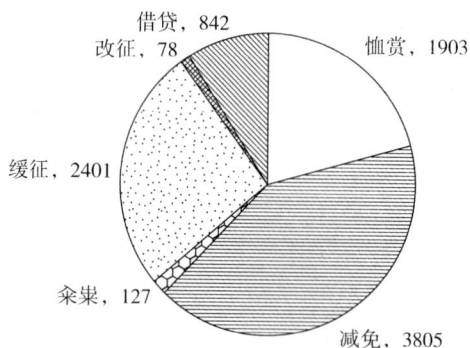

图 5　清代国家干预粮食市场各类行为谕令数量

　　此外，值得注意的是，各类国家干预行为谕令数量在不同时期的相对频次有比较明显的变化。如图 6 所示，缓征行为谕令数量的相对频次变化最为显著，顺治、康熙、雍正和乾隆四朝减免行为是国家干预粮食市场行为谕令的核心主体，但相对地位趋于下降，至嘉庆朝被缓征行为超越，至道光朝与恤赏行为相当；缓征行为在国家干预粮食市场中的地位不断升高，

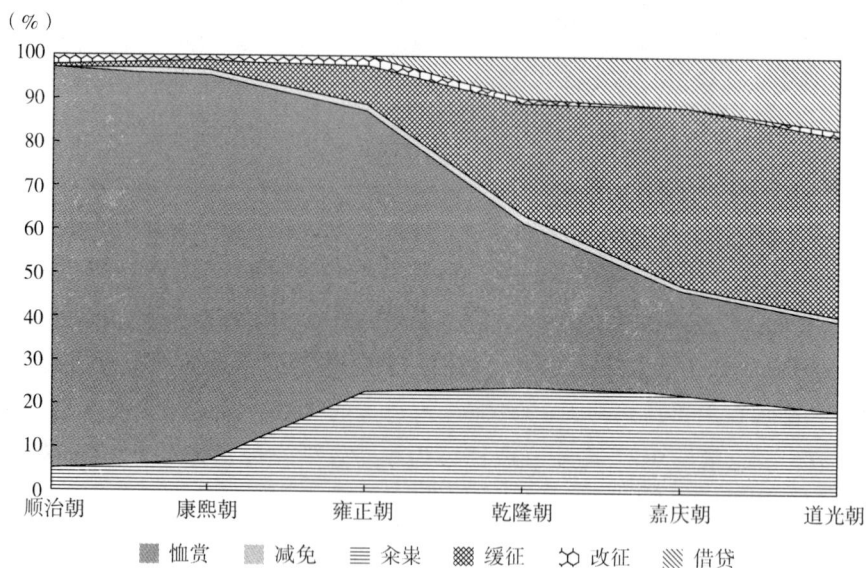

图 6　清代各时期六类国家干预粮食市场行为谕令数量占比结构变化（1644—1840 年）

至乾隆朝超过恤赏行为，至嘉庆朝超过减免行为，成为国家干预粮食市场行为谕令的核心主体；恤赏行为谕令数量的相对频次至乾隆朝达到最高，此后有所下降，到道光朝地位次于缓征和减免；借贷行为谕令数量的相对频次呈长期增加趋势，至道光朝位于恤赏之后；籴粜和改征行为谕令数量的相对频次变化不大，在清代国家干预粮食市场行为中起辅助作用。

四、结论与思考

清代国家对粮食市场的干预源于传统儒家"养民"和"聚民"思想，而非基于对市场经济属性的认识，相关国家干预行为也被纳入以恤政和荒政为核心的蠲恤制度。清代国家干预粮食市场的行为主要有恤赏、减免、缓征、改征、借贷和籴粜六类，通过这些行为调节粮食市场的供需关系，实现赈恤农民、维持农业生产和平抑价格的目标。这些国家干预粮食市场的行为在乾隆朝前后已基本形成定制，并确立了详细的实施规则，成为影响市场发展的正式制度，对粮食市场产生了长期影响。

通过对《清实录》相关记录的统计分析，可以发现国家干预粮食市场行为谕令的数量具有显著的时空特征。时间上，顺、康、雍三朝的谕令数量相对较少，乾隆朝前期谕令数量大幅增加，乾隆朝中期以后有所回落并持续至鸦片战争前；空间上，由东北向西南整体呈递减趋势。此外，各类国家干预粮食市场行为的地位发生了比较显著变化，前期以减免为主导，嘉庆朝开始，缓征开始占据主导地位。

值得注意的是，清代国家干预粮食市场行为谕令数量所呈现出的统计特征可能与国家实力和政治地理有关。例如，减免行为地位的下降和缓征行为地位的上升可能是受到乾隆朝后国家财政实力下降的影响，直隶地区谕令数量最多可能与畿辅重地的政治影响力有关。这些都是值得进一步思考和探讨的问题。

重建清代县际交通网之可行性论证与方法探讨

——以西安府为中心*

郭 静 胡 鹏**

西北大学科学史高等研究院

[**摘要**] 文章以具有一定典型性和代表性的陕西省西安府为例，论证了重建清代全国县际交通网的可行性，并提出了具体方法。文献资料方面，通过对政书、方志、商书三类文献中交通网史料的梳理，发现光绪《清会典事例》、雍正《陕西通志》、《中国省别全志·陕西》和《天下路程图引》等文献所载交通网记录非常丰富，加之晚清民国时期的邮政舆图资料，可以较好地支持重建清代西安府内县际交通网。方法实践方面，通过定位交通节点、明确交通路线、确定交通里程和可视化处理四个步骤，成功重建了清代西安府内县际交通网。

[**关键词**] 清代；交通网；县际交通里程；西安府

重建历史数据序列是量化历史研究的前提和基础。目前，清代历史数据序列的重建工作已取得突出的成绩，形成了一批全国性样本序列。例如粮食价格序列方面，已经形成了两套系统的清代粮价数据资料——中国社会科学院经济研究所整理编写的《清代道光至宣统间粮价表》和台湾学者王业键主持建立的"清代粮价资料库"，在此基础上可以得到全国性的府

---

* 基金项目：用友基金会第四届"商的长城"项目，"明清内地交通网及商贸运输成本量化研究"（2020-Y09）。

** 作者简介：郭静，西北大学科学史高等研究院硕士研究生，研究领域：数字人文，电子邮箱：1580786078@qq.com；胡鹏，西北大学科学史高等研究院副教授、硕士生导师，研究领域：经济史、灾害社会史、量化历史研究，电子邮箱：drhupeng@126.com。

级、月度粮价序列;[①] 人口数量序列方面,曹树基重建了 1776 年、1820 年、1851 年、1880 年和 1910 年这五个时间节点的全国性的府级人口数量序列。[②] 这些历史数据序列重建工作为量化分析,尤其是计量分析清代经济社会史问题提供了必要的数据支持。

清代交通史研究和交通网重建工作虽然起步很早,并取得了丰硕成果,但尚未形成全国性的县级样本序列。以白寿彝和臧嵘为代表的学者以驿站和驿道为中心,对清代全国交通网做了系统梳理。[③] 然而,清代各县虽多设有驿站,但并非都有驿道信息记录。刘文鹏的考证显示,清代全国所有县都设有驿站,但比对清代驿道核心资料《清会典事例》可以发现,其中所载驿道及其里程信息只覆盖了约 21.3% 的县。[④] 故而,仅以驿站和驿道为中心难以实现清代县际交通网重建。

交通网数据的缺失制约了当前清代经济史的相关研究。例如,颜色、何石军等学者在研究清代市场问题时都需通过交通网数据进行分析,但受可用资料限制,前者以直线地理距离代之,后者基于驿站数量以每站 30 千米进行距离推算。[⑤] 这也是当前相关研究中利用交通网数据最常见的方法。然而,这两种处理方法均存在较大问题。通过对《清会典事例》载清代华北平原地区铺道信息的梳理可以发现,陆路和水路直线距离与实际里程分别有 23%~33% 和 11%~41% 的差异,若在地形地貌更复杂的丘陵、高原和山地地区,误差将会更大。何石军的推算法虽然较直线距离误差小,但也存在较大局限。嘉庆年间内地十八省和盛京地区 1693 个驿站间的平均距离

①　中国社会科学院经济研究所:《清代道光至宣统间粮价表》,广西师范大学出版社 2009 年版;"清代粮价资料库"详见网址:http://mhdb.mh.sinica.edu.tw/foodprice/。
②　曹树基:《中国人口史》第五卷《清时期》,复旦大学出版社 2001 年版。
③　白寿彝:《中国交通史》,商务印书馆 1937 年版;臧嵘:《中国古代驿站与邮传》,商务印书馆 1997 年版。
④　详见〔清〕托津等:《钦定大清会典事例》卷 559-560《兵部·邮政·驿程》,《近代中国史料丛刊三编》第 65 辑,文海出版社 1992 年版,第 5983-6069 页;〔清〕昆冈等:《清会典事例》卷 688-689《兵部·邮政》,中华书局 1991 年版,第 8 册,第 588-609 页;刘文鹏:《清代驿站考》,人民出版社 2017 年版。
⑤　颜色、刘丛:《18 世纪中国南方市场整合程度的比较——利用清代粮价数据的研究》,《经济研究》2011 年第 12 期;何石军、蔡杨、高明:《清代前期的交通成本与粮食市场整合的再估计:基于第二次金川之役自然实验的量化考察》,《经济科学》2020 年第 4 期。

约 38.8 千米，最短 2.9 千米、最长 207.5 千米，亦存在显著差异。①

本文以清代陕西省西安府为例，论证重建清代县际交通网的可行性，并在此基础上尝试提出适用于全国的通行方法。至于选择西安府为例的原因，主要基于以下两点考虑：第一，清代西安府不但是陕西交通网的中心，也是西部地区的交通枢纽，在全国交通网中具有重要的地位；第二，清代西安府的交通网文献资料的数量和质量在全国处于中等水平，由此得到的县际交通网重建方法在全国范围内具有较高的适用性。

一、清代交通网史料概述

清代交通网可分为驿道、铺道和民道三个类别。第一类，驿道。以京师为中心，辐射全国，达于各省省城。其中，通往各省省城的干线又称为官马大道，简称官路；各省也修有官路支线，连接省城与省内重要城镇和地区，也称为官路。第二类，铺道。以府城为中心，辐射本府，达于府内各县县城。第三类，民道。连接驿道、铺道的地方小路、山路和诸多能通舟行船的河流，是民间交通出行活动的重要补充。

在传统官方驿递交通体系的影响下，清代交通网呈现出比较显著的"京师—省城—府城—县城"的多层格局特征。以驿道和铺道为核心的清代交通网具有鲜明的国家治理色彩，呈现出层级化的特征。驿道主要用于京师与地方省城和重要地区间的人员和公文往来，重于"京师—省城"的交通效率（这也是诸多府城缺少驿道记录的主要原因之一）；铺道主要用于省城和省内各府、府城和府内各县的人员和公文的往来，重于"省城—府城"和"府城—县城"的交通效率。此外，民道作为驿道和铺道的补充，是社会民众日常交通出行的延续，弥补了官方的驿道—铺道网在"府城—府城"和"县城—县城"层面的交通效率。

至于交通网文献资料，其分布比较集中。按照文献类别可大致分为政书、方志和商书三类。其一，政书类。以《清会典事例》为代表，用统一的标准记录了全国的驿站和驿道、铺站和铺道信息，在重建清代县际交通

---

① 根据光绪《清会典事例·驿程》记录信息计算。

网时具有不可替代的作用。其二，方志类。省志与府县志又有所不同。省志方面，以清代和民国时期官修省志和日本特务机构东亚同文会编纂的《中国省别全志》为代表，也系统记录了一省之内的交通路线和里程信息。府县志方面，所载交通网信息多以驿站和铺站名单、额定公食银为主，路线和里程信息相对有限。以西安府为例，如表1所示，通过对清代西安府及其所辖18厅州县66种方志文献的统计①，府志和县志所载交通网信息具有显著的不均衡性，在重建统一的全国性路网层面的作用相对有限。其三，商书类。以憺漪子辑编的《天下路程图引》为代表，记录了全国主要水陆商道的路线和里程信息，甚至部分路线还包含了交通工具、住行安排、所经地历史遗迹等信息，可作为重建清代交通网的重要史料补充。

表1　府县志所载西安府及其所辖厅州县交通网信息统计

行政区	驿-铺站信息	里程信息	行政区	驿-铺站信息	里程信息
西安府	√		鄠县	√	√
长安县	√		蓝田县	√	√
咸宁县	√		泾阳县	√	
耀州	√	√	三原县	√	√
孝义厅			盩厔县	√	
宁陕厅			渭南县	√	
咸阳县	√		富平县	√	√
兴平县	√		醴泉县	√	
临潼县	√		同官县	√	
高陵县	√				

注：√表示府县志中有相关信息记录。

为进一步从文献资料的层面分析和论证重建清代交通网的可行性，笔者以西安府为例，根据其交通网的中心辐射分布特征，以省城西安府治长安、咸宁两县为中心按照东路北线、东路南线、西路北线、西路中线、西

---

① 根据《中国地方志联合目录》和《中国地方志总目提要》统计，涉及清代西安府及所属县（厅、州）的府县志共有77种，笔者目前搜集到66种。

路南线、北路东线、北路中线、北路西线、南路东线和南路西线十条路线，① 将光绪《清会典事例》、雍正《陕西通志》、《中国省别全志·陕西省》和《天下路程图引》四种主要文献中的西安府内各县交通路线和里程文献梳理如下：②

1. 东路北线

咸宁县经临潼县至渭南县，向西经同州府、出潼关厅可达河南和山西两省。

《清会典事例》卷六八八《驿程》：

> （渭南县丰原驿）八十里至临潼县新丰驿，五十里至咸宁县京兆驿。

《清会典事例》卷六七六《设铺》：

> （咸宁县）在城铺东十里至浐河铺，十里至灞桥铺，十里至豁口铺，十里至临潼县建平铺。……（临潼县）在城铺东十里至阴盘铺，十里至新丰铺，十里至戏河铺，十里至零口铺，十里至渭南县盛店铺；在城铺西十里至建平铺，十里至咸宁县豁口铺。……（渭南县）在城铺西十里至胡村铺，十里至杜化铺，十里至盛店铺，十里临潼县零口铺。③

雍正《陕西通志》卷三六《驿传·驿站》：

> 西安府咸宁县京兆驿……东至临潼县五十里，至新丰驿七十

---

① 相关文献多将西安府交通网归纳为六路：西路长安、咸阳、兴平、醴泉，西北路泾阳，北路三原、耀州、同官，东北路高陵、富平，东路咸宁、临潼、渭南，东南路蓝田、鄠县、盩厔。详见乾隆《西安府志》卷十一《建置志下·驿传》，清乾隆四十四年刻本。

② 光绪《清会典事例》中驿道和铺道信息与嘉庆《钦定大清会典事例》中一致，民国《续陕西通志稿》所载驿道和铺道信息与《清会典事例》中的一致（民国《续陕西通志稿》中还记录了晚清设立的邮政局信息），故未将该两种文献纳入。

③ 为直观审视，辑录原文记录时，对各县顺序有所调整。下同。

里……临潼县新丰驿……东至渭南县八十里。

雍正《陕西通志》卷三六《驿传·西安府属》：

咸宁县总铺……东十里东苑铺，十里浐河铺，十里霸桥铺，十里
豁口铺，至临潼县建平铺十里。临潼县总铺……东十里阴盘铺，十里
新丰铺，十里戏河铺，十里零口铺，至渭南县灵阳铺十里；西十里建
平铺，至咸阳县豁口铺十里。……渭南县总铺……西十里张村铺，十
里杜化铺，十里灵阳铺，至临潼县零口铺十里。

《中国省别全志·陕西省》第三编、第一章《陆运·河南通路》①：

西安—10 里—坝村—40 里—临潼县—20 里—新丰驿—20 里—冷
口镇—40 里—渭南县

《天下路程图引》卷二《九五北京由河南府至陕西陆路》：

（渭南县）三十五里至零口。二十五里新丰，二十五里接口，二十
里霸桥，三十里至陕西省城西安府咸宁、长安二县京兆驿。

2. 东路南线

咸宁县至蓝田县，向东南经商州直隶州可达湖北省。

《清会典事例》卷六七六《设铺》：

（咸宁县）在城铺东南十里至留村铺，十里至大峪铺，十里至陈沟
铺，十里至车家河铺，十里至蓝田县储景铺。……（蓝田县）在城铺
西北十里至升张铺，十五里至故敬铺，十五里至储景铺，十里至咸宁
县车家河铺。

---

① 《中国省别全志》所载交通里程数据原文的形式为列表记录，记有总里程和区间里程。

雍正《陕西通志》卷三六《驿传·驿站》：

> 西安府九十里至蓝田县。

雍正《陕西通志》卷三六《驿传·西安府属》：

> （咸宁县）浐河东南十里留村铺，至蓝田县储景铺十里。……蓝田县总铺……北十里升张铺，十五里故景铺，十五里储景铺，至咸宁县留村铺十里。

《中国省别全志·陕西省》第三编、第一章《陆运·湖北通路》：

> 西安—35 里—斜口镇—65 里—蓝田

3. 西路北线

长安县经咸阳县至醴泉县，向西北经乾州直隶州和邠州直隶州可达甘肃省。

《清会典事例》卷六八八《驿程》：

> 陕西咸宁县京兆驿，五十里至咸阳县渭水驿，七十里至醴泉县店张驿。

《清会典事例》卷六七六《设铺》：

> （长安县在城铺）西十五里至枣林铺，十五里之泗池铺，十五里至咸阳县河南铺。……（咸阳县）在城铺东十五里至河南铺，十里至长安县泗城铺……在城铺西北十五里至上照铺，十里至双照铺，十五里至醴泉县晏村铺。……（醴泉县）在城铺东十里至雒村铺，十里至晏村铺，十五里至咸阳县双照铺。

雍正《陕西通志》卷三六《驿传·驿站》:

> 西安长安县京兆驿……西至咸阳县渭水驿五十里。……咸阳县渭水驿……西北至兴平县店张驿四十里。……兴平县店张驿……西北至醴泉县三十里。

雍正《陕西通志》卷三六《驿传·西安府属》:

> 长安县总铺……西十里金胜铺,十里亭子铺,十里泗池铺,至咸阳县河南铺十里。咸阳县总铺……东南五里五里铺,十里河南铺,至长安县泗池铺十里;……西北十五里上照铺,十五里双照铺,至兴平县店张铺十五里。……醴泉县总铺……东南十里雒村铺,十里晏村铺,至兴平县店张铺十里。

《中国省别全志·陕西》第三编、第一章《陆运·甘肃通路》:

> 西安—50 里—咸阳—15 里—上照堡—15 里—店张驿—40 里—醴泉县

《天下路程图引》卷二《九七陕西省城由邠州至宁夏路》:

> 西安府十里杨家城,四十里咸阳县,三十里萧相国祠,四十里醴泉县。

4. 西路中线

长安县经咸阳县至兴平县,向西经乾州直隶州和凤翔府可达甘肃省、向西南经凤翔府和汉中府可达四川省。其中,长安县至咸阳县路线与西路北线相同。

《清会典事例》卷六八九《驿程》:

陕西咸阳县渭水驿，五十里至兴平县白渠驿。

《清会典事例》卷六七六《设铺》：

（咸阳县）在城铺西十里至宫子铺，十五里至泉下铺，十五里至兴平县朱曹铺。……（兴平县）在城铺东十五里至朱曹铺，十五里至咸阳县泉下铺。

雍正《陕西通志》卷三六《驿传·驿站》：

咸阳县渭水驿……西南至兴平县白渠驿五十里。

雍正《陕西通志》卷三六《驿传·西安府属》：

咸阳县总铺……西十里宫子铺，十里泉下铺，至兴平县海角铺十五里。……兴平县总铺……东十里石上铺，十里海角铺，至咸阳县泉下铺十五里。

《中国省别全志·陕西省》第三编、第一章《陆运·四川通路》：

咸阳—50里—兴平

《天下路程图引》卷二《九六陕西由凤翔府至临洮府路》：

（咸阳县渭渭水驿）三十里至马跑泉，二十里（至）兴平县白水驿。

5. 西路南线

长安县经鄠县至盩厔县，向西由乾州直隶州武功县和凤翔府郿县并入西路中线。

《清会典事例》卷六七六《设铺》：

> （长安县）在城铺西南五十里至鄠县秦渡铺。……（鄠县）在城铺东北二十里至庞村铺，十里至秦渡铺，四十里至长安县城；在城铺西二十五里之盩厔县灰渠铺。……（盩厔县）在城铺东十里至红花铺，十里至界尚铺，二十五里之冯尚铺，十五里至灰渠铺，二十里至鄠县在城铺。

雍正《陕西通志》卷三六《驿传·驿站》：

> 西安府七十里至鄠县。鄠县西至盩厔县八十里。

雍正《陕西通志》卷三六《驿传·西安府属》：

> 长安县总铺……南十里郭村铺，十里祝村铺，十里营田铺，十里安丰铺，至鄠县秦渡铺十里。……鄠县总铺……东十五里庞村铺，十五里秦渡铺，至长安县界安丰铺十里。

6. 北路东线

咸宁县经高陵县至富平县，向东北由同州府可达山西省。

《清会典事例》卷六七六《设铺》：

> （咸宁县）在城铺北十里至永辛铺，十里至草店铺，十五里之高陵县梁村铺。……（高陵县）在城铺西南二十里至姚子铺，十五里至梁村铺，十五里至咸宁县草店铺。

雍正《陕西通志》卷三六《驿传·驿站》：

> 西安府七十里至高陵县。高陵县北至富平县五十里。

雍正《陕西通志》卷三六《驿传·西安府属》：

> 咸宁县总铺北十里渭川铺，十里永辛铺，十五里草店铺，至高陵县梁村铺十五里。……临潼县总铺……南十五里姚子铺，姚子铺西南十五里梁村铺，梁村南至咸宁县草店铺十五里。

7. 北路中线

长安县经三原县和耀州至同官县，向北经鄜州直隶州可达陕北地区、向东北经同州府可达山西省。

《清会典事例》卷六七六《设铺》：

> （三原县）在城铺北二十里至曹市铺，二十里至陵前铺，二十里至阳村铺，二十里至耀州在城铺。……（耀州在城铺）南二十里至三原县杨村铺，北十五里至同官县丰泽铺。……（同官县）在城铺北十五里至曲掌铺，十五里至神水铺，十五里至赤曲铺，十五里至宜君县烈泉铺；在城铺南二十里至飞仙铺，二十里至朝阳铺，十五里至丰泽铺，十五里至耀州在城铺。

雍正《陕西通志》卷三六《驿传·驿站》：

> 西安府九十里至三原县建忠驿。三原县建忠驿……北至耀州顺义驿八十里。……耀州顺义驿……北至同官县漆水驿七十里。

《中国省别全志·陕西》第三编、第一章《陆运·山西通路》：

> 三原—80 里—耀县—70 里—同官

8. 北路西线

长安县至泾阳县，向西北由邠州直隶州可达甘肃省。
雍正《陕西通志》卷三六《驿传·驿站》：

西安府七十里至泾阳县。

9. 南路东线
咸宁县至孝义厅，向东南经商州直隶州可达湖北省。
《清会典事例》卷六七六《设铺》：

> （孝义厅）在城铺南二十里至镇安县栗园铺，西北二百四十里至西安省城。

10. 南路西线
长安县至宁陕厅，经兴安府向西南可达四川省、向东南可达湖北省。
《清会典事例》卷六七六《设铺》：

> （宁陕厅）在城铺北五百五十里至西安省城。

由此可知，重建清代西安府县际交通网具有非常充实的文献资料基础，全部 12 个县（厅、州）都有相关记录。而且，由于这些文献所载信息都具有全国性特征①，如果运用适当的处理方法，重建清代全国县际交通网具有较高的可行性。

二、清代交通网史料的可靠性分析

清代交通网史料可靠性的最大挑战来自里程数据，包括史料记录是否是实际距离、史料记录是否准确两个具体问题。此外，交通路线的基本走向以及史料记录的完整性也是需要明确的重要问题。

1. 清代交通史料里程数据的性质
在中国古代地图发展史中，"计里画方"是最常用的舆图制作方法。所谓"计里画方"，是指运用网格控制法，绘制地图时在纸上先绘制方格网，

---

① 虽然省志所载交通网信息只涉及一省，但清代和民国时期全国各省都修有省志，东亚同文会编纂的《中国省别全志》也包括了内地十八省及新疆省和东北地区。

而后将各要素的方位和距离按比例折算后绘入图中。① 该方法的使用最早可追溯至已佚失的西晋裴秀绘制的《方丈图》和《禹贡地域图》，有确切证据的渊源则藏于陕西省博物馆和江苏省镇江市博物馆的宋代碑刻《禹迹图》。② 明清舆图多以此方法绘制而成。

如果清代交通史料中的里程数据产生于"计里画方"的舆图，则其数据性质类似于现代通过地图测量的直线距离，会与实际距离存在误差。而且，由于"计里画方"的精度低于现代地图测绘技术，在这一技术方法下的里程数据的准确性也会低于前文所述颜氏等学者所用的直线距离法。

通过对相关文献资料的梳理、分析，笔者认为政书、省志和商书三类文献所载里程数据均为实际距离。

其一，政书类文献。对于《清会典事例》所载驿道和铺道里程数据，由于驿道和铺道具有非常显著的国家治理色彩，是日常政府公文、人员和物资往来的依托，而且涉及严格的时效和脚费等军事和吏治管理、财政支出事项，从地方到中央各级政府在明确实际距离的方面均有正向激励。以嘉庆六年（1801）泰陵成案为例，天津西沽至新城十里铺水路是当时砖木运输的重要通道，因为所报里程差异，出现了两万余两的脚费争议，造成了一个由嘉庆帝直接介入，涉及县丞、县令、道员和总督等多级地方官员的案件。最终经护理直隶总督颜检查核，里程差异主要是因河水涨落、船户土人习惯等因素造成。最后以"据天津道蔡齐明遵旨拉绳查丈，共计水程三百五里七分三厘，系属确实里数"的结果结案。③ 这一事例反映了包括皇帝在内的各级官员对交通里程数据都非常重视，而且"拉绳查丈"的实践形式也在一定程度上表明官方所载交通里程数据具有较高的可信度。

其二，省志文献。对于清代和民国官修省志，由于其中驿道和铺道信

① 卢志良：《"计里画方"是起源于裴秀吗?》，《测绘通报》1981年第1期；胡邦波：《我国古代地图学传统的制图方法——计里画方》，《地图》1999年第1期。

② 成一农：《对"计里画方"在中国地图绘制史中地位的重新评价》，《明史研究论丛》2014年第12辑。

③ 《奏为遵旨查明天津西沽至新城十里铺水程里数并于前开报不实自请议处事》，中国第一历史档案馆，档案号：04-01-07-0004-004。

息与《清会典事例》基本一致，但所载数据的来源可能有所不同，包括前修方志和《采访册》等资料，其数据可靠性有一定保障。对于东亚同文会编纂的《中国省别全志》，其中的交通里程数据是通过实地考察所得，相关数据具有较高的可信度。

其三，商书类文献。《天下路程图引》所载交通网信息主要服务于商业贸易活动，除了路线和里程数据外，还包含了行程住宿安排规划，是商人进行跨地区贸易活动的行路指南，所载路线和里程等相关数据涉及商贸活动的核心——经济成本，故其真实性和准确性也有较高的保障。

2. 清代交通史料路线与里程数据的一致性

"孤证不立"是史学研究的基本原则，也是判断清代交通网史料准确性的方法依托。对此，以光绪《清会典事例》、雍正《陕西通志》、《中国省别全志·陕西》和《天下路程图引》四种文献载有的西安府内相同路线和里程数据信息为基础，通过比较分析，探讨优化和提高重建清代县际里程数据质量的方法。

如表2所示，文献所载清代主要交通路线和里程数据资料具有以下特征：第一，各主要文献所载交通路线具有较高的一致性，但个别路线也存在差异，如雍正《陕西通志·西安府属》所载咸宁县至临潼县间铺站可能存在绕道浐河铺的情况；第二，各主要文献所载县际交通里程数据基本一致，但可能受测量技术手段限制，也存在5里或10里的差异，其中雍正《陕西通志·西安府属》所载铺道里程数据与其他记录的一致性较低；第三，《清会典事例》和雍正《陕西通志·西安府属》所载铺道记录包含更多的交通路线和里程细节信息。此外，《清会典事例·驿程》所载交通路线和里程数据有两处值得注意的地方：第一，西安至临潼和醴泉两县原文虽然分别记作新丰驿和店张驿，但对比其他里程数据记录可知，此处两个驿站的里程数据应为相应县的；① 第二，北路中线的西安至三原县的路线里程数据只有雍正《陕西通志·驿站》有记录，其他几种文献只记录了此后三原县、耀州和同官县的交通路线和里程信息。故而，在利用《清会典事例》重建清代县际交通网时，需要以其他文献资料做补充。

---

① 雍正《陕西通志》和乾隆《西安府志》载，新丰驿在临潼县东20里，与西安至临潼县50里、新丰驿70里的相关数据相符。

表2 文献所载西安府主要交通路线和里程数据统计 单位：里

		《清会典事例·驿程》	《清会典事例·设铺》	雍正《陕西通志·驿站》	雍正《陕西通志·西安府属》	《中国省别全志·陕西》	《天下路程图引》
东路北线	（浐河）	—	—	—	20	—	—
	（灞桥）	—	20	—	30	10	30
	（豁口）	—	30	—	40	—	—
	（建平）	—	40	—	50	—	—
	临潼县	—	50	50	60	50	—
	（阴盘）	—	60	—	70	—	—
	（新丰）	50	70	70	80	70	75
	（戏河）	—	80	—	90	—	—
	（零口）	—	90	—	100	90	100
	（灵阳）	—	100	—	110	—	—
	（杜化）	—	110	—	120	—	—
	渭南县/丰源驿	130	130	130	140	130	135
东路南线	（留村）	—	10	—	30	—	—
	（储景）	—	50	—	40	—	—
	（故景/故敬）	—	65	—	55	—	—
	（升张）	—	80	—	70	—	—
	蓝田县	—	90	90	80	100	—
西路北线	（泗池）	—	30	—	30	—	—
	（河南）	—	40/45	—	40	—	—
	咸阳县/渭水驿	50	55/60	50	55	50	50
	（上照）	—	70/75	65	—	—	—
	（双照）	—	80/85	—	70	—	—
	（店张）	—	—	80	85	90	—
	（晏村）	—	—	—	95	—	—
	（雒村）	—	—	—	105	—	—
	醴泉县/店张驿	120	115/120	120	115	120	120

		《清会典事例·驿程》	《清会典事例·设铺》	雍正《陕西通志·驿站》	雍正《陕西通志·西安府属》	《中国省别全志·陕西》	《天下路程图引》
西路中线	咸阳县	—	55/60	50	40	50	—
	（宫子）	—	65/70	—	50	—	—
	（泉下）	—	75/80	—	60	—	—
	兴平县/白渠驿	—	105/110	100	95	100	—
西路南线	（秦渡）	—	40/50	—	50	—	—
	（庞村）	—	50/60	—	65	—	—
	鄠县	—	70/80	70	80	—	—
	盩厔县	—	150/155/160/165	150	—	—	—
北路东线	（渭川）	—	—	—	10	—	—
	（永辛）	—	10	—	20	—	—
	（草店）	—	20	—	35	—	—
	（梁村）	—	35	—	50	—	—
	（姚子）	—	50	—	65	—	—
	高陵县	—	70	70	80	—	—
	富平县	—	—	120	—	—	—
北路中线	三原县	—	—	90	—	—	—
	耀州	—	（80）	170	—	（80）	—
	同官县/漆水驿	—	（70）	240	—	（70）	—

注："—"表示没有相关站点间里程信息记录；括号中的数值表示区间里程。

3. 清代交通史料信息的完整性

清代交通史料信息具有较高的完整程度。就西安府而言，除前文梳理的交通路线和里程信息外，还有其他县际交通网的记录。在反映了清代西安府交通网的"辐射"特征外，还呈现出了"网状"的特征。例如，《清会典事例·设铺》中记有兴平和泾阳高陵两县间的交通路线和里程：

（兴平县）在城铺北二十里至店张铺……东北五十五里至泾阳县寨头铺。……（泾阳县）在城铺西北十里至寨头铺。

三原和富平两县间的路线和里程：

（三原县）在城铺东十里至孙村铺，十里至西阳铺，十里至富平县坡峪铺。……（富平县）在城铺西十五里至都村铺，十五里至坡峪铺，十里至三原县西阳铺。

耀州和富平县间的路线里程：

（富平县）在城铺西十五里至都村铺……西北三十里至觅子铺……北十里至横水铺，十里至耀州在城铺。

《天下路程图引》卷二《九五北京由河南府至陕西陆路》记有渭南和三原两县间的路线里程：

渭南县，西关北去，过黄河，一百二十里至三原县。

三、重建清代县际交通网方法探讨

通过对相关文献资料的梳理可知，重建清代县际交通网在史料层面具有较高的可行性，主要难点在于技术方法。具体言之，需要解决的是交通网节点、交通路线和交通里程三个主要问题。由此，笔者设置了以下重建清代县际交通网的基本步骤。

1. 定位交通网节点

清代县际交通网节点的地理方位相对明确，即县（厅、州）治所。有关清代县（厅、州）治所地已有比较成熟的研究成果，可直接利用。[①] 主要的问题在于确定史料所载驿站、铺站与县（厅、州）治所的地理关系。

---

① 以谭其骧的《中国历史地图集（第八册·清时期）》和傅林祥等的《中国行政区划通史·清代卷》为代表，清代的县级政区治地已经比较明确，且可以精确到乡级分辨度，中国历史地理信息系统（CHGIS）更是提供了精确的经纬坐标数据。

驿站方面，刘文鹏已完成对全国 2063 个驿站的考证工作；[1] 铺站方面，《清会典事例·设铺》共记有 14457 个铺站，虽然多数铺站的地理信息已难以考证，但设于县（厅、州）城内的铺站通常在省志和府县志中有比较详细的记录，就清代西安府而言，如表 3 所示，有驿站 18 个、铺站 91 个，除临潼县城内没有驿站外，其他县（厅、州）城内都有驿站和铺站，且其名称也非常明确。[2] 至于位于县（厅、州）城外的其他铺站，其地理方位是否可考，对重建县际交通网不会产生实质性影响。

表 3　西安府属县（厅、州）城内驿站、铺站统计

县（厅、州）	驿站名称	铺站名称	县（厅、州）	铺站名称	驿站名称
长安县	京兆驿	在城铺/总铺	鄠县	县驿	在城铺/总铺
咸宁县	京兆驿	在城铺/总铺	蓝田县	县驿	在城铺/总铺
耀州	顺义驿	在城铺/总铺	泾阳县	县驿	在城铺/总铺
孝义厅	厅驿	在城铺	三原县	建忠驿	在城铺/总铺
宁陕厅	厅驿	在城铺	盩厔县	县驿	在城铺/总铺
咸阳县	渭水驿	在城铺/总铺	渭南县	丰源驿	在城铺/总铺
兴平县	白渠驿	在城铺/总铺	富平县	县驿	在城铺/总铺
临潼县	—	在城铺/总铺	醴泉县	店张驿	在城铺/总铺
高陵县	县驿	在城铺/总铺	同官县	漆水驿	在城铺/总铺

2. 明确交通路线

1858 年《天津条约》签订后，中国传统驿传制度逐渐被近代邮政取代，至清末逐渐建立起了全国性的邮政网络。在此背景下，清末出现了一

---

[1]　详见刘文鹏：《清代驿站考》，人民出版社 2017 年版。

[2]　临潼县新丰驿设于县城东 20 里处。详见雍正《陕西通志》卷三十六《驿传》，乾隆《西安府志》卷十一《建置志下·驿传》。店张驿的设置在清代发生过一次变化，乾隆十九年（1754）经陕西巡抚陈宏谋奏准，兴平县店张驿裁归醴泉县经管，驿站地点亦移驿县城内，兴平县原地后存有店张铺，也有文献仍记作店张驿。详见乾隆《醴泉县志》卷一《县属第一》，光绪《清会典事例·设铺》。

批邮政舆图，包括《大清邮政公署备用舆图》（*China Postal Working Map*，1903）、《大清邮政舆图》（*China Postal Album*，1907）、《中国邮政图》（*Postal Map of China*，1910）。这些邮政舆图以现代制图方法直观展示了晚清邮政的主要邮路，可作为重建清代县际交通网的重要参考。例如史料显示，泾阳和高陵两县间的路线与北路中线有交会处，但难以判断在何处交会，而根据《大清邮政舆图》（1907）则可判断交会点应在三原县。此外，值得注意的是，由于新式邮政网的建立需要一个过程，晚清西安府的邮政路网的覆盖面还未超过传统铺道—铺道网，尤其是在地形条件相对较差的西安府南部秦岭地区。

3. 确定交通里程

现有关于清代交通史的研究主要集中于驿站和驿道路线的考证，对交通里程数据的系统整理较少。通过前文清代西安府交通网史料的梳理可知，无论是驿道还是铺道，都有非常丰富的里程信息记录，而且相关记录具有较高的可信度。当然，也应当看到，不同文献所载县际里程数据会有 5 里或 10 里的差异。这种差异对于邻近的县际交通里程数据的影响相对较小，但对重建全国性的数据来说，随着路线长度的增加，里程数据的误差会累积增加。故而，在确定交通里程时，可首先以《清会典事例》为基础进行县际交通网重建，然后通过其他相关文献记录进行校正，尤其是在判断交通路线一致的基础上，可以利用民国时期舆图中的里程数据进行校正。[①]

4. 可视化处理

由于清代交通网具有"网状"特征，以表格的形式难以有效呈现。对此，可利用 ArcGis、QGis 等计算机地理信息工具软件，结合中国历史地理信息系统（CHGIS）中清代县（州、厅）地理数据集，或根据《中国行政区划通史·清代卷》的考证成果重新标记县（厅、州）的地理位置，进而根据史料记载绘制交通路线、标注路线里程。如图 1 所示，由此可以较好地重建清代西安府内县际交通网。

---

① 民国时期的邮政舆图主要有 1920 年代部分省份的分省邮务区舆图、1933 年的《中华邮政舆图》和 1935 年的《中华民国邮政舆图》。根据王哲和刘雅媛的考察，民国时期邮政舆图标注的点对点的距离是由基层人员利用现代测量技术多年实测的结果，具有非常高的准确性。详见王哲、刘雅媛：《近代中国邮政空间研究——基于多版本邮政舆图的分析》，《中国经济史研究》2019 年第 2 期。

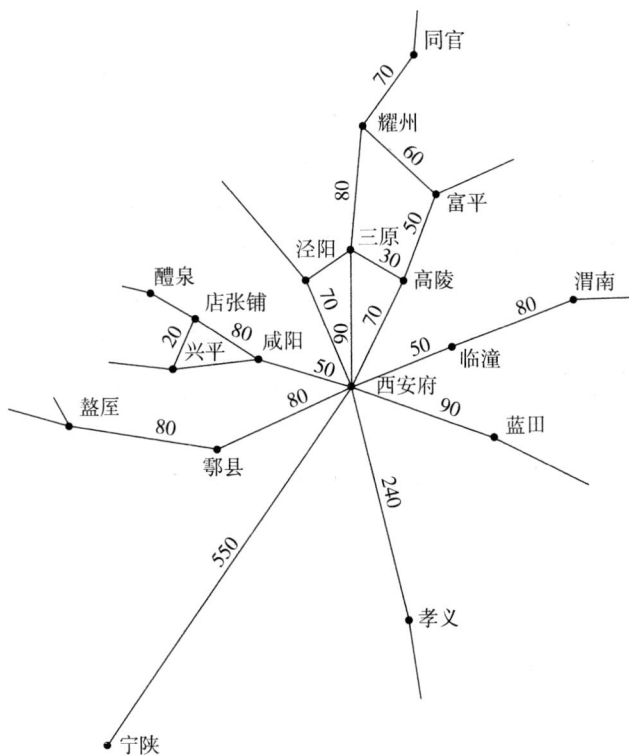

图 1　清代西安府内县际交通网示意图

注：府界数据来自"中国历史地理信息系统项目"（CHGIS V6，1911）；县（厅、州）治地理位置根据《中国行政区划通史·清代卷》的考证成果标注。

结　论

交通网是理解贸易活动和经济发展的重要基础，虽然清代交通史研究已取得丰硕的成果，但尚未形成全国性的县级样本序列，制约了相关清代经济史研究的拓展和深入。

为论证和探讨重建清代县际交通网的可行性和方法，笔者选取了具有一定代表性和典型性的陕西省西安府为例。首先，通过整理光绪《清会典事例》、雍正《陕西通志》、《中国省别全志·陕西》和《天下路程图引》

等主要文献，发现现有史料可以支撑重建清代县际交通网；其次，从交通网史料的性质、交通路线和里程数据的一致性、交通网史料的完整性三个方面进一步论证了重建清代县际交通网的可行性；最后，通过定位交通节点、明确交通路线、确定交通里程和可视化处理四个步骤成功重建了清代西安府内县际交通网络。我们重建清代西安府交通网的结果表明，重建清代全国交通网具有较高的可行性。在重建清代全国县际交通网时有两个值得注意的问题：其一，《清会典事例》所载驿道和铺道信息最为系统和详细，但也存在一定局限，需要结合其他文献进行补充和校正；其二，晚清民国时期的邮政舆图可作为重建清代交通网的重要参考，其在校正交通网史料记录方面具有重要价值，尤其是在校正交通里程信息方面，可在判断交通路线一致的基础上直接利用舆图所载里程信息。

论清末朝野在筹设审计院中的博弈[*]

熊元彬^{**}

湘潭大学哲学与历史文化学院

[**摘要**] 在清末审计院的筹设过程中，朝野围绕审计院是否应独立，具体以何月为会计年度的预算决算时间，以及在筹设审计院与责任内阁等机构中孰先孰后、满汉候选人中何人为院长，甚至是否应提前成立审计院等问题展开了唇枪舌剑的博弈。在这些争议的背后，既夹杂着亲贵的不合，也有各大臣之间的矛盾等问题。最后随着辛亥革命的爆发，清末审计院未能提前成立，其结构仅初具雏形。

[**关键词**] 清末；审计院；博弈

学界在论述审计制的变革之时已涉及清末审计的相关内容，^① 但是由于资料不足，加之大多侧重从审计、会计原理着眼，而尚未结合清末政府"实如驾一扁舟，初离海岸线，而放于中流，即俗语所谓两头不到岸之时"^② 的过渡特征进行深入论述。有鉴于此，笔者以第一手资料为主，对

---

  * 基金项目：本文系湖南省教育厅重点项目"中国近代审计法制起源研究"成果，项目批准号：19A487。已发表于《历史档案》2021年第4期，第83-90页。

  ** 作者简介：熊元彬，湘潭大学哲学与历史文化学院副教授，民族地理研究中心研究员。

  ① 方宝璋：《清末筹备立宪中审计思想初探》，《历史档案》2003年第1期；郑肖览：《清末筹建审计院与审计体制的改良》，《怀化学院学报》2007年第7期；龚浩等：《清末我国审计制度转型及对当代的启示》，《商丘师范学院学报》2018年第2期。

  ② 梁启超：《过渡时代论》（1901年6月26日），《清议报全编》，第2集第8卷，第48页。

朝野在审计院①筹设中的隶属、会计年度的预决算时间、机构设置的先后缓急、院长的遴选，以及是否应提前或速设等争议问题进行专题研究，阐述在中国近代化过程中，清末政治经济建设的复杂性、特殊性。

一、审计机构设置中隶属的分歧

清末审计院的筹设在于清理财政，加强收支管理，而对于财政清理事宜是否应统一于责任内阁，还是度支部、宪政编查馆等机构，朝野却存在一定的争议。1906 年，为推行预备立宪，总司核定官制大臣奕劻在主张三权分立，"以专任分职之法"的同时，明确审计院应独立于责任内阁，奏称"时处今日，惟有及时详晰甄核仿行宪政，廓清积弊，明定责成"，如中央"有审计院以查滥费，亦皆独立不为内阁所节制，而转能监督阁臣"②。此外，也存在审计院隶属于度支部等机构之争，如 1907 年 11 月专电所言，"审计院将次成立，惟或附属度支部，或属编查馆，尚未定议"③。1910 年，曾任出国考察大臣参赞的龙建章从紊乱的财政着眼，认为正是由于中央尚无统一的财政官，④ 以致度支部"调度不灵"⑤，主张将各省财政专官直接隶属度支部，加强中央财政集权。

然而，也有舆论强烈反对度支部集中财权的做法。他们指出，即使度支部为全国财政总汇，"司稽察督理之任"，但是"宜受成于国会"，强烈呼吁总揽预算核定之责任"宜归之于国会，统之于审计院，而不当归之于度支部"⑥。此外，浙江巡抚增韫也明确反对，认为度支部继续掌控审计大

---

① 该机构在日本名曰"会计检察院"，而在欧美则名"统计院"。该机构"为常设之会计监督机关，其地位与国务大臣同等。其权限在检查岁出岁入之决算"，见《论谢御史请设审计院》，《申报》，1909 年 1 月 9 日，第 1 张第 3 版。

② 《总核大臣奏改阁部院官制摺代论》，《申报》，1906 年 11 月 16 日，第 2 版。

③ 《专电·电九》，《申报》，1907 年 11 月 6 日，第 3 版。

④ "中央应有审计院，各省宜改清理财政局，曰审计局"。两者密切相关，其中审计院负责统合全国财政，而审计局则为勾稽全省财政机关，"务与中央相应"，见《文牍·各省督抚筹商官制电二·鲁抚电》，《国风报》，1910 年 12 月 2 日，第 81 页。

⑤ 龙建章奏为拟请设立各省财政专官并提前先办审计院事，宣统二年，中国第一历史档案馆藏军机处录副奏折，档号：03-7449-143。

⑥ 《论说·论各省清理财政之困难》，《申报》，1909 年 2 月 28 日，第 1 张第 4 版。

权，必然会在藩司各衙门原拟分设总务、田赋、厘税、俸饷、销算、主计的六科中，使其"主计员之称，名义较狭"①。此外，舆论还指出，若财政监督实权"仍自度支部操之也，所谓保存审计院独立之地位何有焉"②？

实际上，审计院是否应隶属于度支部的关系之争还夹杂着模仿英国还是日本审计制的问题。一方面，舆论指出，在审计院与度支部的关系中，英国、法国的审计机构均隶属于度支部，其职掌仅为度支部一局，或一所而已。其中，英国审计院隶属于度支部，"其职掌仅度支部之一局所而已"。又如法国，即使在度支部之外，另设有会计检察院，"而实际仍不过为度支部之一局所"，"财政之监督仍由度支部之主计局行之，是财政监督之实权仍自度支部操之也"。然而，日本明治维新之初，虽然曾在大藏省下附设有检查局，但由于效率较低，时至清末"已废止"③，而另设会计检查院，且独立于大藏省。另一方面，在审计院与审判厅的关系中，审计院在财政方面是否执行判决出纳官吏的问题，各国仍然有别，如日本通常以审判厅执行，而法国则设特别审判厅。④

有鉴于此，在以日本大权政治为准绳的清末预备立宪过程中，诸多大臣主张以独立于大藏省的日本审计制为模板。1906年8月25日，考察大臣戴鸿慈、端方奏请仿照日本、普鲁士的财政，先设审计筹备处为审计院之基础，认为即使财务、行政"均操之户部大臣"，但是监督则为国会和会计检查院，凡是国库出入，以及会计员的决算报告"均须经本院判决"。他们指出，普鲁士在"未立宪法之先，即有会计检查院"，同样日本明治维新初期，也在大藏省"先设检查局"。因此，他们强调，"今宜仿普、日之制，特置会计检查院"，设正卿、少卿各一人，凡属关于检查会计事宜，各地方行政官"皆受其监督指挥"。其官吏职位等于司法裁判，非经惩戒裁判所判决者，不受他项惩罚，"然后机关始称完备"。简言之，他们主张在责任内阁之外，应"增置而别为独立机关者，一曰会计检查院"，二曰司法裁判院，两者"同为独立之性质"⑤。

---

①④ 浙江巡抚增韫奏为经会议藩司衙门拟设主计科改为审计科请更正事，宣统二年八月二十二日，中国第一历史档案馆藏宫中朱批奏折，档号：04-01-01-1105-052。

②③ 《论审计院之位置》，《申报》，1911年9月12日，第1张第3版。

⑤ 《出使各国考察大臣戴鸿慈等请改全国官制以为立宪预备摺》，故宫博物院明清档案部编：《清末筹备立宪档案史料》，中华书局1979年版，第373-374页。

在诸多大臣倡导仿照日本审计制，筹设独立于大藏省的日本会计检察院的推动下，度支部尚书载泽特派部员前赴日本考察。载泽鉴于各国整理财政"皆竞竞焉，惟恐不善"，而中国财政既"如此拮据，若再敷衍，其危险恐不堪设想"，因而"为改良预算起见"，奏请从该部中遣派丞堂陈宗嬀等前赴日本调查财政，编订会计、预算等法，以此作为设立审计院之基础。① 据《申报》探悉，度支部派陈宗嬀等前往日本调查的主要内容有三方面：一是国库统一章程；二是会计法；三是关税法。陈宗嬀等调查回国后，度支部以现在各员既已回国，"自应即时着手编订"。其中，1910 年国库统一章程已有成稿，只要根据调查所及，"稍加删改"即可，而会计法由度支部会同法制院起草，关税法则由度支部"自行主稿，将分别办理"②。

暂行内阁③成立前夕，出使美国、墨西哥等国大臣张荫棠还主张审计院应独立于责任内阁。1911 年 3 月 20 日，张荫棠奏称，时下"宜设不隶内阁之大审及会计检查两院，以完司法之独立，重财政之考核也"。同时，张荫棠鉴于立宪国司法、行政官吏均"分职任事，不相统摄"，认为即使会计检查院的院长由内阁大臣会奏，但其任职后应"独立行事，不受内阁管辖"④。张荫棠的这种主张与 1906 年奕劻主张的审计院"独立不为内阁所节制"相一致。

基于此，在朝野各种争议下，以奕劻为首的暂行内阁成立后，审计院被定为独立于内阁之外的机构。从审计院官制大要可知，审计院设院长 1 人、副院长 1 人、掌金事 6 人、金事 36 人，其余则为一、二、三等书记、录事等。遇有重要事件，院长会同副院长可"直行奏对"，因而审计院"有独立性质者，并不隶属内阁权力之下"⑤。

---

① 《派赴日本考察财政员之原因》，《顺天时报》，1911 年 1 月 11 日，第 7 版。
② 《度支部调查财政后之作用》，《申报》，1911 年 7 月 16 日，第 1 张第 5 版。
③ 即 1911 年 5 月 8 日成立的"皇族内阁""亲贵内阁"，但这届内阁较为复杂，也可称为过渡的暂行内阁、过渡内阁。
④ 《出使美墨秘古国大臣张荫棠奏陈设责任内阁裁巡抚等六项文职官制摺》，《清末筹备立宪档案史料》，第 551 页。
⑤ 《审计院官制又将发表》，《申报》，1911 年 5 月 19 日，第 1 张第 5 版。

二、会计年度预算决算时间的争执

对于会计年度预决算时间，朝野存在阴历九月、四月、七月等之争。1906 年 9 月 1 日预备立宪开启当年，对于各部每年所需经费，"政府各大臣"议定以阴历九月为预定来年额支、活支数目，并条列清单，由各部大臣送呈内阁，"经内阁会议核准之后，方能指拨"。① 1907 年初，立宪派代表杨度在东京创办《中国新报》，在其发表《金铁主义说》一文中，宣称国家会计年度"不必依于岁历，大抵计农业收获之时与国会召集之时，以定便宜"，因而各国多以阳历 4 月初至次年 3 月末为会计年度。至于预算表则应先由各部官衙，"概算一会计年度内之支出额"，再提交给财务大臣，经财务大臣提交责任内阁议决之后，最后通知各部官衙"依此以作预算经费"②。同年 12 月 22 日，御史赵炳麟奏称，虽然会计年度的开始日期各国有所不同，如法国、比利时等国采用阳历 1 月 1 日为起点，又如英国、德国、俄罗斯、日本采用阳历 4 月 1 日为开始，再如美国、西班牙、意大利等国以阳历 7 月 1 日为开端，但是"我当初定预算、决算之时，尤宜斟酌尽善"，即拟定会计年度应"从预算日起至决算日止，满十二个月为限，甲年度之款，必归甲年度决算，乙年度之款，必归乙年度决算，不得前后移挪，含混不清"③。

鉴于各国会计年度有别，加之欧美各国会计年度采用阳历，因而废除闰月极为重要。1910 年，梁启超详细阐述了闰年对制定会计年度和预决算的影响。首先，对于九年筹备立宪清单中所列会计年度等时间，梁启超颇为质疑，声称"吾不知会计法未颁布实行以前，预算决算从何办起？勿论他事，即会计年度与预算格式已不知其何所适从矣"！④ 其次，对于国家行政和人民生计，梁启超认为使用闰月将造成"无量之窒碍"，特别是对财政影响最大。因此，梁启超强调，"欲整理财政，必先求预算决算之详明正

---

① 《政府议每年九月预算各部经费》，《申报》，1906 年 10 月 9 日，第 2 版。

② 杨度：《论说一·金铁主义说》（续第 2 号），《中国新报》，1907 年 3 月 20 日，第 29 页。

③ 《御史赵炳麟奏整理财政必现制定预算决算表以资考核摺》，《清末筹备立宪档案史料》，第 1017 页。

④ 梁启超：《筹备案所排列之次序》，《国风报》，1910 年 2 月 20 日，第 9 页。

确，此稍有识者所能知矣"，但是明确预算决算的第一义又在于确定会计年度。会计年度综合一年之收支，"使与前后年各不相蒙"。其中，国家年收入的主要部分为租税，租税除极少数外，"皆以年征"，而年支出则有百分之七八十按月、按日进行，按年支出者不过百分之二三十，因而每逢闰年则国家支出将增加 10%。然而，租税收入则由法律规定，"不能临时妄增，则闰年必告不足"①。

在废除闰月之前，为确定以旧历七月为制定预决算的时间，部分督抚联合会奏办法。对于 1910 年，江苏巡抚程德全发起商定会计期限的问题，东三省总督锡良与鄂督瑞澂、滇督李经羲均表赞同，并计划会奏请旨。锡良辞任之后，瑞澂仍按原定会奏办法，致电继任东督赵尔巽，声称对于会计年度应提前颁布事宜，瑞澂之意以旧历七月初一为开始。当时，李经羲等不仅"均以为然"，而且为速定会计年度，李经羲还主张"拟将开会时期酌拟提前"②。不仅如此，诸多督抚也都主张以阴历七月为准，而主张阴历四月者仅有三四人，其中以直隶总督"为最著"，而主张阴历正月者仅江督一人。1911 年 7 月 19 日，度支部财政研究所召开会议，议决以阴历七月为会计年度，其理由不仅在于各督抚大都有此意，而且还"因吾国海关厘金皆以每年六月结解，为国库收入丰盛之期，故以会计年度紧接其后，而将来国会期限即因此推定之"③。

此外，在究竟以阴历四月还是七月为会计年度方面，亲贵中仍存在废除闰月的争议。其中，即使载泽"颇为赞成"改用阴历四月为会计年度预算，但是其前提是必须废除闰月之后，"方能照办"。同时，对于编订会计法，速定预算决算时间，暂行内阁总理大臣奕劻等与度支部大臣载泽"议商数次"。据 1911 年 9 月 1 日《大公报》所载，载泽面谒内阁总协理之时，阐明该部已将编订的种种手续按部就班，"分别厘订"，而未能即行着手者，"只因会计年度一案尚未决定"，因而"不得不少延时日"④。最终，度支部决定以阴历七月初一为会计年度"先试行"⑤，并缮具说帖，说明废除闰月

① 梁启超：《论说二·改用太阳历法议》，《国风报》，1910 年 3 月 22 日，第 8 页。
② 《京师近事》，《申报》，1911 年 6 月 23 日，第 1 张第 6 版。
③ 《会计年度与阳历》，《申报》，1911 年 8 月 26 日，第 1 张第 4 版。
④ 《会计法编订之有待》，《大公报》，1911 年 9 月 1 日。
⑤ 《度支部征废闰月之说帖》，《大同报》，1911 年 9 月 16 日（第 16 卷第 6 期），第 32 页。

之理由，然后一并交付阁议。

三、机构先后缓急设置的辩论

由于审计院、行政裁判院与责任内阁、国会等机构均为清末预备立宪重要的筹备事宜，以致在设置这些机构的先后缓急中存在较大的争辩。其中，监察御史赵炳麟主张审计院与行政裁判院应同时设立。1907 年 8 月 11 日，赵炳麟奏称，作为国家的两大督责机关，检查岁用的审计院和负责行政诉讼的行政裁判院密切相关，若不设审计院，则行政官制的年度收支，以及借贷国债等，"皆无人过问，而财政上之责任驰矣"。同时，若行政裁判院不立，则行政官之"畸重畸轻，违背宪法，皆无人评定"，而法律上的"责任驰矣"。因此，赵炳麟强调，欲行责任内阁制，"必立监督机关"，根据 1906 年编订的官制原案，同时设立审计院及行政裁判院，各专所职。一方面，"以坚国民之信服"；另一方面，"以制行政之专横"，继而使"责任机关较为完备"①。同年，对于筹设审计院方法，袁世凯与载泽还存在一定的分歧。其中，载泽主张"宜先查州县进出各款，以为预算入手之法"；袁世凯则奏称，"宜汇集全国财政加以决算，再行核定经费，以免多寡不匀"②。

1908 年 8 月 27 日，清廷颁布九年逐年筹备事宜清单，明定第六年试办预算；第七年试办全国决算，并颁布会计法；第八年设立审计院。③ 然而，由于财政监督和试办预决算的需要，御史谢远涵等明确反对第八年成立审计院。同年 12 月 25 日谢远涵奏称，审计院列在第八年"相距未免太远"，"此院之设置亦宜提前"，认为速设审计院有两大好处：第一，"职任至重，内外各署无抗违之权"；第二，"倚任至专"，检察官不仅有分查之责，而且度支部既已总揽大权，又岂能免滥用之弊。总之，谢远涵主张设立独立的审计院，认为"非速设审计院，使收支与监察分为二部，恐不足杜专擅，

---

① 《御史赵炳麟奏组织内阁宜明定责任制度确立监督机关以杜专权流弊摺》，《清末筹备立宪档案史料》，第 512-513 页。

② 《泽袁对于审计院之计划》，《大同报》，1907 年第 8 卷第 14 期，第 30-31 页。

③ 《宪政编查馆资政院会奏宪法大纲暨议院法选举法要领及逐年筹备事宜》，《清末筹备立宪档案史料》，第 61-66 页。

而禁虚靡也"①。

此外，由于预决算，以及各种机构均属试办，颇为棘手，加之军机大臣徐世昌等大臣均极力反对，因而朝野对审计院等机构的职权争议较大。1909 年初，对于御史谢远涵奏请设立审计院事宜，载泽认为筹设审计院"时尚有待，拟暂缓设"②。不过，鉴于"各省清理财政已有端倪，即须试办预算及统一全国财政之计画"。载泽强调，"若专由本部筹办一切，恐难周备"，拟请将遵旨开办审计院一事"提前赶办，以分责成"，并拟于年内将"一切规制筹办完妥，明春实行开院"。③ 同时，在复议筹设审计、裁判两院之时，徐世昌认为虽然筹设两院"固为宪政进行之机关"，但是其责任及其权限与法部、度支部存在"互相混杂之处"，倘不"预行分别清晰，嗣后必致纠葛"，导致司法、财政"大有关碍"。当时，各军机大臣"亦均以为然"④。

在筹设责任内阁、审计院等机构之时，有枢臣主张先设审计院作为责任内阁制之基础。据 1910 年 1 月 23 日《申报》所载，虽然"某枢臣谓新内阁与军机处不能并立兼存"，但是"惟骤形变更，恐庶政必多荒误"，因而主张明年先奏设审计、枢密两院，由各枢臣办理其事，"以立新内阁之基础"⑤。此外，亲贵毓朗也主张先设审计院，然后再成立责任内阁和国会。毓朗认为若不设立审计院，而组织责任内阁和成立国会，"断不能收成效"，若仍如此敷衍，则不仅"亏累难补"，而且"恐外人将实行干预财政矣"。因此，为"拟财源节流政策"⑥，毓朗主张先设审计院。

随着预备立宪进程的推进，1910 年朝野对筹设审计院的速度也做了相应的调整。据同年 8 月 13 日《大公报》所载，本来"审计院之设，前议从缓"，但"政府诸公以现在值财政亏累甚巨，即须设法筹补"，加之下期"保和会尤以财政问题为注重，仍须提前赶办，务于本年内成立，以补度支

---

① 《又奏请饬速设审计院片》，《政治官报》，1908 年第 435 期，第 9 页。
② 《专电·电二》，《申报》，1909 年 1 月 1 日，第 1 张第 3 版。
③ 《京师近事》，《申报》，1910 年 5 月 29 日，第 1 张第 5 版。
④ 《会议审计、裁判两院分权办法》，《大公报》，1910 年 10 月 3 日。
⑤ 《宪政馆岁暮之忙碌》，《申报》，1910 年 1 月 23 日，第 1 张第 5 版。
⑥ 《朗贝勒之财政谈》，《大公报》，1910 年 11 月 20 日。

部之所不及"。同时，该则报道还指出，宪政编查馆"现已连次筹订草案"①。据 9 月 1 日《大公报》所载，政务处会议之时，拟计划于明年春季设立审计院。但是，会议政务处诸大臣"尚有不赞成者，惟泽尚书极力争执"，不仅"拟于日内即行单衔具奏"，以请旨特简大臣，妥筹该院开办事宜，"以重财政"，而且在度支部值日之时，载泽还会同左右两侍郎"请起面奏此事"②。此外，海军大臣载洵认为既然资政院已提出，那么"政府即应从速定计，以为实行之准备"③。

除了掌控军权的毓朗等大臣主张先设审计院之外，在各大臣之间还存在审计院与责任内阁同时并设，甚至后设的声音。虽然 1909 年初载泽主张缓设审计院，但是随着立宪进程的加速，1910 年 12 月 30 日载泽假满奉谕召见后，就与朝中大臣对筹设审计院一事进行了专门商议。据同日《大公报》所载，筹设审计院"已决定列入筹备清单内，拟俟召设新内阁时同时设立"，甚至计划将裁撤吏部旧署改建为审计院。④

然而，随着立宪进程的加速，即使载泽等大臣已决议先奏请清廷饬令宪政编查馆妥拟审计院官制，但是在诸多事宜中，最为重要者为筹设责任内阁。此外，审计院官制尚有诸多问题。据 1911 年 4 月 4 日《大公报》所载，奕劻等军机大臣商议，由于军机处在详加复核时，发现审计院官制章程"应行改订之处甚多，故一时难发表"，尚需待暂行内阁"组织既成，即当将审计院奏请建设"。此外，载泽还指出，审计院成立之期"大约尚须迟至本年八月"⑤。

总之，随着国会请愿运动的推动，即使 1910 年 11 月 17 日，资政院总裁溥伦已明确提出"提前设立审计院议案"⑥，但是由于亲贵内部，以及朝野对筹设审计院、责任内阁等机构的先后缓急争议颇多，因而审计院成立之期"须俟阁制既定后，方能议决"⑦。特别是暂行内阁成立后，亲贵中更

---

① 《审计院成立之计划》，《大公报》，1910 年 8 月 13 日。

② 《泽尚书力争速设审计院》，《大公报》，1910 年 9 月 1 日。

③ 《审计院将来之大臣》，《大公报》，1910 年 11 月 19 日。

④ 《会议审计院事志闻》，《大公报》，1911 年 1 月 1 日。

⑤ 《审计院成立之期限》，《大公报》，1911 年 4 月 4 日。

⑥ 《资政院近讯一束》，《申报》1910 年 11 月 25 日，第 1 张第 5 版。

⑦ 《弼德审计两院成立之期》，《大公报》，1910 年 11 月 20 日。

是形成了军权、财权、政权三足鼎立的制衡局面。① 据 1911 年 7 月 28 日《申报》所载，"去岁资政院议于国会未开之前，先成立审计院，以为清理财政之本源"，但是由于皇族内部矛盾颇深，加之朝野纷争不断等错综复杂的原因，以致资政院"今岁又一再提议，迄未将院制定妥"，继而使内阁总理大臣奕劻等阁臣连日与载泽会商审计院事宜，拟于旧历七月先宣布审计院官制，"至其开办日期则在明岁春间"②。

四、审计院院长遴选的较量

1907 年地方官制改革开始之后，为提前设立审计院，速选审计院院长成为朝野共同的呼声。据同年 3 月 24 日北京专电云，在筹办审计院预决算各表之时，军机处以饬令那桐、鹿传霖为审计院预决算办事大臣。③ 同时，因预决算又与审计院"极有关系"，军机大臣认为"应速请旨派大员为审计院院长，以便组织章程，预备开院，审度全国财政"④。据同年 5 月 5 日《顺天时报》所载，军机处"现已会商"度支部，并拟简派奕劻之子载振充任"掌院大臣"⑤。但是，鉴于审计院院长的遴选涉及平满汉畛域的问题，因而奕劻主张破除满汉之别，量才而用。如同年 9 月初，军机处在会议之时，奕劻就指出，所有应设之审计院、资政院、军谘府、海军部等各项要职，"宜将去年原订官制草案量为变通，不必定以王公、贝勒、贝子充任首位"，只要有才能，且"能胜各院长暨各处总理之任者，不论满汉，一律奏请简派，以实行破除满汉界限"⑥。

国会请愿运动后，筹设审计院等各项预备立宪事宜均被加速推进，但是审计院院长的遴选仍未确定。为加强财政监督管理，推行预算、决算，筹设审计院"未便久为延宕"。因此，1909 年度支部堂宪会议，"已决议俟

---

① 出现了掌握军权的载涛、揽握财权的载泽和内阁总理大臣奕劻三足鼎立的局面，见《新内阁史·调停内部之暗斗》，《时报》，1911 年 5 月 18 日，第 3 版。
② 《审计院又迟一岁尚在不可知之数》，《申报》，1911 年 7 月 28 日，第 1 张第 5 版。
③ 《议设审计院》，《新闻报》1907 年 4 月 7 日。
④ 《紧要新闻·组织审计院》，《申报》，1907 年 4 月 7 日，第 3 版。
⑤ 《审计院拟派大臣》，《顺天时报》，1907 年 5 月 5 日，第 7 版。
⑥ 《紧要新闻·庆邸实行满汉平权之意见》，《申报》，1907 年 9 月 3 日，第 4 版。

各省监理财政人员回京后，将其成绩最著者请简为该院院长，组织一切"①。1910 年，本来清廷决定将审计院官制与新内阁官制"同时发表"，但是由于审计院为全国财政最高机关，"必得一守正不阿，深明大局者为之主持"，这对于"国步进行，始有效力"。对此，"枢府以泽公堪胜其任"，故院长一席"已确定"为载泽。② 但是，据同年 8 月 13 日《大公报》指出，军机大臣已拟定审计院设总裁 1 人，副总裁 1 人，其中在审计院正副总裁候选方面，载振、四川学政吴蔚若、侍郎林绍年三者，"均大有可望"③。

即使时至 1911 年暂行内阁成立前夕，由于内政外交极为棘手，各种职位调动牵涉太多，因而军机大臣对审计院院长一事"政见不同"。其中，有的军机大臣主张由载泽总理审计院，而度支部则另简尚书，但是军机大臣"屡次集议未决"④。实际上，除载泽颇具财政能力之外，四川总督赵尔巽也"号称清理财政能手"，以致军机大臣徐世昌"以审计院设立在即"，"拟请将赵督简为审计院大臣"⑤。此外，同年 2 月 3 日，载沣专门召见军机大臣垂询要政，在饬令预保审计院掌院大臣之时，有军机大臣就会保川督赵尔巽"堪胜斯职"⑥。当时，军机处试图调赵尔巽入京，以便授予度支部大臣或审计院总裁，但是载泽"对于此议颇不赞成"。载泽认为赵尔巽"虽负有理财之名"，但是"考其成绩，不过以聚敛为能，不谙为政大体，恐难握中央财政特权"⑦。甚至由于赵尔巽调任东督"将次决定"，而载泽又"万难更动"，加之审计院总裁"非素昔精于理财，名望素著之大员不能胜任"，不仅内外大员"深乏其选"，而且"必须先得"载泽赞成，"方能简任"，所以枢臣对于此事"煞费踌躇"，审计院总裁人选"一时难得其人"⑧。

---

① 《京师近事》，《申报》，1909 年 11 月 2 日，第 1 张第 5 版。
② 《未来之审计院长》，《申报》，1910 年 4 月 19 日，第 1 张第 4 版。
③ 《审计院成立之计划》，《大公报》，1910 年 8 月 13 日。
④ 《度支总理与审计院》，《大公报》，1910 年 9 月 2 日。
⑤ 《川督确有简授度尚之信》，《申报》，1911 年 2 月 5 日。
⑥ 《审计院大臣之有人》，《大公报》，1911 年 2 月 6 日。
⑦ 《泽公不赞成赵制军之内用》，《大公报》，1911 年 3 月 17 日。
⑧ 《审计院总裁之难得其人》，《大公报》，1911 年 4 月 6 日。

因此，暂行内阁成立后，审计院院长人选仍未议定。虽然内阁协理大臣那桐、徐世昌力保载振"堪以补充"，并得到了载沣认可，但是奕劻极为反对，认为既然审计院办事"诸多辣手"，而自己已为内阁总理大臣，"不愿振握财政机关，极力代辞。甚言若简载振，伊定立时乞退"，从而中止了朝中以载振充任审计院之议，使"阁臣再四酌商，始拟定以绍英奏补"。的确，绍英不仅"素精干，久居度部，尤长于理财"，而且与载泽是至亲，时任度支部左侍郎，与载泽共事"极为融洽，简授院长最为合宜。因此，舆论认为'大约此事不至再有更变矣'"①。然而，即使奕劻"极力代辞"，但是载沣"尚未允诺"，因而舆论认为"想该院正副两院长中"，载振"必得占一席"②。

五、提前设立审计院的倡导

整顿财政、试办预算是朝野主张提前设立审计院的重要原因。1907 年地方官制改革开始当年，军机大臣在会议详核全国、各省财政之时，大多数就主张提前设立审计院。③ 1910 年 5 月，随着"各省清理财政已经办有端倪"，若继续由度支部筹办预算和统一全国财政，"恐难周全"，因而载泽奏请"将遵旨开办审计院一事提前赶办，以分责成"④，继而明确宣称"提前设立审计院"⑤。同年，曾任出国考察宪政大臣参赞龙建章也奏称，"查各国皆有会计检察院，为预算决算之执行机关"，因而奏请清廷饬令宪政编查馆"将审计院提前赶办"，将宣统三年的预算"逐一稽复"⑥。

在朝野的倡导下，政府屡议提前设立审计院。其中，毓朗认为"现值振兴各政之际，所有内外因循颓惰之大员，均须先后更易"，特别是中央行

① 《审计院之院长》，《新闻报》，1911 年 7 月 31 日，第 1 张第 2 页。
② 《振贝子有审计院长之望》，《大公报》，1911 年 7 月 16 日。
③ 《审计院拟派大臣》，《顺天时报》，1907 年 5 月 5 日，第 7 版。
④ 《京师近事》，《申报》，1910 年 5 月 29 日，第 1 张第 6 版。
⑤ 《度支总理与审计院》，《大公报》，1910 年 9 月 2 日。
⑥ 龙建章奏为拟请设立各省财政专官并提前先办审计院事，宣统二年，中国第一历史档案馆藏军机处录副奏折，档号：03-7449-143。

政"尤宜切实整顿",所以"应请实行提前建设"① 审计院等,以作责任内阁之基础。此外,舆论也指出,审计院的职制与预算"相表里,国家既有预算,即不能无审计院维持其后,以保决算之正确"。从立宪惯例可知,凡是实行预算后,"政府必举起实行预算之事实"。各国财政决算必须在议会之前提出,"无不经审计院之审查"。同时,审计院人员的资格不仅与审判厅"同一严重,而或且加甚"②,因而"政府屡议提前"③ 设立审计院。

然而,据 1910 年 7 月 11 日《申报》所载,在召集枢臣之时,载沣"以原定年限自应恪遵办理,未便阁议更张,故提前设立之举已作罢议"④。同年 11 月 17 日,资政院明确提出,在 20 日即将召开的股员会议之时,应审查事件应包括"缩短筹备清单案"和"提前设立审计院议案"⑤。此外,载泽还与军机大臣商订,拟于年内另行具奏,将原定审计院成立时间(1915 年)提前,不仅提出 1911 年颁布《审计院法》,还明确于 1912 年"当即实行",设立审计院。⑥

除载泽、奕劻、溥伦等之外,摄政王载沣、湖北布政使王乃征也都赞成提前成立审计院。1910 年底,载沣在召见军机大臣时,向奕劻强调,将来开设国会时,审计院为监查财政之枢纽,与清理财政处职务不同,宜饬宪政编查馆会同度支部将审计院设立办法"速行筹定"⑦。甚至载沣在饬令枢臣提前设立审计院之时,还强调审计院的权限、职守"务须妥慎筹订,并入内官制办理,赶早竣事"⑧。此外,为加强财政监督,王乃征也主张在召开国会之前,"略仿外国提前设会计检察院",认为"庶理财之官得以专意财政,总任规画,统一事权,条理既清,弊窦自无从起"。⑨

暂行内阁成立前夕,载泽与军机大臣加速了审计院的筹设。1911 年 2

---

① 《朗贝勒拟赶设三院》,《大公报》,1910 年 9 月 5 日。

② 《论审计院之位置》,《申报》,1911 年 9 月 12 日,第 1 张第 3 版。

③ 《两院提前设立之罢议》,《大公报》,1910 年 9 月 16 日。

④ 《两院提前设立之议作罢》,《申报》,1910 年 7 月 11 日,第 1 张第 4 版。

⑤ 《资政院近讯一束》,《申报》1910 年 11 月 25 日,第 1 张第 5 版。

⑥ 《会计法决定另案奏请》,《大公报》,1910 年 12 月 12 日。

⑦ 《京师近事》,《申报》,1910 年 12 月 3 日,第 1 张第 6 版。

⑧ 《专电·电三》,《申报》,1911 年 2 月 18 日,第 1 张第 3 版。

⑨ 顾延龙主编:《续修四库全书》第 821 册,史部·政书类,上海古籍出版社 1996 年版,第 234 页。

月 13 日，载泽拟定了 28 条《全国预算暂行章程》和 9 条《特别预算暂行章程》①。3 月 26 日开始，军机大臣连次在宪政编查馆集议奏设审计筹备处事宜。据 4 月 1 日《大公报》探悉，军机大臣除了会商外官制之外，"曾拟奏请先设审计筹备处"，钦派大臣管理，"以树审计院之始基，庶预算成立后，便于会部稽核一切"。其详议办法则定于当月 31 日与载泽会商。②

暂行内阁成立后，载泽继续奏请设立审计院。载泽认为审计院官制与国家年度收支"极有关系"，内阁既已成立，"审计院亦宜设立，专掌检查京外各衙门出入款项，核定报销虚实，籍除官吏中饱之弊"。由于"各大臣皆以为然"，因而审计院官制得以继续编订。③ 时至 1911 年 7 月，虽然资政院再次提议，但是"迄未将院制定妥"。为加速筹设，暂行内阁连日与载泽会商审计院事宜，拟于旧历七月"先将该院官制宣布"，其开办日期定于 1912 年春季。④ 但很快辛亥革命爆发，清朝灭亡，提前设立审计院之事遂中止。

综上所述，作为"摸着石头过河"的清末预备立宪，为整顿财政，试办预决算，在筹设审计院的过程中，朝野围绕审计机构的隶属关系、会计年度预决算时间的确定，以及审计院与责任内阁等机构设置的先后缓急、院长的遴选，甚至是否应提前和速设等问题展开了唇枪舌剑的博弈。最终，由于亲贵内部和朝野均存在颇多的分歧，加之辛亥革命的爆发，因而审计院官制草案仅订有头绪，其组织也仅初具雏形，但是却为民国审计院的正式设立奠定了组织基础，⑤ 成为中国近代政府审计法制化的起点。

---

① 《度支部尚书载泽等奏试办全国预算拟暂行章程并主管预算各衙门事项摺》，《清末筹备立宪档案史料》，第 1049-1050 页。

② 《审计院拟设筹备处之预闻》，《大公报》，1911 年 4 月 1 日。

③ 《审计院官制又将发表》，《申报》，1911 年 5 月 19 日，第 1 张第 5 版。

④ 《审计院又迟一岁尚在不可知之数》，《申报》，1911 年 7 月 28 日，第 1 张第 5 版。

⑤ 如民国审计院，仍设六司。见《要闻一·审计院官制成立原因》，《申报》，1912 年 10 月 7 日，第 2 版。

商人团体与货币改革

——以 20 世纪 30 年代国民政府货币改革为中心 *

刘 杰 **

南昌大学人文学院

【摘要】国民政府建政南京以后，为统一混乱的货币市场，在 1933 年、1935 年先后通过实施"废两改元""法币改革"逐步实现了货币度量与发行的统一。上海、天津、汉口等商业大埠的商会鉴于金融市场稳定以及市场贸易的需求，对于涉及自身商业利益的货币改革尤为关注。商人团体围绕政府货币改革方案的拟订、新旧货币折合比率、货币信用构建等问题与政府展开了充分的博弈与合作。银行公会、钱业公会对政府所拟订的兑换方案、维护新币的信用方案上存在诸多争议。尽管两次大规模币制改革均为政府主导，但不可否认的是，从货币改革酝酿到具体推行，商人团体都发挥着重要的作用。国民政府货币改革并非完全由财政金融部门直接控制和实施，而是在相当程度上借助了民间商人组织资源。在实施国家财政货币治理方面，国民政府仍然十分重视商人团体的意见，并在一定程度上对其货币改革意见予以采纳。对商人团体与国民政府围绕货币改革的多维互动面相进行探索可以深入理解 20 世纪 30 年代货币改革的复杂历程。

【关键词】商会；废两改元；法币改革

近代以来，商业市场上货币种类繁杂，使用混乱，市场流通久处混杂无序的状态。北京政府时期长期酝酿货币归一，统一币制。国民政府建立

---

   * 基金项目：中国博士后基金第 12 批特别资助（2019T120326）；中国博士后基金第 67 批面上项目（2020M671063）阶段性成果。

   ** 作者简介：刘杰，南昌大学人文学院副教授，上海财经大学理论经济学博士后。

后，着力推进金融货币领域的改革。在官方主导之下于 1933 年通过"废两改元"，基本实现了全国货币市场的统一。随后货币改革（以下简称币改）继续深化，通过法币改革实现了货币发行的统一。在政府币改历程之中，商人团体基于对金融秩序稳定的追求和自身商业利益的维护，对币改十分关注并积极参与其中。从币制改革方案的筹划到全面推行，与商人团体的支持与配合密不可分。

检视已有成果，有关币改的研究成果已颇为丰硕。但总结来看，大多仍偏重于以政府币改政策推行为中心，对币改运行机制以及社会参与层面的复杂面相缺乏必要的揭示。对于币改与社会的互动，商人团体诸如商会、同业公会等参与改革及其具体实践分析较为匮乏。[1] 与此同时，先前的商会史所关注的问题多集中于商会组织本身或者商会与政府关系的宏观论析，对于商会与金融币改较为微观的问题甚少涉及。有鉴于此，本文通过爬梳上海、南京、武汉、天津等地档案馆所藏原始档案，结合报刊资料，以商人团体为切入点，系统梳理商人团体对币改的认知、态度及参与行为，对币改与商人团体的关系做进一步的讨论。继而揭示币改中政商互动博弈的复杂历程，并藉以透视商人团体在国家财政金融运行之中所扮演的角色及发挥的作用。

---

[1] 有关抗日战争前政府货币改革，特别是"废两改元"及"法币改革"的研究成果较为丰富。总结来看，从政府角度讨论成果较多。比较有代表性的成果如姚会元：《论法币改革》，《学术月刊》1997 年第 5 期；吴景平：《蒋介石与 1935 年法币政策的决策与实施》，《江海学刊》2011 年第 2 期；朱荫贵：《论全面抗战前南京国民政府的币制改革》，《近代中国：金融与证券研究》，上海人民出版社 2012 年版；李爱、吕桂霞：《国民政府初期的货币危机与"废两改元"政策》，《河南大学学报（社会科学版）》2006 年第 4 期；吴敏超：《1934—1935 年白银问题大讨论与法币改革》，《江苏社会科学》2007 年第 6 期；贾钦涵：《"纸币兑现"之争与 1935 年法币改革决策》，《中国社会经济史研究》2016 年第 2 期；潘晓霞：《温和通胀的期待：1935 年法币政策的出台》，《近代史研究》2017 年第 6 期；柯伟明：《1936—1937 年广东币制改革的券币比率之争》，《近代史研究》2017 年第 6 期；等等。近年来也有尝试从银钱业等角度切入的研究成果，如吴景平：《评上海银钱业之间关于废两改元的争辩》，《近代史研究》2001 年第 5 期；郑成林：《上海银行公会与近代中国币制改革述评》，《史学月刊》2005 年第 2 期；潘晓霞：《且得且失：南京国民政府币制改革中的交通银行》，《兰州学刊》2014 年第 12 期；申艳广：《法币改革时天津白银南运问题考释》，《史学月刊》2017 年第 7 期。

一、筹议货币统一，谋划"废两改元"方案

近代以来，在金融市场上流通的货币，除各种铜元外，主要是银两和银元、制钱、纸币等。从货币制度变迁轨迹看，"银本位货币体系处于收敛聚焦的过程中"。[①] 中国是银本位国家，并无专门造币局来发行法定货币，因而各种类型的银两与银元交杂流通于市场。特别是银元，不仅种类繁多，而且质地与成色各不相同，引致"劣币驱逐良币"现象长期存在。北京政府初期曾主导颁布《国币条例》等数项与币制统一有关的法令，试图对混乱币制进行整理。然而军阀长期混战，金融财政环境的维艰导致所酝酿的货币改革方案只能无奈地长期搁置。

紊乱的货币体系"久为世所诟病"。由于货币与商业贸易息息相关，币值的稳定以及顺利承兑与商业市场、金融市场的稳定密切关联。因此商人团体往往对涉及货币的问题十分关注。鉴于混乱的币制对市场交易的阻碍，自民国肇建，上海、天津、武汉等商业较为繁盛商埠的商会多次呼吁各省停铸铜元，统一铸币。各地商会对政府如何解决混乱币制积极建言献策。20世纪20年代的政局剧变使得整顿混乱的货币以求建立统一的货币体系进而服务工商业发展，成为各地商人团体，包括商会、银行公会持续和一致的诉求。

国民政府建政以后亦深刻认识到货币统一的重要性。1928年，财经部门召开第一次全国经济与财政会议时就明确提出废除银两专用银元、集中铸币，即"废两改元"的币改整体计划，[②] 初步决议于次年7月1日起正式实施"废两改元"货币统一方案。由于国际经济危机的爆发以及国民政府财经改革进程的缓慢，经过全国经济与财政会议所拟订的货币改革方案进展并不顺利。为降低币改风险，国民政府还邀请外籍财经专家甘末尔、杨格等来华设计币改方案。但以金为本位的方案并不适宜此时推行，金本位方案被搁置。国民政府并未放弃寻求货币统一问题的根本解决之策。财政

---

① 燕红忠：《中国的货币金融体系（1600—1949）——基于经济运行与经济近代化的研究》，中国人民大学出版社2012年版，第185页。

② 在1928年全国经济会议上，与会的金融财政委员以及金融监理局提出了《国币条例草案》《取缔纸币条例草案》《造币厂条例草案》《废两用银案》一系列币改方案。具体参见经济会议秘书处编：《全国经济会议专刊》，上海商务印书馆1928年版，第114-144页。

部为此致电各地商会，要求各地商会"连同样币及纸币样本呈送本部，以凭汇办。再该省如有造币厂或私设之厂，现在仍否开铸及开厂以来所有已铸或销毁数目一并详细具报"。① 各地商会基于商业市场发展与货币市场流通考虑，积极向政府呈报币制发行、铸币额度以及流通情况。商会的积极参与，特别是所形成的调查报告，为政府在 20 世纪 30 年代进行大规模的币改提供了必备的参考条件。

1932 年，在经历淞沪会战以及宁粤对峙以后，政局逐渐稳定。自金融市场恢复交易后，洋厘价格一路走低，国内经济界币改之声不断。经济学家马寅初更是建议政府"如趁此洋厘下落，银元价格下沉，多被熔化之际，奋力废除银两"。② 洋厘的大幅度下跌造成银行业银元的储备贬值加速，客观上形成了"废两改元"的时机。继续推进先前未竟的货币改革的任务再次摆在财经决策者面前。财政部长宋子文鉴于经济危机之中英国等国放弃金本位的先例，更多地强调参考中国的实际国情渐进式推进币改的深入。③为推进币改方案的深入，政府财经部门主张充分发挥商界的智慧，确保整套币制改革方案的完备性和可操作性。

上海作为全国的金融中心和商业中心，币改能否顺利推进，上海商界、银钱业的意见与支持至关重要。在财政部正式拟订币改方案出台前，为取得支持，宋子文专程到上海与当地商界、银钱业代表共同商议币改具体的操作事宜。在上海召开的银行业、钱业代表会议上，集中讨论了废除银两、统一铸造发行新银元、新银元的重量、成色和与银两的兑换率，以及如何促进公众对币制改革的支持与货币信用等问题。会上宋子文明确提出，币改应该以统一白银货币为首要任务，指出"废两改元"是势在必行之策，力当从速进行。同时，他提出此次币改的三项原则：一是废除银两，采用银元；二是在改革过渡期内，采行银元制度后，旧铸银元可依旧使用；三是确定银元法价（即新币重量在每元 7 钱 1 分或 7 钱 2 分之间选择），一旦

---

① 《财政部电各省财政厅、各商会（关于调查各地货币现状）》，《财政日刊》第 378 期，1929 年。

② 马寅初：《废两改元问题》，载陈度编《中国近代币制问题汇编》，台北学海出版社 1972 年版，第 235 页。

③ 《汪精卫虞洽卿关于废两改元应咨商主管机关万勿草率从事电》，载中国第二历史档案馆编《中华民国史档案资料汇编》第五辑第一编：财政经济（四），江苏古籍出版社 1994 年版，第 231 页。

确定即开始铸造新银币。①

　　鉴于早已混乱的货币流通给市场交易与汇兑结算带来的困局，商界期待政府加快改革进程。在财政部正式酝酿"废两改元"之前，上海市商会便积极联络银钱业，呼吁银钱典当等行业按照度量衡改制划一要求，在市场交易中"一律遵改度量衡新制"。② 代表众多华资银行业利益的上海银行公会对此次改革尤为寄予厚望，参会的上海银行业及银行公会代表李馥荪、林康侯等极力主张"废两改元"。与解行业不同，钱业代表认为改革币制会影响其行业发展，"因庄票问题，对废两为元颇抱怀疑"，③ 因此在会上以"仓卒之间，突然宣布废两改元，将见世面立起纷扰，各业争事投机，物价失序，金融紊乱"为由，提出种种质疑。④ 与会的市商会主席王晓籁对宋子文所提出的币改持"极端赞成"意见。由于商会一时也难以对上海银钱两业所存在的分歧协调一致，商会代表继续表态称，"本会日内将召集该两业共同讨论，以谋迅速解决"。⑤ 此后钱业公会的虞洽卿为表达钱业对于改革的忧虑，公开致电蒋介石、宋子文等，一方面陈述"对于废两改元原则、则莫不一致赞同、切盼实现"；另一方面认为政府在整理的计划、本位币成色、旧银币处理以及兑换价格、全国货币发行权等方面均未筹划，"于此事漫无准备、贸然下令废两改元，必使纸币与劣币充斥，债权与债务交哄，万一引起金融风潮、而使社会不得安定、危险尤属可虞"，建议政府"对此问题务必郑重考虑"。⑥ 钱业公会的意见在一定程度上对改革形成了阻碍。为推进改革方案的深入，此后宋子文及财政部钱币司多次与上海商界、银钱界就币改方案继续磋商讨论。

　　1932 年 7 月 23 日，宋子文再次赴沪召集上海市商会、银钱业代表进行第二轮方案会商。围绕实施"废两改元"亟待深入的问题展开了讨论，主

---

① 吴景平：《宋子文评传》，福建人民出版社 1992 年版，第 136 页。

② 《上海市商会关于废两改元衡器问题致上海银行业同业公会函》（1932 年 7 月 5 日），档案编号：S173-1-298-84，上海市档案馆藏。

③ 《宋子文致陈行、唐寿民电》，1932 年 7 月 9 日，载洪葭管主编《中央银行史料（1928.11—1949.5）》上卷，中国金融出版社 2005 年版，第 71 页。

④ 《废两改元问题面面观》，《银行周报》第 16 卷第 27 期，1932 年 7 月 19 日。对于银钱两业的分歧与讨论具体可参见吴景平：《评上海银钱业之间关于废两改元的争辩》，《近代史研究》2001 年第 5 期。

⑤ 《急转直下之废两改元》，《银行周报》第 16 卷第 26 期，1932 年 7 月 12 日。

⑥ 《虞洽卿通电陈述意见》，《申报》1932 年 7 月 26 日，第 13 版。

要包括：新银币重量、成色及法价；尚在有效期间之银两契约与银币折合之比率如何规定；应采用何种方法使社会一般人对于此项变更了解而信任。会后，由银行业代表、外国专家共六人组建成立了"废两改元"研究委员会，以中央银行副总裁陈行为主席。为继续听取银钱业、商会对上述三项币改的意见，主持委员会工作的陈行会后致函上海市商会、银钱公会，希望商人组织能够以书面形式或者推举代表参加委员会的讨论。

上海市商会在了解政府此次币改计划后也立即行动起来，多次致函财政部强调币改关乎经济全局的稳定，需要谨慎而有充分的准备，同时强调"废两改元一事，各地商民引为最大问题"，应征求各地商会和工商各业的意见，"以资集思广益"。为推进方案讨论的深入，上海市商会议决成立研究委员会，推定商界颇具影响力的诸文绮、方椒伯等七人为委员，专门负责商议"废两改元"的事务，并推定马骥良代表商会出席中央银行所召集的委员会议，详聆各方面对于币改所发表的意见。① 研究委员会主任诸文绮对新声社记者发表了具体意见，主张"新银币之重量及成色，应以现在市面上通行含银成色最低之银币为标准"；对于有效期间银两契约与银币折合比率认为在此一年期内银两契约，仍可照市折算，至长期契约，或由双方议定折中价格，或由当地商会议定折中价格，请由政府核定办理；对于新银币的铸造费用主张依照《民三币制条例》；对于新货币信用问题建议"中央造币厂作为中国全部之造币厂，其余各厂，应即拆除"，赞同外国专家意见，进行货币准备金发行制度以及公开检查制度以保证新币信用。② 诸文绮的对外公开谈话集中代表了此时上海市商会对于即将展开的币改的具体意见。在如何推进废两改元具体实践上，研究委员会鉴于改革风险过大，建议分两步来实施：先在上海试点推行，再在全国范围内全面推行。财政部为加大对金融市场的掌握和了解，委托中央银行副总裁陈健庵与上海市商会、银行公会商议商讨。上海市商会除了征求沪埠各业的建议外，还呼吁各地商会、银行公会贡献改革意见。③ 上海银行公会认为，"现在洋厘日

① 《为废两改元事复钱业同业公会函》，《商业月报》第 12 卷第 8 期，1932 年 8 月。
② 《市商会特组委员会研究废两改元》，《申报》1932 年 8 月 6 日，第 13 版。
③ 《为征求对于废两改元问题意见事致各省市商会电》，《商业月报》第 12 卷第 8 期，1932 年 8 月；《废两改元，沪商会征询三项意见，津商会定期召集各业讨论》，《益世报》1932 年 8 月 3 日，第 6 版。

跌，市价低于含银成分，内地商民受亏极巨，政府暨各方认为实行改革之时机已届，诚为统一币制前途之曙光"，并推选交通银行总经理胡孟嘉列席财政部"废两改元"研究委员会。①

各地商会对于国民政府即将推行的币改方案十分关注。商业较为发达的武汉、南京等地商会、同业公会集中就币改方案，以及新拟发银元的重量、成色、货币兑换率等问题进行了深入的讨论。② 各地商会、银行公会还借助所办会刊向商人宣传和征集币改实施方案。不到一个月，上海市商会便收到12件有关此次币改的书面意见。上海绸缎业、国药业、西颜料业、纸业等数十个同业公会就上海市商会提出的货币成色、信用等原则如何落实问题展开讨论。各同业公会就新货币铸造及发行、化验、新旧货币汇兑折合比率等问题代表本行业发表了意见，针对新货币的流通与信用问题提供了不同的方案给上海商会参考。上海市商会所组织的"废两改元"研究委员会经两次会议将各业及各地意见汇总与归纳。

为唤起社会各界对于"废两改元"的支持，上海市商会向各业征集意见作为政府实施币改理论与推行方案的依据。上海银行公会为"废两改元"问题回复上海市商会称"在原则上全国均一致赞成，自为统一币制前途之曙光。惟在实施之前，对于银币之重量、成色暨元与两折合之比率等等，诚应妥为研究，以资慎密"。③ 上海蛋业公会复函指出，新银币的重量"应依五月前之国币重量，为七钱二分"为标准。柴炭业公会认为，政府应对硬币进行统一铸造和管理，撤销各省造币厂，归中央造币厂鼓铸，同时指出货币以统一发行为首要，应由政府专门设立发行专局，取消各普通银行的发行权，并主张"对硬币得化验成色，对软币得检查准备"。米粮业公会不仅主张新银币成色应公开化验，同时为保证新币信用建议"纸币准备应公开检查，并须组设监察机关"。上海绣业公会主张政府与银钱业密切配合，由行政机关发出布告，再由银钱业分别通知存款押款的来往债户。"银币重量准

---

① 《上海银行业同业公会第21次执委会暨17次常委会议事录》（1932年6月25日），档案编号：S173-1-68，上海市档案馆藏。

② 《京银钱业将开谈话会》，《申报》1932年8月1日，第8版。

③ 《上海银行公会为废两改元问题复上海市商会函稿》（1932年7月26日），档案编号：S173-1-86，上海市档案馆藏。

照库平七钱二分，成色非纯银九成不可"。① 钟表业、航业公会建议政府依照办法妥慎进行。由于币改牵涉面子，在商人组织内部的银钱业公会对实施"废两改元"态度不尽相同。银行公会较为积极，钱业公会则因为自身利益可能受到损害不断拖延乃至反对。② 为此，上海市商会继续致电钱业公会指出，此事关系国计民生、社会经济，请其迅速形成具体意见并回复，以便讨论。③ 上海钱业公会回复认为应先向各业征集意见，"以期周密而免扞格"，并请求由商会"统盘筹划，谋币制之统一政策，社会之安宁"。④

在"废两改元"方案讨论与酝酿之初，各地商人组织对"废两改元"具体如何操作表现得较为积极。整体看来，各地商会对于"废两改元"大多表示赞同，并随着讨论的深入集中到新货币的重量成色、兑换以及新币信用维护等具体问题之上。崇明县商会主张银币重量、成色至低限度应以"民三制"为标准，银币制造时应由银钱业公会及商会推举代表到场监视。发行钞币应有现金六成准备，其余四成须有确实信用保证。江阴县商会主张对新铸银币应公开化验，并设立委员会，长期监督；折合比率各处不同，应集全中国各大商埠金融家从长讨论。绍兴县商会主张除了照"民三制"成色之外，还应以三年内最高价格与最低价格平均，以维护信用。武进县商会主张"新币鼓铸，绝对统一；公开化验统一发行权；十足准备，规定现金至少须在六成以上"。⑤ 重庆市商会在收到上海市商会函件之后称四川早已实行废两，并附送了先前四川地方政府所推行的六项整理货币办法，供沪市实行时参考。⑥

汉口为长江中游重要商业城市，汉口总商会的意见同样重要。接到上海总商会函电后，汉口总商会迅速将电文分转给了汉口银钱两公会及各业公会商议，进一步提出了一些具体有待政府注意的问题。一是货币本位问题，认为"本位问题至今犹未确定。将来采用金本位制抑银本位制或金银复本位制或其他制，兹事体大，固非一言所能尽况"。二是主辅币问题，对

① 《市商会委员会再研究废两改元》，《申报》1932 年 8 月 11 日，第 13 版。
② 吴景平：《评上海银钱业之间关于废两改元的争辩》，《近代史研究》2001 年第 5 期。
③ 《废两改元商会催银钱两会议复》，《益世报》1932 年 9 月 17 日，第 6 版。
④ 《本业公会为废两事复市商会函》，《钱业月报》第 12 卷第 8 期，1932 年 8 月。
⑤ 《市商会委员会再研究废两改元》，《申报》1932 年 8 月 11 日，第 13 版。
⑥ 《重庆商会函复市商会，川省已实行废两》，《申报》1932 年 9 月 7 日，第 14 版。

于市面流通的银角铜元彻底整理，建议"依照民七颁布之币制条件，十进制将各种银元银角铜元收回销毁"。三是统一铸币权问题，建议统一铸币，由上海造币总厂铸造。四是统一发行权问题，认为"废两改元固为统一币制之必要步骤，然而政府若不先谋发行权之统一，行将见纸币之发行突然增加，当此市面多故，金融抗陷之际，祸机隐伏，亘猝发恐不堪"。① 从汉口总商会的意见可以看出其对废两改元问题的思考已经非常深入，充分考虑了币改之中所牵涉的兑换、铸币统一以及发行权的归总问题。汉口总商会的方案最终也为上海总商会所吸收并归纳后汇报给了财政部相关部门以供政府决策者参鉴。

从各地商会的来往函电可看出，商会对"废两改元"的态度相当积极，建议和意见主要集中于货币兑换方案、兑换比例，新货币质量成色、造币费用、维持货币的流通与稳定以及信用等问题。有的商会还根据国际货币市场情况，提出了维护新币信用的可行性方案。1932 年 9 月 12 日，上海市商会再次召集委员会议，在综合各同业公会和各地商会意见基础上，对先前币改的三项原则问题进行了汇总，并着重归纳了新铸银币的信用问题（见表 1）。

表 1　商会组织对于"废两改元"实施的主要方案与意见

主要问题	商会的主要方案与意见
新银币重量及成色问题	新币之重量及银色，应以不背下列四项原则为标准，决定其重量成色，所谓四项原则者： 1. 货币成色过高则易于私自镕毁，成色过低则易于诱起私铸，证诸货币之先例，非一决定重量成色之时，宜防止此两项弊端之发生 2. 主币系无限法价，与辅币之有限法价不同，故辅币可以名价高于实价，而主币则名价与实价不能相远 3. 政府铸币，在现时状况之下，固不能使其赔本，然亦不可希冀盈余，因一有盈余，则硬币亦可，如软币之滥发，引起通货膨胀物价腾贵之结果，吾国货币史上，此等先例，已历历可数 4. 裁制之变更整理，应于可能范围内，使社会经济状况，不致有剧烈变动
有效契约间银币折合比率问题	尚在有效期间之银两契约，俟废两改元实行后，彼时履行债务者，自必改付新国币，则以新币之新价值为换算比率，最为公允，因废两之后，既无所谓洋厘市价，舍此国币实值之外，固别无可以折算之标准也

① 《关于废两改元征询三项意见》（1933 年 9—10 月），档案编号：100-1-57，武汉市档案馆藏。

续表

主要问题	商会的主要方案与意见
新货币的 信用问题	1. 应使社会用银元，较之用银两为便利，至少亦有兴银两有间样之便利，其条件： （甲）为铸造自由，凡持有旧币或元宝或条银者，国家造币厂能随时应其要求，比照公布之换算率，付以数额相等之新国币 （乙）为运输自由，凡从前禁止运现出境，限制运现出境之禁令，不宜由地方当局轻予颁布，应改由中央银行，负有调剂金融之责者，随时察酌，妥慎办理 2. 应使社会银元如银两，有同样之准确成色，不致有劣币与轻币之恐怖观念，扰怀于胸中，其条件为： （子）将旧币随时收回改铸 （丑）集中造币权，非但中央所设之杭厂固应废止外，如川省军人私设之银元局，广州所设置造币厂，尤应以严令勒停不可，以为一则鞭长莫及，一则尽铸毫洋而忽之 （寅）组织币制监察委员会，就全国之商业团体，及金融界中，推选若干人，轮班驻沪，分司监察 其任务为： （1）参与硬币之化验，以其成色随时公告，且沪地化验之后，如重要都市，亦可由商业团体自设化验部，随时化验，以资比较，而便征信。 （2）参与软币之公开检查，以其准备成数，随时公告，盖本条要旨，以监察币制之任务，公之全国，并不以设于沪上，而独由沪人负其专责，以大公无我之态度，唤起全国之信仰，庶新币制易于推行

资料来源：《废两改元问题之讨论，市商会议决废两改元意见》，《银行周报》第 16 卷第 36 期，1932 年 9 月 20 日。

此后，上海市商会将这些建议和意见集中整理汇编为"废两改元"计划分别呈报中央银行与财政部，同时推选商会的马骥良为代表出席中央银行所召开的废两改元讨论会。① 中央银行对上海市商会拟订方案表态支持并建议将方案继续上呈中央。上海商人团体所拟方案还得到了天津市商会和钱业公会的支持，后者致函财政部，主张建立统一的造币厂，以增加社会了解和信任。② 其他地区钱业公会亦多响应币改方案，主张铸币权统一，新币的重量及成色最低限度应依民三币制条例执行。

---

① 《上海市商会致陈行函》（1932 年 10 月 3 日），载洪葭管主编《中央银行史料（1928.11—1949.5）》（上卷），第 73 页。

② 《财政部发布四月六日起所有公私款项一律改用银元电并附津沪商界商会意见书》（1933 年 4 月 5 日、7 日），载天津市档案馆等编：《天津商会档案汇编（1928—1937）》，天津人民出版社 1996 年版，第 671-673 页。

二、推进币改试点，协助"废两改元"实施

根据财政部与货币改革委员会以及与商会的商议，国民政府决定依照上海商会意见，先从上海推行"废两改元"计划。1933 年 2 月 28 日，财政部颁布《关于规定一切交易均用银角计算的训令》，宣布于 3 月 10 日起在上海试点"废两改元"政策，为推广全国做准备。3 月 1 日，中央造币厂开铸统一标准的新币。同日，财政部向社会发布《废两改元令》，规定"上海市面通用银两与银本位币 1 元或旧有 1 元银币之含原定重量成色者，以规元 7 钱 1 分 5 厘折合银币 1 元的一定之换算率，自 3 月 10 日首从上海施行。凡公私款项及一切交易，均按此定率用银币收付，不得再用银两"。[①] 宋子文于当日电令上海市银行公会，"上海通用银两折合银币之换算率，并定期施行，均应以银币为本位，其银两与银币利率，并应一律计算，不得高下，并将银拆名称改为拆息"。[②] 从最终改革方案可以看到，"废两改元"的具体操作政策与兑换比例等与先前商会所提出的改革草案高度一致，存在诸多的契合。这也说明在"废两改元"问题上政商两界已经达成共识。

3 月 8 日，国民政府财政部将改革法令通告上海市商会，电文将"废两改元"试点后的国外汇兑比率情况作了说明，要求商会及时将相关汇兑比率转告外资及华资银行业及银行公会知晓。上海银行公会亦向各同业公会以及中外银行业公会作了传达，并就外汇兑换强调指出"3 月 10 日起银洋并用，其银洋兑换率以七一五法价计算；会员银行自 3 月 10 日起凡做国外汇兑交易以银元为本位但遇有必要时得在成单上以七一五法价计算银两，凡不加七一五法价者到期即以银元计算"，同时就英金、美金兑换比率做了详细说明。[③] 这一政策的出台在一定程度上降低了国际汇兑之中所存在的风险。

---

① 《先废除上海银两本位》，载洪葭管主编《中央银行史料（1928.11—1949.5）》上卷，第 75 页。
② 《国民政府财政部训令上海银行公会》（1933 年 2 月 28 日），档案编号：S173-1-86，上海市档案馆藏。
③ 《财政部令》，载上海市银行业同业公会编《上海市银行业同业公会通函要编》，内部印刷，出版时间不详，第 3-4 页。

为确保"废两改元"在上海试点的顺利展开，财政部委托中央、中国、交通三银行共同组织成立"上海银元银两兑换管理委员会"，负责管理市面上银两与银元兑换诸项事宜。对此决策，上海市商会、上海银行公会等予以全力支持。上海市商会当日便通令"各业公会一体遵照实行"，并着重强调"各商店以后申汇款项，均应以银币为本位，不得再用银两，以重法令，而归一致"。① 上海市商会还专门致电上海银行公会，要求"凡关于货物市价以及一切交易，均应自该日起一律用银币计算，不得再用银两。自3月10日起，所有货价市价交易一律按照上述换算率，改用银币计算"。② 随后，上海银行公会函告下属的各会员银行要求银行业"现既以银币为本位，嗣后对于各种放款亦应以银币为主，不再以银两计算"。③ 上海银行公会还将标准汇兑行市表分送各行依据办理，并通知外商银行公会、国外汇兑委员会等遵照币改法令办理。④ 为保证金融市场的稳定，上海银行公会主席李铭还专门与宋子文等商讨外汇及金价兑换问题，并由银行公会与金业交易所"通告各银行商店、嗣后一切商业概用银元计算；此后折合金价自应以银元计算。对于银元折合金价已议定价格，分别通知各外商银行"。⑤ 在上海市商会和银行公会的支持下，"废两改元"在上海试点较为顺利。上海市商会时时关注兑换的进展，并要求银行公会将具体办理情形上报后转呈财政部知晓。上海银元银两兑换管理委员会在兑换中也与上海市商会、上海银行公会保持密切合作。经过局部试验成功，大规模的"废两改元"条件已经成熟，币改随后在全国范围内陆续展开。

4月5日，财政部正式发布《废两改元布告》，宣布次日起全国范围内"所有公私款项之收付与订立契约、票据及一切交易，须一律改用银币，不得再用银两"，"仍用银两者在法律上无效"；对于持有银两者可以

---

① 《废两改元本市今日实行商会昨已通知各业，田赋各业一律遵办》，《益世报》1933年3月10日，第6版。

② 《上海市商会致上海银行公会函》（1933年3月3日），档案编号：S173-1-86，上海市档案馆藏。

③ 《上海银元银两兑换管理委员会组织大纲》，上海市银行业同业公会编《上海市银行业同业公会通函要编》，第9页。

④ 《上海银行公会致上海外商银行公会函》（1933年3月7日），档案编号：S173-1-86，上海市档案馆藏。

⑤ 《银行公会议决废两后以元折合金价》，《申报》1933年3月7日，第18版。

送与中央造币厂代铸银币，或者交付中央、中国、交通三家银行兑换银元，并对内地其他地区的银元银两兑换做出规定，"应按四月五日申汇市先行折合规元，再以规元七钱一分五厘折合一元为标准，以银币收付"；①同时规定，所有公私款项的收付、订立契约票据及一切交易，一律改用银元，本位币的铸造权则收回之后专属于中央造币厂。上海市商会接到全面"废两改元"法令后，为推进币改的实施，还向全国其他地区商会发去电文，就具体银两折合比价、银两汇兑行市定价情况做了进一步说明。②

为使"废两改元"在上海、天津、苏州、南京、汉口等重要商埠以及内地更为广阔的区域内顺利推行，财政部根据各地商会所反馈的流通情况分别制定了不同的银元、银两兑换率，以便币改顺利全面实施。政府公告出台次日，上海商会、银钱业公会便着手组织出台了八项配合"废两改元"的补充决议性执行措施以协助顺利开展新货币的汇兑结算，强调自 4 月 6 日正式币改后兑换比率一律按照法定价格七一五（兑换比）进行兑换，4 月 15 日以前到期的远期票据按七一五照付银元，4 月 15 日以后到期且无出票日期的凭原票据向银行公会登记后再按七一五照付银元；金融外汇市场一律以银元为标准交易货币。③ 上海银行公会的补充决议执行办法基本解决了市场之中远期汇兑时间点和兑换程序问题，是对政府法令执行政策的具体化。币改正式推行后，在银行公会、商会的督促之下，"各往来之银两款项均已依照七一五折合银元转账、停出银票、此次事出仓猝、洋商银行之收解、初觉发生困难、今洋商银行已决定对华商银两收解、折合为银元、故实行毫无困难反觉便利、至于七一五之折合、系政府法定价格、各业一致遵守、所以银两转账均无问题发生"。④

"废两改元"全面推行之后，市场上"银角名目繁多，银色参差，兑

---

① 《财政部布告》，载中国人民银行总参室编《中华民国货币史资料》第 2 辑，上海人民出版社 1991 年版，第 94 页。

②④ 《废两改元沪商遵办便利，银钱业今日开办远期银票登记》，《申报》1933 年 4 月 7 日，第 16 版。

③ 《上海银钱两业议定废两改元执行办法》，载中国人民银行上海市分行金融研究所编《上海商业储蓄银行史料》，上海人民出版社 1990 年版，第 356 页。

价不一"。为防止劣币驱逐良币，上海市商会、上海市银行公会积极与财政部沟通，要求政府承诺"一面统一铸造，一面严查私运"，呼吁政府迅速制定统一的兑换办法。上海商人团体致电海关总税务司梅乐和，要求海关方面"予以配合《取缔运输轻质银角办法》，严行查禁进口以断来源而重币政"，阻止轻质的铜元流入上海市场"于币改民生均有裨益"。① 各地商会在收到政府指令后，亦对此次货币改制予以了协助。1933年4月6日，汉口市商会、银行公会分别召集会议，议定同业存欠收付遵照部令办理，② 具体确定了以4月5日的汉口申汇行市为折合银币的标准（洋例银六钱九分三厘九毫零七忽五折合银币一元）。③ "三地为首要商业中心，三埠顺利实施废两改元，对全国货币市场废两改元的实行起到了积极的带动和推进作用。"④ 此后，各地陆续进行银两兑换。南京市商会致函下属各行业说明"财政部确定之银元换算率计算法"，各业公会及各商店会员应一体实行。⑤ 吴县商会将政府拟定的详细的《银本位币铸造条例》以及具体的币改方案转交所辖的各行业公会以及苏州银行公会，吁请各业按照新的货币制度计算比例以及汇兑和流通。⑥ 重庆、南昌等地出现币改法令政策传达迟缓时日，导致银两兑换延迟与结算期无法统一的情况。重庆市商会、南昌汇划公所为维护地方金融稳定，推进银两的顺利兑换，纷纷致电上海市商会及银行公会。经过上海银行公会、上海市商会等居中与政府协商，财政部最终同意在偏远的地区"市面上流通之实银数目限一个月内报告中央银行"，经财政部予以登记派员验明确实后准予按七一五兑换比按月兑取本位银币

---

① 《上海市银行商业同业公会关于整理辅币、取缔轻质铜元》（1933年4月11日、6月15日），档案编号：S173-1-301，上海市档案馆藏。

② 《汉口银行公会致中南银行汉口分行函》（1933年4月6日），档案编号：171-1-126，武汉市档案馆藏。

③ 《抄银钱业同业公会复财政部函》，载上海市银行业同业公会编《上海市银行业同业公会通函要编》，第15页。

④ 朱荫贵：《论全面抗战前南京国民政府的币制改革》，载《近代中国：金融与证券研究》，上海人民出版社2012年版，第123页。

⑤ 《京市商会通告实行废两改元》，《申报》1933年3月10日，第5版。

⑥ 《吴县县商会知照银行业同业公会银本位币铸造条例》（1933年4月27日），载马敏、肖芃主编《苏州商会档案丛编》第4辑下册，第1250-1251页。

一次。① 汉口市商会为维持地方金融市场的稳定还专门组织汉口银行公会、钱业公会就汉市银币流通具体商议，并致电上海市商会协商，主张"一般合法银币、现在天津上海各地、同等使用者、汉市亦应一律通用、不再差价、不许贴水"。② 此举对维持地方货币市场的稳定起到了重要的作用。

整体看来，不同地区的商会、同业公会对"废两改元"的认识与政策的具体执行存在些微差异。上海、天津、苏州、汉口等通商大埠商会对此次废除银两改用银元十分支持。特别是上海、汉口等大城市商会，因地处金融与贸易的中心，对货币混乱造成的市场交易成本过高认识更为深刻，不仅积极配合试点及推广，还就区域内的实际兑换政策与财政部沟通后对具体兑换政策进行了细化，在币改政策的政策商议期内表现十分积极，反应也较快。与之对应的是部分基层商会的态度略显消极。就行业而言则情形更显复杂，华资银行业及银行公会十分活跃，也乐于配合改革的深入。而钱业公会，因此次改革有损其传统银两的汇兑利益，一度消极应对甚至阻挠改革的推进。

总体观之，国民政府所推行的"废两改元"币改方案整体上取得了预期效果。各地的银两兑换陆续进行。特别是上海，因银两较为快速的兑换，先前因钱业公会阻拦的银两兑换手续费用得以取消，上海货币市场迅速趋于稳定。银元的流通数量日益增加。1931 年，全国流通的银元总额为 17 亿元。试点到全面执行兑换后，截止到 1931 年 12 月 15 日，上海中外银行及钱庄共登记宝银多达 14621 万两。而在上海试点成功后，经过权衡利弊，外商银行也较为迅速地加入到了"废两改元"的行列并执行全国统一的币改方案。③ 从"废两改元"在上海开始试点到试点成功，对于全国金融中心上海的金融业盈利影响也颇大。例如，据上海商业储蓄银行统计，因银两之间的兑换顺利，上海商业储蓄银行历年存银兑换后短时期获利约达 70

---

① 最终办法为："四月十五日以前到期之远期票据，得按七一五照付银元，如到期在四月十五日以后，而无出票日期者，应在四月十五日以前凭原票据，向公会登记，届时按七一五照付银元。"《照抄财政部致中央银行公函》，1933 年 12 月 5 日，载上海市银行业同业公会编《上海市银行业同业公会通函要编》，第 25-26 页；《外埠远期银票折合银币办法》，《申报》1933 年 4 月 26 日，第 7 版。

② 《汉商会函市商会合法银币一律通用，不再差价不许贴水》，《申报》1934 年 12 月 31 日，第 10 版。

③ 杜恂诚主编：《上海金融的制度、功能与变迁：1897-1997》，上海人民出版社 2002 年版，第 242-243 页。

万元。① 从全国范围看，"废两改元"的实施也进一步使得新式银元的流通日渐广泛，由中央铸币厂铸造的统一的银币使用的范围也不断扩大。加之商人团体从中协助，新的货币信用亦开始得以巩固。从"废两改元"的操作过程看，在方案出台以及币改实践之中，商人组织所起到的作用不可忽视。从国民政府建政之始初步酝酿，到1932年再次启动改革方案，商人组织特别是商会是改革之中重要的参与者。在国民政府酝酿"废两改元"之时，商会对银两的兑换方案、推行办法及操作程序等多有讨论，并将研究意见与操作方案上达政府。各地商会对于政府币改方案保持了较高的参与热情，并进行了多方的舆论与政策宣传。商会在"废两改元"方案的拟订，商界意见的征求与整合以及积极推进上海、汉口等金融市场配合落实"废两改元"的规定等方面，都起到了重要的推进和协调作用。

三、协调银两辅币兑换，推进法币改革实施

1933年国民政府所实施的"废两改元"初步建立了以银为本位的制度。1934年，美国实行白银法案直接引致世界性的银价暴涨，而"废两改元"之后，以银为本位的中国受到的影响尤其严重，一时出现"百业停滞，地产狂落，金银外流近4亿元，金融既日趋紧涩，社会几濒于破产"。② 白银风潮对中国的货币金融体系造成了巨大冲击，国民政府意识到货币制度必须进行根本性变革。③ 经过一年多的酝酿，参考国内外金融专家意见，1935年11月3日国民政府正式宣布进行新一轮改革，旨在"保存国家命脉所系之通货准备金，以谋货币金融之永久安定"，推行法币改革的核心就是废除旧的银元制度，建立以法币为中心的纸币制度。国民政府规划和出台的改革政策首先是统一货币的发行权。政府还围绕推进法币制度推行了六项具体的措施，以求能够彻底解决货币问题。④

---

① 《赵汉生访问纪录》，载中国人民银行上海市分行金融研究所编《上海商业储蓄银行史料》，第358页。

② 张肖梅：《序三》，载中国银行总管理处经济研究室编印《全国银行年鉴》，1935年，序第3页。

③ 李爱：《白银危机与币制改革》，社会科学文献出版社2014年版，第68页。

④ 中国人民银行总行总参事编：《中华民国货币史资料》第2辑，第127页。

此后，国民政府陆续颁布"发行准备管理委员会章程""兑换法币办法""兑换法币收集现金办法"等法令，以确保法币政策的有效实施和推进。从改革政令中也可以看出，政府需要工商界广泛参与。不能强迫公众接受新货币取代白银，仓促进行更会导致金融市场恐慌。因此"要避免这种潜在的灾难发生，需要政府官员认真与公众谈判"。① 由于此次法币改革与金融界有着直接关系，在即将正式实施前，财政部长孔祥熙召集上海商界、金融界会议商讨改革事宜。孔祥熙首先解释法币政策的规定，表示希望得到上海银行公会的配合与支持。② 在获知政府即将展开新的币改后，陈光甫立即返回上海银行公会办公处并召开紧急执行委员会会议，以征求会员银行的意见。经过反复商议，与会委员认为法币政策是"巩固币制与改革金融之惟一办法"，应遵照办理。③ 1935 年 1 月 4 日，上海银行公会将已经议决的方案函告各会员银行，要求各行应全面积极地配合法币政策的实施。④ 令行业会员"各行所发往来户支票，其原有印就银元或者银洋等字样以后均改为国币"。为表示对法币政策的进一步支持，上海银行公会又专门致电财政部，认为其"现挽救狂澜，毅然布告革新币制办法，诚为刻不容缓之图"，同时希望财政部能"对于应兴应革诸务，已有筹划，正待次第实施，则循序渐进，自不难达经济复振之愿望"。⑤

为保证改革顺利实施，财政部于 1935 年 11 月 4 日发布部令，对于法币不流通的区域准予暂时保持原有习惯，但同时要求"中、中、交三行及各该银钱业公会、商会，更须就地方实在情形，妥筹便利人民及切实奉行法令办法，随时商承当地政府办理"；又于同日专电各地政府，商会及钱业公会要求迅速查明各地的银行、钱庄库存钞票种类、数目及现金数目，要求中央银行负责召集当地银钱业迅速统计并上报，对于无中央银行地方则进一步要求"由中国、交通两银行负责召集办理，其中无中、中、交三行

① ［日］城山智子：《大萧条时期的中国：市场、国家与世界经济（1929—1937）》，唐磊、孟凡礼、尚国敏译，江苏人民出版社 2010 年版，第 192 页。

②④ 郑成林：《上海银行公会与近代中国币制改革述评》，《史学月刊》2005 年第 2 期。

③ 《临时紧急执行委员会会议决案》（1935 年 10 月 3 日），档案编号：S173-1-70，上海市档案馆藏。

⑤ 《各团体拥护法币》，《银行周报》第 19 卷第 45 号，1935 年 11 月 19 日。

地方，则由县府会同商会负责办理"。① 为树立法币的信用，操作法币准备金之保管及发行收换事宜，"以昭确实，而固信用"，财政部还组织设立了法币发行准备管理委员会，除了选派财政部及银行业代表外，特别注意吸收银钱业同业公会、钱业公会、商会代表。此后，"各地银钱业公会及商会等亦均有代表参加，其于准备金之保管及法币之发行收换各事宜，监督严密，信用巩固，与所谓膨胀通货性质迥不相干"。② 财政部如此设计，更多的是为即将展开的法币改革消除阻力，以更多地获得商界的支持。

在政府发布通告推行法币改革的次日（1935 年 11 月 5 日）下午，上海市商会组织召开联合会议商讨应对之策。在法币发行准备管理委员会的 22 名委员之中，商会、银行、钱业公会各有 2 名代表参与其中，其目的是联络各方力量尤其是商界，以彰显法币的信用。③ 法币改革即将实施之时，委员会还推宋子文、胡笔江、陈光甫、钱新之、李觉五人为常务委员，并推定徐堪等七人起草管理及办事规则。"由徐堪主席各委对银行银类兑换法币办法及办事规则等。"④ 在上海商界有举足轻重地位的虞洽卿也积极向蒋介石等表态支持法币改革。在上陈政府电文中指出"财政部布告实行法币制度，虽施行未免较迟，而亡羊补牢，尤为国家之幸，逖听之余，同深欣慰"，同时表达了对法币改革的期待，希望政府"本斯主旨，毅然行之，务于最短期间，一旦实现，更应趋重于建设，而建设以生产为前提，并应绝对防止与民争利，及其它流弊，复兴前途"。⑤ 为稳定货币交易市场，上海市商会还致函各行业，详细说明此次货币改革情况，要求"所有出售粮食物价，兑换辅币铜元价格，应照本月四日财政部布告，不得过分上涨，及部长而论钱业市场之定价，以辅币十二角或铜元三千文换取法币一元，勿得任意抑低，致妨民生"。⑥ 此后，上海市商会又多次向全市各行业通报政

---

① 中国人民银行总行总参事编：《中华民国货币史资料》第 2 辑，第 183 页。

② 《吴县县政府为明白晓谕以利推行币制改革由训令吴县县商会》（1931 年 1 月 6 日），载马敏、肖芃主编《苏州商会档案丛编》第 4 辑下册，第 1261 页。

③ 为"便利市面，昭示信用"，在天津、广州、汉口、济南、西安、长沙等地还由地方商界、金融各界人士组织成立了法币发行地方准备保管委员会。张秀莉：《法币发行准备管理委员会考述》，《史学月刊》2009 年第 6 期。

④ 《市商会暨各业公会联电表示拥护法币》，《申报》1935 年 11 月 6 日，第 9 版。

⑤ 《电贡献意见》，《申报》1935 年 11 月 6 日，第 9 版。

⑥ 《商会通告力戒自扰》，《申报》1935 年 11 月 6 日，第 9 版。

府推行法币改革方案，呼吁各行业对于此次币制改革给予支持。上海市金业、证券、纱布、面粉、杂粮五交易所随后召开联合会议，除了宣言支持，着重讨论各所买卖以法币结账的具体程序问题。为了保证不同银行印制的法币能顺利流通使用，上海市商会多次呈文政府颁发布告，"对于中央、中国、交通、中国农民四银行之法币，无论驻何地名，一律通用，以重币制"。①

从官方角度看，民间藏银问题亟待解决。让普通的民众上缴白银而使用新发纸币是法币政策落地的关键和核心。为督促各地积极推行法币政策，12 月 2 日全国商联会会长林康侯将财政部所发出的《停止一切现银流通公私交易一律行使法币》的政令，转发各地商会要求按照政府的法币调换办法切实执行。② 同时，全国商联会向各地商会陈述了政府所制定的银类调换法币办法暨银制品用银管理规则，强调运输银以及私运银币处罚办法，希望各地商会也能遵照政令切实予以执行。③ 全国商会联合会陈述此次法币改革方案的目的仍然是希望各地商会能够贯彻、支持政府的法币改革政策，主张减少阻力进而推进全国范围内新的货币制度的实施，各地商会也积极表态给予一定程度的支持。

各主要商埠的商会也对新的货币改革表达了支持，并多迅速召集地区的金融业、商号等商议执行的方案。南京、长沙、重庆、济南、南昌等地的商会也公开通过电文表示支持政府货币改革，并多有携手当地银钱业合作商议地方的具体执行方式。天津市商会不仅将法币改革政令通告天津商界，而且还积极协助政府进行银钱的兑换。④ 天津银钱公会在政令颁布的当日即召开会议，推中国银行长卞白眉主席以及天津银行钱号同业代表 23 家商议后议决对政府巩固币制办法一致遵照，同时"承诺有书大洋银元银洋字样一律按国币看待，均以三行钞票收付"。芜湖金融界对改革一致赞同，

① 《商会电呈财部法币应一律通用，无论驻何地名不受限制》，《金融周报》1936 年第 2 卷第 12 期，1936 年 9 月 9 日。

② 《全国商会联合会紧要文件》，《实业季报》第 2 卷第 4 期，1935 年。

③ 《财政部关于全国行用法币后工业品用银及银制品管理办法十二条电》（1935 年 11 月 7 日），载天津市档案馆等编《天津商会档案汇编（1928—1937）》，第 708-709 页。

④ 《宋哲元关于华北方面现银速交华北分库存储之密令》（1936 年 1 月 23 日），载天津市档案馆等编《天津商会档案汇编（1928—1937）》，第 714 页。

并推代表谒见当局，请求维护市面，安定物价。地方商会一方面保证新货币的流通，另一方面着力维持币改所带来的物价波动，积极劝各业平抑物价，维持交易市场的稳定过渡。例如，济南商会、银行公会商议后一致议决实行"平汇"政策，门市汇款免收汇水，只收少许邮电手续费。重庆商界对此次货币改革"均能深明意旨，一致坚决表示拥护"。① 保定商会收到政府推行法币的政令之后，商会主席梁润亭召集各同业公会代表开临时会议，到各业代表70余人。梁润亭向与会代表阐述了推行法币政策的缘由在于"中央为防止白银出口实行改革币制，以保全国家经济命脉"，呼吁各商家一体遵行，共同维护国家法令。②

浙江属于经济较为发达区域，在经济发达的县市，法币兑换政策在当地银行的积极配合下进展顺利。但是在较为偏僻的县镇乡村，改革实施相对滞后。浙江为推进法币政策的执行，除了召集银行公会、中央银行、中国银行、交通银行（以下简称中、中、交）设立兑换处外，还专门出台《法币实施办法》，考虑在兑换之时，"在商业繁盛或辖地辽阔者，于市镇酌设分兑换处或委托各镇商号代理"。③ 中、中、交三行也充分认识到商会、银钱公会等商人组织在推进法币改革之中的作用。杭州分行致电总行请求总行统一将商人组织纳入法币的兑换处，并强调"若委托各该地商号代理，则近来内地商号信用，较前□弱，垫给法币，不无可虞"。④ 1935年11月5日，杭州市商会召开临时紧急会，最终决议完全拥护改革，同时发表公告劝导商民切实奉行法令，"不得借故抬高物价。要求各银行钱庄一律设立现金掉换法币兑换处为代换法币机关"。⑤ 此后，浙江商务管理局为取缔因币改故意抬高物价现象，还致电省内各商会严查哄抬价格情况。杭州等商会得到政令后"召集同业公会，按照货物成本，议定价目，一律遵守。

---

① 《重庆电》，《申报》1935年11月6日，第7版。

② 《保定铜元价格仍飞涨不已，已涨至三百八十枚，当局布告取缔操纵，商会积极推行法币》，《益世报》1935年11月11日，第4版。

③ 《法币实施办法》（1935年11月），档案编号：L080-002-717，浙江省档案馆藏。

④ 《中中交三行杭州分行电》（1935年11月），档案编号：L080-002-717，浙江省档案馆藏，"□"表示原文档案缺损无法识别。

⑤ 《新币制颁布后各地金融稳定》，《申报》1935年11月6日，第7版。

如有故意抬高物价，随时负责检举，报请严惩"。①

各地商会在收到政府指令后，为推行新货币的兑换进度多采取了积极的行动。山西省地方政府为推进兑换进度，召集各县商会主席共商保管办法。各地商会不仅议决了保管办法，为了增加信用，还由商会组织对山西的地方银行的现金准备进行了核算和清理。在商会的联络和建议之下还成立了联合组织法币兑换处，山西商联会主席彭士弘、太原市商会主席王肇泰等六人任委员。② 在上海，江湾事务所所在区偏僻，并无中、中、交三行兑换机关，因此呈请商会转呈市政府"以三赋征收处及邮局两机关为代兑法币处所以资便利"。上海市商会收到函件后也积极求得财政部门的支持。经过协调，财政部指令回复指出，"各银行钱庄，各公会、各税收机关及国营事业机关，如邮政、电报、铁道招商各局，一律代换"。③ 镇江商会为促进法币的进一步兑现，还联络各个银行呼吁"各银行尽量放款押款，以资周转"，同时为兴商业由常委会邀集各银行负责人，切商办法，以期商业永久活跃。④ 在各地商会的配合之下，广设法币的兑换处最大限度地便利了白银的收缴与法币的兑换，为改革较为顺利的推进创造了必要的条件。

法币政策的实施不仅是旧币兑换法币，实际上还有一系列配套性的币改措施。这些具体的币改政策也需要各地商会支持。法币改革后不久，投机商人乘机操纵居奇，致使各种物价突然飞涨，引致市场上投机之风盛行，民间窖藏白银成风，给币改的深入带来诸多阻碍。为了推进法币使用，政府下令收缴市面上的现银，并要求各地不得私运私带银类、银币。在辅币政策和私藏白银等尚未完全解决之前，稳定各地的物价，保持当时现有的银铜辅币流通十分关键。吴县商会在收到政府严查私运私带银类银币的政令之后，立即致函各个商家，要求遵照政府政策而"毋得故违禁令"，并将拟定的处罚办法通知各个商家知晓。⑤ 浙江商会、银钱业公会与中、中、交

① 《杭州取缔故意抬高物价》，《申报》1935年11月11日，第8版。
② 《晋省四大银行号现金实行封存》，《益世报》1935年11月19日，第4版。
③ 《商会函复江湾事务所指示兑换法币机关》，《申报》1935年11月15日，第10版。
④ 《苏省府严禁奸商运输现银出境，指定兑换法币机关通令遵行》，《申报》1935年12月1日，第10版。
⑤ 《吴县县商会为奉令转知严查私运私带银类银币事致各会员函》（1936年1月10日），载马敏、肖芃主编《苏州商会档案丛编》第4辑下册，第1263页。

三行反复商议后，出台了具体的辅币兑换方案，"规定辅币标准价格后，如市面辅币过多，则归三行收存，如不足亦应由三行供给"。[1] 对于各地市场上出现的商贾偷运银币出口牟利，特别是存在米业多以兑换银角铜元为附带业务进行兑换银币的情况，财政部亦迅速命令上海市商会召集米业公会开会，严加查核，重申"米业应依照兑换法币办法"，要求商会"议订取缔私屯及卖银币办法，以资遵守而重币政"。[2]

汉口、南京等地商会积极配合地方政府的收兑现银政策，以求区域内金融市场的稳定，以实现法币的顺利过渡。对于法币兑换进程较慢导致的各地法币短缺问题，各地商会也积极与财政部商议解决措施。相较上海、武汉、苏州等地的积极主动，部分地区的商会对法币改革持消极应对甚至拒不执行的对策。由于各地情形不一，特别是中央控制较弱，为地方势力派所控制的地区，商会态度不甚积极，甚至就法币政策执行与财政部多有冲突。例如，广东地区长期为地方政治势力所掌控，直到1936年两广事变和平解决之后，广东的币改才提上日程。广东地方货币尤为复杂，涉及的外汇交易频繁。对于中央所拟定的用法币将毫券收回，确定毫券和法币之间的兑换比率问题，在政策拟定上广东商会并未像上海等地商会表示支持，而是据理力争主张广东的币改应该统筹兼顾，采取渐进步伐达到稳定金融统一币制目的。[3] 同时，广东反对兑换比例，认为采取此种改革是大量吸取广东商户的白银用来弥补财政空虚，会对地方金融稳定带来巨大伤害。为此，广州市商会公开致电国民政府及各地商会，坚决主张小洋换大洋比率最高不能超过三，[4] 并称"今大局统一，币制改革，倘改换大洋比率，未得公平处理，将全省商民彷徨失措"。[5] 广东银行业亦开会讨论中央统制币制，认为"以粤向行小洋制、市面不受影响、暂不必讨论应付办法"。[6] 广

---

① 《杭市银行库存现银》，《中央日报》1935年11月8日，第2版。

② 《财部令市商会，防米业私贩银币》，《申报》1935年12月13日，第8版。

③ 许德光：《改革粤省币制刍议》，《申报》1936年8月24日，第14版。

④ 有关广东地区法币改革的研究成果可参见柯伟明：《1936—1937年广东币制改革的券币比率之争》，《近代史研究》2017年第6期；王丽：《走向"统一"的广东省货币金融——国民政府法币改革的区域性案例分析》，《暨南学报（哲学社会科学版）》2014年第10期。

⑤ 《广州市商会执行委员会为小洋改换大洋事致吴县县商会函》（1936年8月12日），载马敏、肖芃主编《苏州商会档案丛编》第4辑下册，第1264-1266页。

⑥ 《新币制颁布后各地金融稳定》，《申报》1935年11月6日，第7版。

州商会还要求政府向商界公布法币发行总额度以及准备金情况，以维护金融的稳定和信用。在广东各地商会力争之下，国民政府最终对粤币与法币、粤币与粤毫洋的兑换比价予以综合采纳，将粤币与法币限定为1∶1.5的比价，同时要求中央承诺保证法币的发行准备及总额度。在此之后，法币改革才在广东地区渐次展开。

法币改革牵涉事项颇多，特别是货币的兑换及辅币不足问题对于金融市场的稳定影响巨大。为更为高效地推进此项改革，商会也吁请政府根据地方兑换情势对政策做出一定的修正。针对部分地区出现的法币兑换的迟缓问题，因当地无法币兑换机关，不少商客不得不将银元以及辅币随身携带到车站兑换法币，这严重违反了政令，按照规定要予以没收。一旦没收将损害往来客商的利益，鉴于此，上海市商会认为"论情确有可原，若不问皂白，遂予没收送罚，于人情法理，似未兼顾"，吁请政府对于无法兑换法币的银元以及辅币如果确系乡账收来免予没收外，对于因无法兑换携带入沪的银币以及辅币也免予查扣。[1] 对于政府公务员无端没收商户持有银币的行为，上海市商会也依据政府调换法币期限的法令指出这种行为对于"币制政策，法治前途，均有妨碍"。因此，上海市商会呈请政府对违法没收银币的行为予以纠正，以避免人民横受委屈。[2] 在商会的支持之下，国民政府集中收兑银的政策得以顺利实施，为法币的使用增加了可靠保障。

国民政府推行辅币兑换法币政策之时，商会也积极发表意见并建议结合兑现实际运转情况加以完善。天津市商会认为施行辅币事关金融，意义重大，建议政府实施前务必"缜密研究，以资慎重"。[3] 北平商会专门召开会议讨论兑换的比例，多数与会委员认为，发行的新辅币应由政府指定国家银行按大进制兑换为法币，对以前发行的铜元辅币应准一百枚兑换新辅币一元。会后，北平商会将这一意见转呈财政部门供其参考。[4] 杭州市商会与银钱业方案为"法币兑价每一元法币银辅币兑十二角，铜辅币兑三百枚，

---

① 《市商会呈请财政部收账银币免予没收》，《申报》1935年12月19日，第9版。
② 《市商会电请纠正公务员没收银币》，《申报》1936年4月1日，第14版。
③ 《冀察政务委员会经委会请平津商会速研究辅币铸造条例意见函并津商会复函》（1936年3月3日、11日），载胡光明等编《天津商会档案汇编（1928—1937）》，第725页。
④ 《新辅币兑换法币，商会请维持十进》，《益世报》1936年7月8日，第8版。

其兑换手续费，每兑法币一元至多不得逾铜辅币三枚"。① 经过各地商会实际兑换以及法币流通的情况，财政部也意识到辅币问题有待继续优化；因此亦对外公开称"筹置铜元券以资调剂，必可将兑价抑低，同时正筹备开铸新辅币，质量分银镍铜三种，不久即可行使市面，将来法币之兑换因有新辅币之流通，当更感便利，兑价亦当更趋稳定"。②

辅币与法币的兑换期限也是商会与政府商讨的重要内容。1936 年 5 月 3 日是政府规定的法币兑换正式展延截止日期，但是到期之后市面仍有部分偏远省区以及法币尚未流通的地区持有银币及银两尚未兑换。为此，上海市商会专门致电财政部吁请政府考虑实际情况延长兑换法币的期限，以免截止兑换后使商民蒙受损失。这一意见获得财政部的重视并通电各省市政府，暂维持现状继续办理，将来由财务部斟酌各地兑换情形再行分别明令截止兑换，③ 要求各地考虑实际情况，"对于以银币银类兑换法币之人民予以保护，不得拦截。中、中、交三行应尽量供给法币以利收兑"。④ 在兑换之中还出现了部分地区商贩拒绝使用带字样的法币问题。为维护法币流通信用，上海市总商会专门将此情形呈报财政部，要求其下令"对于中央中国交通中国农民四银行之法币，无论注何地名一律通用以重币制"。⑤ 财政部在充分了解实际兑换情况后，也根据兑换进展做了修正。⑥

法币改革后，部分地区兑换不畅，导致市面交易萎缩，各地区商会为振兴商业、恢复市场亦采取了多方应对之策。例如，江苏地区自法币政策实行后兑换较慢，为此南京、镇江等商会积极呼吁政府严禁运输现银出境，并呼吁负责兑换的中、中、交及江苏农民银行代为兑换。对于银行因币改前商业不景气停止放贷的情况，镇江商会还致电政府呼吁"请各银行尽量放款押款，以资周转而兴商业"。⑦ 扬州江都县商会还召集中、中、交三行

---

① 《法币转卷总行来函》（1935 年 11 月），档案编号：L080-002-717，浙江省档案馆藏。

② 《财部筹铸辅币》，《申报》1935 年 12 月 3 日，第 5 版。

③ 《财部电复市商会，兑换法币已酌展限》，《申报》1936 年 5 月 7 日，第 10 版。

④ 《财政部复沪市商会电允展长调换法币期限》，《中行月刊》1936 年第 12 卷第 6 期，1936 年 6 月发行。

⑤ 《商会电呈财部法币应一律通用，不受票面地名限制》，《申报》1936 年 9 月 9 日，第 10 版。

⑥ 《中央交农四行法币全国一律通用》，《申报》1936 年 9 月 10 日，第 11 版。

⑦ 《法币政策实行后镇商业活跃，镇商会函各银行尽量放押款》，《申报》1935 年 12 月 1 日，第 10 版。

等银行以及线庄、烟兑业代表开会讨论稳定办法，对违规者以扰乱金融论处，"查禁铜元出口以维市面，一面请银行尽量运辅币来扬周转"。① 至抗日战争来临之际，法币兑换仍未完全结束。财政部还专门致电上海等地商会要求商会及同业公会协助劝导商民将金类兑换法币，"使一般商民咸知以金易币、非但为效忠于国家、亦且有利于自身"。②

此外，对社会各界的疑虑，商会也尽可能解释以助兑换顺利推行。辅币推行之初，吴县县商会曾有委员持有异议，认为辅币不能调换法币，因这有碍法币流通。于是吴县商会积极联络银行公会，并争得后者对于市面流通辅币券的支持。随后，商会及时将这一情况向各商号做了通报。③ 法币政策推行后，为了商业贸易和结算便利，上海总商会还致电财政部通令各地办理汇兑的银行对于"都市汇款至内地宜概予支付法币，以便开发富源，扶植农工"。④ 政府也对上海总商会的要求予以同意。这在一定程度上有助于市面法币的流通与兑换。财部实施新货币制度之时社会不明底蕴，一时不免怀疑，经上海、汉口等地解释之后，各地商号、商人对新的纸币制度也渐为了解。在各地商会的积极参与和支持下，金融货币市场基本上保持了较为稳定的运行状态，法币制度及相关政策得以顺利推行。与此同时，物价渐趋稳定，商业市场交易也渐显活跃气象，"各商店历受不景气影响，枯寂已久，今得此调剂，诚裕国利商之宏旨"。⑤

结　语

在金融货币日益全球化的过程之中，货币问题不仅是涉及金融、财政与市场改革的财经问题，还是涉及国家权力、社会结构、商业组织等的社会化问题。近代以来，中国的货币结构与货币制度不断剧变。流通市场中的货币长期混乱，一旦币值变动逐渐开放和流动的商业市场受到的影响可

---

① 《县商会稳定金融》，《申报》1937 年 8 月 13 日，第 5 版。
② 《利己利国以金易币以死藏无用之金助经济动员大计》，《申报》1937 年 10 月 14 日，第 5 版。
③ 《吴县县商会为通知辅币照常换法币事致各会员函》（1936 年 4 月 23 日），载马敏、肖芃主编《苏州商会档案丛编》第 4 辑下册，第 1264 页。
④ 《国内金融消息：都市汇款至内地宜概予支付法币》，《金融周报》1937 年第 4 卷第 17 期。
⑤ 《苏省府严禁奸商运输现银出境》，《申报》1935 年 12 月 1 日，第 10 版。

谓最为直接。商业市场也饱受货币繁杂所带来的汇兑结算与交易成本增加的影响。北京政府屡屡酝酿进行货币改革，试图统一杂乱的货币市场，但限于中央政权的弱势及客观财政环境的限制，所拟定的货币改革均无疾而终。国民政府甫及建立，从第一次全国财政会议开始酝酿货币改革，其后推行"废两改元"、法币改革，通过"废两改元"实现了全国货币的统一，使得先前混乱的币制逐渐纳入统一的路径。

货币的统一是国家财政金融治理之中的关键环节之一。实现货币的统一不仅关系到货币流通与市场体系的构建，更关系到现代国家财政金融治理能力能否顺利转型。就国民政府时期"废两改元"以及法币改革之中商人团体的具体参与看，"废两改元"是商界长期以来的诉求，主持财经大权的宋子文推进改革一直较为慎重。在"废两改元"正式推进之前较多地与商会、银钱业等进行了方案的反复的商议以及相关配套政策的调适运筹。从方案拟订到执行过程，商人团体都参与其中，并与政府之间保持了较为良性的互动。1935年的法币改革，正是孔祥熙主政财政时期，在此次货币改革方案的拟订上，为避免金融市场动荡，蒋介石、孔祥熙等主政法币改革的决策层事先就改革事宜甚为保密。及至正式颁布，财政部才将法令下达商会及银钱业执行。在法币改革方案出炉上，商人团体起到的作用不大。但是在法币改革执行过程之中，对于辅币、白银收兑、白银私运、维护金融市场稳定等问题，商人团体一方面配合政府法币改革方案的执行，同时就上述具体操作执行程序与政府商讨甚至博弈促进政府修正补充相关政策。在政商两界持续推进之下，传统的银两本位制度基本终结，取而代之的纸币发行相继在各地得以执行和展开。

尽管两次大规模币改均为政府强力主导，但不可否认的是，从币改的酝酿到社会实践，代表商界集体利益诉求的商人团体都发挥着重要的作用。整体观之，处于国民政府控制核心区域的上海、南京、汉口等商业大埠商会、银钱公会鉴于金融市场稳定以及正常商业贸易的需求，对于涉及自身商业利益的货币改革尤为关注，他们对币改方案建言献策，联络、督促行业支持政府的币改，积极参与币改方案的宣传，增进了广大商民对币改政策的认识与理解。商人组织也以行业利益和商业利益为准尽力与政府就具体的改革计划、货币推行方案深度商议，并非一味地服从政府所既定的改革决策，对于币改过程中出现的币值兑换、白银收兑、铸币统一乃至货币信用维护等问题，竭力与政府协商，甚至提出了行之有效的方案供政府参考。从币改实践过程看，很多切实可行的方案得到了政府的重视和回应，部分所拟订方案甚至直接为政府所采纳。正如有报刊评论指出，法币改革之中"商会最大之贡献，稳定币值，平抑物价"。①商会还承担着兑换辅币、收缴兑换白银等维持地方金融货币市场稳定的重要职责。这表明，商人团体是政府推行货币改革的重要协助者和政策落实者。在 20 世纪 30 年代的币改之中，也可以看到，在国民政府能够有效控制的区域内，商人团体支持力度更大。在广东等地方政治与中央较为疏离的区域内，受到地方政治变动的影响，商人组织态度较为冷淡，甚至公开反对国民政府中央的币改政策。这也展现了特定时局下的中央财经政策在地方推行的复杂博弈过程。

学界曾有观点认为，南京国民政府威权政治体制建立后，为加强对民间社团的控制，对各地商人组织进行强力改组以实行完全操控。商人组织也由此失去独立性，完全受控并处于国家政权的从属地位。经过对币改具体个案的分析，这一论点或存一定偏颇。货币改革并非完全由财政金融部门直接控制和实施，在相当程度上借助了民间商业组织资源。国民政府在实施国家财政货币治理方面，仍然十分重视商会及商人的意见，并在一定程度上对商人组织的意见予以采纳。由货币改革过程观之，北京政府时期限于政府治理能力的滞后和政权的不稳定，币改缺乏客观环境。因此，商人组织对币改的意见及行动成效不甚明显，更多停留于币改理论与政策的讨论和酝酿上。南京国民政府成立后，商人组织虽经历了整顿和改组，但不可否认的是，基于商业利益和市场稳定的需要，其仍对政府涉及市场秩序、商业市场发展密切关联的货币金融政策制定及具体推行产生了重要的影响。②

---

① 《商会最大之贡献》，《黄县民友》1935 年第 3 卷第 50 期。
② 本文曾参加 2017 年第四届在上海财经大学举办的全国经济史的博士后论坛，论文经修改后刊发于《史林》2018 年第 6 期。

近代中国农业生产中南北方农民维持
生存用工量的比较[*]

马 烈 李 军[**]

中国社会科学院经济研究所；中国农业大学经济管理学院

【摘要】 近代中国农民的生活水平问题一直是经济史研究的重点，但目前的研究多侧重于农民生活水平的整体研究，尚缺乏对某一具体层面的探讨。本文从农业生产"南稻北麦"的基本格局出发，在近代农业统计数据的基础上，将南北方农民通过生产获得维持自己家庭生存的粮食所需的用工量进行量化比较，结果发现南方农民相较于北方农民花费更少的用工量就可以生产出自己家庭所需的粮食，从侧面证明近代南方农民的生活水平总体高于北方。

【关键词】 近代；农业生产；南北方农民；用工量

一、引 言

关于近代中国农民生活状况已有很多学者进行过研究。整体上，学者们认为入不敷出，食物费用占到了生活费用支出的绝大多数是主要特征，并且整个近代农民的生活水平不存在大幅度的提高和改善。从南北区域上讲，虽都属于贫困型经济，但南方农民的生活水平整体上要较北

---

    * 本文已发表于《中国农史》2021年第3期。

    ** 作者简介：马烈（1989—），男，中国社会科学院经济研究所助理研究员，主要研究方向为农业经济史；李军（1976—），男，中国农业大学经济管理学院教授、博士生导师，主要研究方向为农业经济史。

方更高。①

鉴于农业生产是农民活动的核心内容，而用工量的多少又直接关系到农民整体的福利水平，且据卜凯 1929—1933 年的调查，中国农民各种食物总体自给率达 75%，谷物类食物的自给率则更高。② 农业生产主要是供农民自己消费，农业产品更是农民最主要的生活资料来源，在农民所有生产活动中占据最主要的地位。因此，本文以农民的农业生产活动为研究对象，从南北方对比的角度对近代中国农民农业生产的用工量进行分析，以期进一步拓展近代农民生产生活的相关研究。③

二、近代中国农民生活状况与基本粮食需求量

（一）近代中国农民的生活状况

近代中国农民的生活整体上较为贫困，被称为"生存线上的边际小农"。④ 清代道光年间的大学士卓秉恬曾上奏："民间终岁勤动，仅足供上下两忙之费而无余。是以虽值屡丰，不免冻馁。"⑤ 日本汉学家冈千仞描述华北地区："家屋至陋，堆土成瓦状，曝之天日，积为四壁，高丈五六尺，葺以茅茨。贫窭者束麦稃为屋，表面涂泥，仅蔽风雨。"⑥ 甚至在一些较富饶的地区，农民的生活也依然贫苦，如关于一年三获的扬州，德国人李希

---

① 具体可参考：张东刚：《20 世纪上半期中国农家收入水平和消费水平的总体考察》，《中国农史》2000 年第 4 期。王玉茹：《近代中国物价、工资和生活水平研究》，上海财经大学出版社 2007 年版，第 134–171 页。

曹幸穗：《旧中国苏南农家经济研究》，中央编译出版社 1996 年版，第 221 页。李金铮：《传统与变迁：近代华北乡村的经济与社会》，人民出版社 2014 年版，第 271 页。夏明方：《发展的幻想——近代华北农村农户收入状况与农民生活水平辨析》，《近代史研究》2002 年第 2 期。

② ［美］卜凯：《中国土地利用》，乔启明等译，台湾学生书局 1971 年版，第 571 页。

③ 由于本文研究的是农业问题，南北方划分即以自然环境差异明显的"秦岭—淮河"为界。对于"近代"的认定，即采取学界公认的 1840 年为始，终点选取 1949 年中华人民共和国成立为止。

④ 关永强：《近代中国的收入分配：一个定量的研究》，人民出版社 2012 年版，第 71 页。

⑤ 李文治：《中国近代农业史资料》（第一辑），科学出版社 2016 年版，第 908 页。

⑥ ［日］冈千仞：《观光纪游·观光续纪·观光游草》，中华书局 2009 年版，第 97 页。

霍芬的日记中这样写道："当地人穿的相当破烂。"① 可以看出，这一时期，中国农民生活较为简陋，几乎也没有任何的生产剩余。

民国时期的大量社会调查也反映了这一情况。从衣着来讲，农民衣着较为褴褛，如河南南阳"一般农民们底衣一看总是破烂不堪"；② 安徽合肥"农民衣服多系破旧不堪，无力购换，一衣可用数年之久"；③ 云南大普吉村"衣服褴褛不堪的占40%"。④ 从饮食来讲，农民的粮食较为粗糙单调，如河南洛阳"他们一年四季很少有吃菜的机会，……那么每家门口但见老小各持面汤一碗，手握馒头一个，大嚼特嚼"；⑤ 湖南长沙"乡民每日三餐，既感不济，乃改食廉价食品，勉求一饱"；⑥ 江西赣县"普通农民都以白米为主，也兼有吃红薯，芋头者"。⑦ 从住房来讲，农民住宅也较为简陋，如黄河流域"多数住的是土墙败屋、草棚、茅舍，湫隘昏黑，无空气光线可言，人畜杂居不以为怪"；⑧ 湖南衡山县"大多数的房子都是土砖和稻草的，火砖瓦屋建筑的很少"；⑨ 江苏省昆山县"房屋多覆以茅草，墙则用砖，……窗小而少，故空气颇不流通"。⑩

恩格尔系数是经济学衡量居民生活水平的重要指标。关永强整合了58项（即58处不同地区，其中南方39处、北方19处）民国调研数据，计算了1922—1946年南北方多个省份农民的恩格尔系数。据其计算，恩格尔系数最高者是1930年调查的河北清苑农家，为79.2%；最低者为1932年调

---

① ［德］费迪南德·冯·李希霍芬：《中国旅行日记》，李岩等译，商务印书馆2018年版，第127页。

② 冯紫岗、刘瑞生：《南阳农村社会调查报告》，黎明书局1934年版，第71页。

③ 赵世昌：《合肥租佃调查》，成文出版社（美国）中文资料中心1977年版，第29647页。

④ 赖才澄：《大普吉农村社会实况及其问题》，载李文海《民国时期社会调查丛编一编》（乡村社会卷），福建教育出版社2014年版，第425页。

⑤ 孟光宇：《洛阳实习调查日记》，成文出版社（美国）中文资料中心1977年版，第86840页。

⑥ 孙本文、陈倚兴：《湖南长沙崇礼堡乡村调查》，载李文海《民国时期社会调查丛编二编》（乡村社会卷），福建教育出版社2014年版，第807页。

⑦ 李柳溪：《赣县七鲤乡社会调查》，载李文海《民国时期社会调查丛编二编》（乡村社会卷），福建教育出版社2014年版，第663页。

⑧ 章有义：《中国近代农业史资料》（第三辑），科学出版社2016年版，第789页。

⑨ 湖南省立衡山乡村师范学校：《衡山县师古乡村社会概况调查》，载李文海《民国时期社会调查丛编二编》（乡村社会卷），福建教育出版社2014年版，第890页。

⑩ 联合改进农村生活董事会：《昆山县徐公桥乡区社会状况调查报告书》，载李文海《民国时期社会调查丛编二编》（乡村社会卷），福建教育出版社2014年版，第552页。

查的南京城内农家，为 37.05%。[1] 各处恩格尔系数分布区间及占比如表 1 所示。

表 1 全国南北方 58 处地区恩格尔系数分布区间及占比（1922—1946 年）

恩格尔系数	40%以下	40%~50%	50%~60%	60%~70%	70%以上
地方数	1	4	21	21	11
百分比	1.72%	6.90%	36.21%	36.21%	18.97%

资料来源：关永强：《近代中国的收入分配：一个定量研究》，人民出版社 2012 年版，第 45－46 页。

依据联合国粮农组织提出的判断富裕程度标准：恩格尔系数在 59% 以上为贫困、50%~59% 为温饱、40%~50% 为小康、30%~40% 为富裕、低于 30% 为最富裕，从表 1 可以看出，贫困地区占 55.17%，温饱地区占 36.21%，小康及以上地区仅占 8.62%，可以看出当时全国 90% 以上的农家都勉强维系在温饱线上。

（二）近代中国农民基本的生活需求

对于贫困的认定，有绝对贫困和相对贫困两种：绝对贫困是指个人或家庭依靠其劳动所得和其他合法收入所得不能维持基本生存需要的状况，即生存临界点以下的生活状况，也叫生存贫困；相对贫困是指与社会平均水平相比其收入少到一定程度时维持生活的那种生活状况，是绝对贫困解决之后出现的一种贫困，强调生活的综合水平，其内容随社会、经济、文化等方面的发展而变化。[2] 很显然，绝对贫困更适用于近代的中国农民。

绝对贫困标准的核心即满足人的基本生存需要，也就是"获得维持体力的最低需要"[3]。作为一个相对稳定的概念，绝对贫困在不同社会、不同年代内涵是相对一致的，因为从生理上讲人体维持基本生存的需要差异不

---

① 关永强：《近代中国的收入分配：一个定量研究》，人民出版社 2012 年版，第 45、第 46 页。
② 曹洪民：《关于贫困的标准》，《中国贫困地区》1997 年第 5 期。
③ 王小林：《贫困测量：理论与方法》，社会科学文献出版社 2017 年版，第 5 页。

大①，而维持基本生存，重要内容就是获取人体活动所必需的热量。世界银行将 2150kcal（卡路里）作为维持人生存的每日最低热量摄入量，卜凯在调查中将 2589kcal 作为维持成年男子人生存的每日最低热量摄入量，② 中国营养学家根据测算将 2100kcal 作为维持中国农村成年男性居民生存的每日最低热量摄入量③。（考虑到世界地区间的差异性、医学的进步性以及人体生理的稳定性）。

费孝通在《江村经济》中统计了他所调查的开弦弓村 5 个不同年龄或性别的农村居民年稻米消费量（见表 2）。

表 2　开弦弓村不同年龄或性别年消费稻米量

人口类别	消费稻米数（蒲式耳）	消费稻米数（斤）
50 岁以上的老年男子	9	489.888
40 岁以上的老年妇女	7.5	408.24
成年男子	12	653.184
成年妇女	9	489.888
10 岁以上儿童	4.5	244.944
合计	42	2286.144

资料来源：费孝通：《江村经济》，北京大学出版社 2012 年版，第 111 页。

由于稻米是费孝通所调研的开弦弓村居民的主食，是其最主要的热量来源，对于一户人家来说，各个成员每日的饮食结构基本相同，所以以上 5 个类别居民年稻米消费量的比例可以视为其每日必需的热量摄入量的比例。鉴于"为了维持正常生活所必需的一定数量的食物，或多或少是恒定的"，④ 根据中国成年男性农村居民每日必需的热量摄入量，再按费孝通所述以上 5 个类别居民所消费粮食的比例计算可得：50 岁以上老年男子每日必需的摄入热量为 1575kcal，40 岁以上的老年妇女每日必需的热量摄入量

---

①③　曹洪民：《关于贫困的标准》，《中国贫困地区》1997 年第 5 期。

②　［美］卜凯：《河北盐山县一百五十农家之经济及社会调查》，载李文海《民国时期社会调查丛编·二编》（乡村经济卷·上），福建教育出版社 2009 年版，第 155 页。

④　费孝通：《江村经济》，北京大学出版社 2012 年版，第 111 页。

为 1312.5kcal，成年男子每日必需的热量摄入量为 2100kcal，成年女子每日必需的热量摄入量为 1575kcal，10 岁以上儿童每日必需的热量摄入量为 787.5kcal。

我国基本的生产和消费单位是家庭，也就是户，据清末及民国时期人口调查：1911 年全国的户均人口数是 5.17 人，1936 年全国的户均人口数是 5.44 人，1946 年全国的户均人口数是 5.39 人，可以看出我国户均人口数基本上都维持在 5~5.5。[①] 在本文中，我们可以假设普通一家的规模为五口人：一位老年男子、一位老年妇女、一位成年男子、一位成年女子、一位小孩。

将上文我们得出的居民每日必需的热量摄入量折算成年必需的热量摄入量，再各自相加：

$$1575kcal×365+1312.5kcal×365+2100kcal×365+1575kcal×365+787.5kcal×365=2682750kcal$$

可得五口之家一年必需的热量摄入约为 2682750kcal，每日必需热量摄入约为 7530kcal，人均年必需的热量摄入约为 536550kcal，人均每天必需的热量摄入约为 1470kcal。

（三）对近代中国南北方农民基本粮食需求量的折算

"南稻北麦"是近代中国粮食种植的基本格局，而实际上南北方农民的饮食结构较为多样化。南方人除以水稻为主食外，也兼食麦、薯、杂粮、豆类、瓜菜等；北方人除以小麦为主食外，也兼食玉蜀黍、粟米、高粱、豆类瓜等。尽管如此，但据张培刚研究南方人的热量来源仍是水稻占比最大，北方人的热量来源也以小麦占比最大[②]。并且，考虑到"南稻北麦"是中国粮食作物种植长期进化的最终结果，对于南北方农民来讲，"南稻北麦"必定是最优的种植选择，故对于南方农民的粮食需要以水稻为代表，对北方农民的粮食需求以小麦为代表也应该是最为合理的。

水稻一般需要去壳后，获得稻米才能食用；小麦一般需要去皮后，获得面粉方可食用。根据《中国食物成分表》，稻米和面粉的热量含量分别

---

① 葛剑雄、侯杨方：《中国人口史》（第六卷），复旦大学出版社 2001 年版，第 502 页。

② 张培刚、廖丹清：《二十世纪中国粮食经济》，华中科技大学出版社 2002 年版，第 151、第 153 页。

为：100g 稻米含热量为 347kcal，100g 小麦标准粉含热量为 349kcal[①]。计算后可得五口之家一年维持基本生存的稻米消费量为 1546.25 斤，面粉消费量为 1537.39 斤。许道夫估算近代中国水稻与小麦加工的出壳率与出粉率均为 70%[②]，由此可计算五口之家一年维持基本生存的稻谷消费量应为 2208.92 斤，小麦消费量则应为 2196.27 斤。

珀金斯认为原粮年消费 400 斤是中国人的最低生活水平。[③] 根据前文所计算维持五口之家一年基本生存的稻谷与小麦的消费，可得该家庭人均一年维持生存的稻谷消费量为 441.79 斤，小麦消费量为 439.25 斤。若再考虑到该时期中国人口结构中壮丁占全国总人口的比例在数年统计中均未达到 20%[④]，也就是低于五口之家 20% 的权重，中国人均年最低稻谷和小麦消费量应分别低于 441.79 斤和 439.25 斤，这与珀金斯的估算较为吻合。

三、南北方粮食生产的亩产量与亩用工量

（一）南北方地区的粮食亩产量

土地粮食亩产量的统计与估算较为复杂，往往会因灾害或灌溉条件的差异在不同时间、相邻地点而表现出十分明显的差异，也会因统计样本或调查方法的不同获得不同的数据。[⑤] 费正清认为"1949 年以前的统计不可靠，因为作物播种面积明显少报，而产量测算来自很小的样本，可能完全

---

① 杨月欣、王亚光、潘兴昌：《中国食物成分表》，北京大学医学出版社 2009 年版，第 4、第 6 页

② 许道夫：《中国近代农业生产及贸易统计资料》，上海人民出版社 1983 年版，第 344、第 345 页。

③ ［美］德怀特·希尔德·珀金斯：《中国农业的发展：1368—1968》，宋海文等译，上海译文出版社 1984 年版，第 13 页。

④ 葛剑雄、侯杨方：《中国人口史》（第六卷），复旦大学出版社 2001 年版，第 316-334 页。原书中的统计多为"壮丁占男性人口的百分比"，而该时期中国男女比例差距不大，故可估算壮丁占总人口的比例。

⑤ ［美］德怀特·希尔德·珀金斯：《中国农业的发展：1368—1968》，宋海文等译，上海译文出版社 1984 年版，第 357 页。

不能代表全国"[1]。通过对比民国时期部分官方的调查统计，如《农商统计表》《中国年鉴》《农情报告》《中农月刊》等，可以看出对中国 1914—1949 年各个省份粮食亩产量统计的差异确实较为明显，难以找出较为统一的粮食亩产量数据[2]。现有学者的研究也指出，民国时期政府对乡村的控制较弱，加之较为动乱的社会环境，以及所采取具体的调研方式，使得政府官方的乡村调查难以尽如人意[3]。

同时，除官方的统计之外，民国时期也有许多学术组织进行了大量的社会调查，虽褒贬不一，但也有部分调查获得了学界较高的认可，如卜凯主持的调查被公认是中国调查历时最久、调查项目最详、调查地域最广、比较而言最具科学性的农村调查之一，为农业经济的深入研究提供了翔实的材料[4]。鉴于此，本文对亩产量数据的选取着重引用卜凯的相关统计数据，并尽可能多方对比，以多方面地选取较为合理的亩产量数据。

"南稻北麦"是近代中国粮食种植的基本格局，但实际上南方也有相当数量的小麦种植，且南方小麦亩产量往往比北方更高。若以全国小麦亩产量代表北方小麦的亩产量，南方较高的小麦亩产量水平可能会拉高北方小麦亩产量。事实上也确实如此，卜凯所调查 1929—1933 年北方小麦地带的小麦亩产量为 133.33 斤，南方水稻地带的小麦亩产量为 146.67 斤，南方的小麦亩产明显高于北方。[5] 据国民党中央土地委员会 1934—1937 年对北方主要产粮省份的调查，河北小麦亩产约 96.38 斤、山东小麦亩产约 60 斤、河南小麦亩产约 83.88 斤，均较大程度低于其所估计全国 136.44 斤/亩的水平。[6] 所以，本文在研究中主要采用南北方各自水稻与小麦的实际亩产量进行计算。

---

① ［美］费正清、费维恺：《剑桥中华民国史》（下卷），刘敬坤等译，中国社会科学出版社 1994 年版，第 259 页。

② 具体可见许道夫：《中国近代农业生产及贸易统计资料》，上海人民出版社 1983 年版，第 12—86 页。

③ 刘巍：《民国时期〈统计月报〉研究》，《统计与信息论坛》2019 年第 1 期。

④ 叶坦：《调查研究的传统与学术创新——经济史学研究方法之反思》，《学术研究》2016 年第 7 期。

⑤ ［美］卜凯：《中国土地利用》，乔启明等译，台湾学生书局 1971 年版，第 283 页。

⑥ 国民党中央土地委员会：《全国土地调查报告纲要》，中央土地专门委员会 1937 年版，第 20 页。

目前，较为直接的关于中国南北方水稻与小麦亩产量的数据如下：《中国农家经济》中 1921—1925 年的调查：南方水稻亩产量为 378.93 斤，北方小麦的亩产量为 113.86 斤[①]；《中国土地利用》中 1929—1933 年的调查：南方水稻亩产量为 453.33 斤，北方小麦亩产量为 133.33 斤[②]。此外，费孝通在《江村经济》中对开弦弓村水稻平均地亩的产量估算为 408.29 斤[③]，张培刚在《清苑的农家经济》一书中对河北清苑的小麦平均每亩产量估计为 113.75 斤[④]。开弦弓村位于自然条件较好的江南地区，清苑位于华北平原，二者所处的地区对南北方均具有一定的代表性，可对卜凯的数据进行一定的验证。

以上可以看出，费孝通与张培刚对水稻与小麦亩产量的估算与《中国农家经济》中的数据较为接近，而《中国土地利用》中对水稻与小麦的亩产的估算与之相较较高。吴慧估计清中叶双季稻的推广水稻亩产可在 440 斤以上，一季晚稻亩产也近 400 斤[⑤]；吴存浩估算清代江南地区水稻亩产为 449 斤，闽越地区水稻亩产为 449 斤，湖广地区的稻谷亩产为 393 斤[⑥]；史志宏估算 19 世纪上半期南方稻作的亩产量为 438～468 斤。[⑦] 相比之下，严中平通过《农情报告》等资料估算 20 世纪 30 年代中国水稻的亩产量基本维持在 350 斤左右，[⑧] 该估算与清代南方水稻的亩产有 100 斤的差距，相差较为明显。

鉴于粮食亩产量与人口数有密切的关系，不妨从近代中国人口数的变化来考虑一下水稻亩产量的变化。从葛剑雄、曹树基的《中国人口史》可知，1820 年中国的总人口约为 38310 万，1851 年中国的总人口约为 43610

---

① ［美］卜凯：《中国农家经济》，张履鸾译，商务印书馆 1936 年版，第 282、第 284 页。卜凯在《中国农家经济》中与北方相对的是"中东部"，由于该"中东部"包含了南方浙江、福建、江苏等主要地区，在本文中将之视为南方。

② ［美］卜凯：《中国土地利用》，乔启明等译，台湾学生书局 1971 年版，第 283 页。

③ 费孝通：《江村经济》，北京大学出版社 2012 年版，第 168 页。

④ 张培刚：《清苑的农家经济》，国立中央研究院社会科学研究所 1936 年版，第 222 页。

⑤ 吴慧：《中国历代粮食亩产量研究》，中国农业出版社 2016 年版，第 228 页。

⑥ 吴存浩：《中国农业史》，警官教育出版社 1996 年版，第 1031、第 1032 页。

⑦ 史志宏：《十九世纪上半期的中国粮食亩产量及总产量再估算》，《中国经济史研究》2012 年第 3 期。

⑧ 严中平：《中国近代经济史统计资料》，中国社会科学出版社 2012 年版，第 242 页。

万，1910 年中国的总人口约为 43600 万①，整个清末中国人口总数整体上呈现增长的趋势。至 1928 年，内政部统计全国人口数约 47479 万，陈长蘅将之重新调整的估算数约为 44185 万。并且，整个近代除东北地区土地得到较大规模的开发外，中国也并未再大规模开垦其他的土地。东北地区人口增长数额占全国总人口数的比例也并不大，1912 年东北地区人口 1974 万，1929 年东北地区人口数约为 2634 万②，增长也仅 660 万。可以看出，从清末至民国，中国的人口数总体上一直处于增长的趋势，该阶段粮食作物的种植结构也未出现较大的变化，新开垦的土地也没有给人口增长带来巨大的贡献，在此种情况下，倘若位居全国粮食消费第一的水稻亩产下降 100 斤③，也就是水稻总产量下降 22%，而人口仍实现较稳定的增长，这是难以想象的。

对于小麦的亩产，严中平的研究显示基本在 140 斤/亩左右④，但其反映的是全国的小麦亩产，相对于北方的小麦亩产应该偏高。冯紫岗等调查河南南阳地区的小麦亩产为八九十斤⑤，这也与 140 斤相去甚远。史志宏估算 19 世纪上半期北方旱作粮食的亩产为 107 斤⑥，与 140 斤/亩相差也较为明显。再结合张培刚调研的清苑县 113.75 斤的亩产，卜凯在《中国土地利用》中关于北方小麦亩产 133.33 斤的估算可能也偏高。

结合现有的研究，卜凯相关统计数据可能偏高⑦，即使"在经历了几个大的折腾后"⑧，水稻亩产虽会有所波动，但也不应该十分明显，否则无法支撑中国近代较稳定的人口增长。小麦的亩产相较之下应该也有所偏高，且偏高程度应该略高于水稻。

由于本文是南北方的对比分析，虽然《中国土地利用》中关于水稻与

① 葛剑雄、曹树基：《中国人口史》（第五卷），复旦大学出版社 2001 年版，第 832 页
② 葛剑雄、侯杨方：《中国人口史》（第六卷），复旦大学出版社 2001 年版，第 257、第 147、第 148 页。
③ 张培刚、廖丹清：《二十世纪中国粮食经济》，华中科技大学出版社 2002 年版，第 153 页。
④ 严中平：《中国近代经济史统计资料》，中国社会科学出版社 2012 年版，第 242 页。
⑤ 冯紫岗、刘端生：《南阳农村社会调查报告》，黎明书局 1934 年版，第 45 页。
⑥ 史志宏：《十九世纪上半期的中国粮食亩产量及总产量再估算》，《中国经济史研究》2012 年第 3 期。此处的旱作粮食亩产为不考虑复种条件下的亩产量。
⑦ 曹幸穗：《民国时期农业调查资料的评价与利用》，《古今农业》1999 年第 3 期。
⑧ 吴慧：《中国历代粮食亩产量研究》，中国农业出版社 2016 年版，第 228 页。

小麦亩产的估算与其他相关的估算相比较均偏高，但不影响本文的对比分析。此外，《中国土地利用》中也表述到其统计的是"通常产量"，并不是具体年份的产量，这也可能是其估算结果与其他统计不同的原因。

除以上根据历史的统计直接获取南北方各自的水稻与小麦的亩产量数据外，还可以通过间接计算得出南北方水稻与小麦的亩产量数据。由于调查的方法或样本等方面的差异，部分调查数据出现了较明显的偏差，如国民党中央土地委员会调查 1934 年江苏省的水稻亩产为 711. 75 斤/亩[1]，几乎是严中平研究同年全国水稻亩产的 2. 5 倍[2]，明显不合理。《统计月报》中关于甘肃省 1924—1929 年小麦的通常产量为 187 斤/亩，而该省前后若干年的亩产并不到 100 斤[3]，两者差距较大，明显也不合理。此外，有些调查数据之间差异也过于明显，如《统计月报》显示 1924—1929 年陕西小麦的通常亩产是 164 斤，而《农情报告》则显示 1932 年陕西小麦的通常亩产是 74 斤。[4] 据李文海《中国近代灾荒纪年续编》，陕西省 1932 年的灾害多为"大雨山洪为灾"，对农业生产也不应造成过大的影响，所以两项统计结果也值得商榷。

《中华民国统计年鉴》中给出了较为详细的 1946 年中国每个省份的粮食作物、产量、种植面积等数据，韩文艳在验证卜凯调查数据准确性时也引用了该数据[5]，不妨本文也引用该数据，一方面合理性相对较强，另一方面也扩展了本研究的时间段。据《中华民国统计年鉴》，计算可得 1946 年南方水稻种植面积 251871 千亩，产量 87924100 千斤，亩产量 349. 08 斤/亩；北方小麦面积 183502 千亩，产量 18060600 千斤，亩产量 98. 42 斤/亩[6]。该数据与费孝通与张培刚的统计相比均略低，可能是刚经历战争所致。

---

① 国民党中央土地委员会：《全国土地调查报告纲要》，中央土地专门委员会 1937 年版，第 20 页。
② 严中平：《中国近代经济史统计资料》，中国社会科学出版社 2012 年版，第 242 页。
③ 许道夫：《中国近代农业生产及贸易统计资料》，上海人民出版社 1983 年版，第 66 页。
④ 许道夫：《中国近代农业生产及贸易统计资料》，上海人民出版社 1983 年版，第 70 页。
⑤ 韩文艳：《民国时期农村生活水平评估》，复旦大学博士学位论文，2013 年，第 104 - 108 页。
⑥ 主计处统计局：《中华民国统计年鉴》，中国文化事业公司 1948 年版，第 73-75 页。南方包括：江苏、浙江、安徽、江西、湖北、四川、福建、广东、广西、云南、贵州；北方包括：河北、山东、山西、河南、陕西、甘肃。由于籼稻种植面积远超过糯稻，此处以籼稻代表水稻。

（二）南北方粮食生产的亩用工量

对于不同作物生产中用工量的投入，可从单位面积投入的人工数与投入的工作日数两方面来计算，卜凯20世纪二三十年代对中国多个地区的这两方面内容均有较为详细的统计。鉴于卜凯的调研相对较为细致，各方面数据较为全面，本部分研究中也主要以分析卜凯的相关数据为准。

从单位面积投入的人工数方面来讲，《中国农家经济》调查了中国7省份17处2866个田场（1921—1925年），调查显示，北方小麦种植每公顷需要40.53个人工单位，南方水稻种植每公顷需要126.09个人工单位[1]，折合成亩也就是北方小麦种植每亩需2.70个人工单位，南方水稻种植每亩需要8.41个人工单位[2]。《中国土地利用》调查了中国19省份118县12067个田场（1929—1933年），据其调查结果，南方地区种植水稻每公顷所需人工量为202.63，北方地区种植小麦每公顷所需人工量为56.84[3]，折合成亩也就是南方水稻种植每亩需要13.51个人工量、北方小麦种植每亩需3.79个人工量。

可以看出，两次统计对于水稻与小麦投入人工的计算一个为"人工单位"，另一个为"人工量"，并且二者在数据上也有不同。在《中国农家经济》中将一"人工单位"定义为一个普通农人每天工作十小时的生产工作之数量，[4] 在《中国土地利用》中对于"人工量"未作较详细的说明。

对于此两种数据，从样本数量和范围来讲，《中国土地利用》中的样本数和样本范围更大，准确性应该更高，但从原表看，除西南水稻区外的五个产稻大区每公顷水稻种植所需的人工量均在150上下波动，未过200，仅西南水稻区每公顷水稻种植所需人工量为338.54，与其他四区的差距较大，且在计算平均值时也标明将其剔除，而表中的平均结果却为每公顷所需人工量为202.63，超过除西南水稻区外的五个任一产稻大区所需的人工数量，似乎极不合理。另外，在对晚稻所需人工量估计时，统计有水稻茶区每公

---

① ［美］卜凯：《中国农家经济》，张履鸾译，商务印书馆1936年版，第322、第323页。
② 书中表述为"中东部"，主要包括安徽、浙江、江苏、福建等省份，在本文中将之视为南方。
③ ［美］卜凯：《中国土地利用》，乔启明等译，台湾学生书局1971年版，第410页。
④ ［美］卜凯：《中国农家经济》，张履鸾译，商务印书馆1936年版，第321页。

顷所需人工量为 59.31、水稻两获区每公顷所需人工量为 56.84，而最终的平均数仍为 56.84，也极不合理。所以，对于该统计平均数的引用，应当有选择性。

对于《中国农家经济》中的数据，虽然其调查范围相对较小，如缺乏西南水稻区（云南和贵州）相关数据，但张培刚估算抗日战争前西南水稻区（云南和贵州）水稻产量占全国水稻产量的 5.54%，[1] 整体比例较小，可以忽略，且其相关数据整体较为合理。所以，对水稻与小麦种植所耗费的人工且以《中国农家经济》中的"人工单位"为准，即南方水稻种植每亩需要 8.41 个人工单位，北方小麦种植每亩需 2.70 个人工单位。

《中国土地利用》提到了各种作物种植所需工作日数。《中国土地利用》在统计"栽培各种作物所需之人工量"时亦在旁标注"每作公顷所需之人工数目"，[2] 说明所表述作物种植所需的"工作日数"应该就是普通农人相应工作日的工作量。在《中国农家经济》中关于人工单位的定义也为：一个普通农人每天工作十小时的生产工作之数量[3]，鉴于"人工单位"与"人工量"均为种植所需的人工多少，故人工量与工作日数也应存在一定的比例关系，且应是 1∶1 的对应关系。

对于作物所需的工作日数，卜凯统计到：黍子、豌豆、晚稻及玉蜀黍，每公顷需 20—62 日；小麦、高粱、小米、大麦、花生及蚕豆，每公顷需 64—121 日；早稻、油菜籽、棉、莜麦、甜薯及甘蔗，每公顷需 124—183 日；水稻及烟草，每公顷需 185—245 日；而需人工最多者，为鸦片、茶及桑，每公顷需 247—494 日[4]。以上关于作物种植所需的工作日数均是区间性的描述，不利于直接找出水稻与小麦的种植所需的具体工作日数，但我们可以从《中国土地利用》中找出其内各种作物所需的人工量数[5]，再找

---

① 张培刚、廖丹清：《二十世纪中国粮食经济》，华中科技大学出版社 2002 年版，第 103、第 104 页。

② ［美］卜凯：《中国土地利用》，乔启明等译，台湾学生书局 1971 年版，第 410 页。

③ ［美］卜凯：《中国农家经济》，张履鸾译，商务印书馆 1936 年版，第 321 页。

④ ［美］卜凯：《中国土地利用》，乔启明等译，台湾学生书局 1971 年版，第 409 页。

⑤ ［美］卜凯：《中国土地利用》，乔启明等译，台湾学生书局 1971 年版，第 410 页。虽然《中国土地利用》中人工量数的统计不准确，但其中各种作物所需的人工量数多少的序数排列应该是准确的。

出人工量数中的最大值和最小值，其应该与以上工作日数区间数据的最大值与最小值对应。具体对比如表3所示。

表3 作物种植每公顷所需最大最小人工数与工作日数对比

工作日数区间		20—62日	64—121日	124—183日	185—245日	247—494日
最小值	人工数（人）	49.42	64.25	126.03	202.03	269.35
	工作日数（日）	20	64	124	185	247
	作物	黍子	小麦	早稻	稻	鸦片
最大值	人工数（人）	56.84	113.67	180.97	217.46	311.36
	工作日数（日）	62	121	183	245	494
	作物	玉蜀黍	花生	棉	烟草	桑

资料来源：［美］卜凯：《中国土地利用》，乔启明等译，台湾学生书局1971年版，第409、第410页。

从表3可以看出，除黍子、稻、烟草、桑作物外，其余各种作物每公顷所需人工数与工作日数基本处于1∶1的比例，并且黍子与鸦片每公顷所需人工数与工作日数差距最大，大约是2∶1与1.5∶1。对于水稻的工作日数，由于卜凯所统计"185—245日"区间仅有稻与烟草两种作物，而烟草所需的人工数明显大于稻，故可推断种植稻每公顷所需工作日数应为185日。从表中也可以看出，种植小麦每公顷所需工作日数应为64日。另外，卜凯亦提到"小麦一公顷所需人工等数，凡六四日"，[①] 这与所得数据一样，该种方法的计算应是准确的。

将上述每公顷换算为每亩，则有每亩水稻种植所需工作日数为12.33日，每亩小麦种植所需工作日数为4.27日。

四、南北方农民生产满足基本粮食需求投入用工量的比较

据上部分分析可得，维持五口之家年最低热量摄入的稻米为1546.25斤，按出壳率70%计算，折算后的水稻为2208.92斤；最低热量摄入的面

---

① ［美］卜凯：《中国土地利用》，乔启明等译，台湾学生书局1971年版，第14页。

粉为 1537.39 斤，按出粉率 70% 计算，折算后的小麦为 2196.27 斤。南方水稻种植每亩需要 8.41 个人工单位，北方小麦种植每亩需 2.70 个人工单位。南方每亩水稻种植所需工作日数为 12.33 日，北方每亩小麦种植所需工作日数为 4.27 日。

采用南北方各自水稻与小麦的亩产量数据计算生产出满足自己家庭年基本热量需求的水稻与小麦所需要的人工单位数与工作日数：

根据《中国农家经济》中 1921—1925 年的调查，南方水稻亩产量为 378.93 斤，北方小麦亩产量为 113.86 斤，计算维持五口之家一年最低热量摄入，则有南方水稻种植需人工单位 49.02，需工作日数 71.88；北方小麦种植需人工单位 52.08，需工作日数 82.36。可以看出，北方所需的人工单位数与工作日数均大于南方。

根据《中国土地利用》中 1929—1933 年的调查，南方（水稻地带）水稻亩产量为 453.33 斤，北方（小麦地带）小麦亩产量为 133.33 斤，计算维持五口之家一年最低热量摄入，则有南方水稻种植需人工单位 40.98，需工作日数 60.08；北方小麦种植需人工单位 44.48，需工作日 70.33。可以看出，北方所需的人工单位数与工作日数均大于南方。

根据《中华民国统计年鉴》中南北方各个省份 1946 年水稻与小麦的种植面积与产量计算，南方水稻平均亩产量为 349.08 斤，北方小麦平均亩产量为 98.42 斤，计算维持五口之家一年最低热量摄入，则有南方水稻种植需人工单位 53.22，需工作日数 78.02；北方小麦种植需人工单位 60.25，需工作日数 95.29。可以看出，北方所需的人工单位数与工作日数明显大于南方（见表4）。

将以上计算合并成表，如表4所示。

表4 南北方农民生产满足基本粮食需求投入的用工量

亩产量数据来源	《中国农家经济》		《中国土地利用》		《中华民国统计年鉴》	
用工量	人工单位	工作日数（日）	人工单位	工作日数（日）	人工单位	工作日数（日）
南方水稻	49.02	71.88	40.98	60.08	53.22	78.02
北方小麦	52.08	82.36	44.48	70.33	60.25	95.29

从表4可以看出，利用南北方各自的水稻与小麦亩产量数据，计算维持五口之家一年最低热量摄入所需的南方水稻种植与北方小麦种植所耗费的人工单位数与工作日数，《中国农家经济》《中国土地利用》与《中华民国统计年鉴》中的庄严数据计算结果均显示北方大于南方，且《中华民国统计年鉴》计算结果北方更显著大于南方。

五、结　语

通常来讲，水热条件较好的地区，农业生产一般会耗费更少的用工量，但农业生产还受到技术水平、自然灾害等因素的影响。放眼整个中国历史，水热条件较好并不一定代表高产，因为自然灾害等仍是影响农业生产的重要因素。故虽然南方有较好的水热条件，但也有必要通过相关历史数据来量化比较近代这一大变革时期中国农业生产中南北方农民维持基本生存的用工量的多少，以期丰富近代史的相关研究。

从以上的论述可以看出，在使用南北方各自水稻与小麦的亩产量数据计算南北方农民通过生产满足自己家庭年基本热量需求的水稻与小麦时，南北方农民所耗费的人工单位数或工作日数，南方均小于北方。也就是说，在生产出满足家庭基本消费的粮食时，南方农民相较于北方农民应该会耗费更少的用工量。鉴于劳动会给农民带来负效用[1]，从该角度讲，南方农民的生活水平比北方农民更高。

该种情况出现最重要的原因是南北方水稻与小麦亩产量的差异，而亩产量的差异，除了水稻与小麦两种作物本身的特性之外，也与战乱、农业技术、自然环境、政府的重视程度等因素相关。这其中，自然环境应该是最主要的影响因素，正如夏明方所言："在许多地区人们对于战乱的恐惧相对来说要比对于天灾的恐惧程度逊色一些。其原因大约是当时的战争往往集中在交通线和城市附近，持续时间较短，对于农业生产的破坏轻。"[2] 他还指出"在其他因素不变的条件下，当农业基本建设投资波动指数增加1

---

① ［英］弗兰克·艾利思：《农民经济学：农民家庭农业和农业发展》，胡景北译，上海人民出版社2019年版，第257页。

② 夏明方：《抗战时期中国的灾荒与人口迁移》，《抗日战争研究》2000年第2期。

个百分点，引起粮食产量波动的指数只增加 0.07 个百分点，而当粮食作物因灾受害面积比率波动指数增加 1 个百分点，引起粮食产量波动指数减少 0.19 个百分点，其波幅远大于前者"①。可以看出，即便是在科技发达的当代，自然环境变化对农业生产的影响亦最为剧烈，遑论仍然以"靠天吃饭"为主的近代农业。

再者，本文研究的是整个近代较长时间段内南北方两个大的区域，所采用的亩产量数据主要为清末与民国时期南北方水稻与小麦的"通常产量"，由此看来最能体现南北方粮食亩产量的原因，除作物本身的特性之外，自然环境应是最主要的因素。故从自然环境的角度讲，近代中国，南方较好的农业生产条件为南方较高的亩产量提供了物质基础，相比之下，北方灌溉等农业生产条件则较差。此外，对农业生产影响最大的"水旱两灾皆易发生在中国北部"②，频繁的自然灾害导致北方的农业生产减产，粮食亩产量下降，农民要生产出满足自己家庭消费的粮食自然要耗费更多的劳动。

---

① 夏明方：《民国时期自然灾害与乡村社会》，中华书局 2000 年版，第 163 页。
② ［美］卜凯：《中国农家经济》，张履鸾译，商务印书馆 1937 年版，第 9 页。

历史冲击下的工业集聚：
来自 156 项工程的经验证据*

李天健**
中国社会科学院经济研究所

【摘要】历史冲击是催生产业集聚的重要因素之一，规模报酬递增和正反馈效应使得在历史冲击下形成的产业集聚得以自我强化，进而实现持续领先。本文考察了"一五"计划时期实施建设的 156 项工程对中国工业集聚的长期影响，结果发现：第一，通过持续提升所在城市的工业集聚水平，156 项工程能够长期塑造中国工业集聚的空间格局；第二，156 项工程作为一种历史遗产在远离港口的内陆地区被更好地继承下来，对于内陆地区所在城市工业集聚水平的提升效应更强，这表明 156 项工程不仅在新中国成立初期平衡了沿海—内陆的发展差距，对于新时代区域协调发展依然具有重要意义。实证结论在进行一系列稳健性检验后依然成立。研究 156 项工程对于工业集聚的长期影响和空间差异，有助于我们更加深刻地理解中国特色社会主义政治经济学。

【关键词】历史冲击；工业集聚；156 项工程

一、引　言

工业集聚已经成为中国经济发展的特征化事实之一，由此所带来的劳

---

*　基金项目：本文是国家社会科学基金重大项目"'156 项'建设工程资料整理与相关企业发展变迁研究"（批准号：19ZDA224）、中国社会科学院青年科研启动项目"156 项工程对中国产业集聚的长期影响研究"（批准号：2020YQNQD004）和国有经济研究智库课题"国有经济发展路径研究"（批准号：GJZK20210202）阶段性成果。本文已发表于《中国经济史研究》2022 年第 1 期。

**　作者简介：李天健，中国社会科学院经济研究所副研究员，邮箱：litianjian319@163.com。

动生产率差异又成为地区间发展差距持续扩大的直接原因①。同时，已经有足够多的优秀研究证明了历史事件所带来的冲击可以长期影响经济增长和产业聚集。② 根据新经济地理学和集聚经济学相关理论，历史冲击可以促进生产活动在某些地区集聚，③ 并且规模报酬递增和正反馈效应使得在历史和区位优势下形成的集聚不断自我强化，④ 优势地区从而得以实现持续领先⑤。无论拥有较高产业集聚水平的大城市在最初形成时是基于何种历史因素，⑥ 即使当这些因素逐渐减弱甚至是消失后，自我强化产生的锁定效应（Lock-in Effect）也可能使得这些城市依然占据国家或地区经济的主导地位⑦。对于新中国而言，早在改革开放前甚至是成立初期，国家已经开始统筹指导工业生产，并对当前工业发展的空间格局可能依然具有重要影响。正如习近平总书记所指出的，"新中国成立后，我国生产力布局经历过几次

---

① 范剑勇：《产业集聚与地区间劳动生产率差异》，《经济研究》2006 年第 11 期。

② Holmes, T., and S. Lee, " Economies of Density versus Natural Advantage: Crop Choice on the Back Forty", *Review of Economics and Statistics*, Vol. 94, No. 1, 2012, pp. 1-19; Bleakley, H., and J. Lin, "Portage and Path Dependence", *The Quarterly Journal of Economics*, Vol. 127, No. 2, 2012, pp. 587-644; Bosker, M., S. Brakman, H, "Garretsen and M. Schramm. A Century of Shocks: The Evolution of the German City Size Distribution 1925-1999", *Regional Science and Urban Economics*, Vol. 38, No. 4, 2008, pp. 330-347; Bosker, M., S. Brakman, H. Garretsen and M. Schramm, "Looking for Multiple Equilibria when Geography Matters: German City Growth and WW II Shock", *Journal of Urban Economics*, Vol. 61, No. 1, 2007, pp. 152-169; Krugman, P, "History and Industry Location: The Case of the Manufacturing Belt", *American Economic Review*, Vol. 81, No. 2, 1991, pp. 80-83.

③ Nunn, N., and D. Puga., "Ruggedness: The Blessing of Bad Geography in Africa", *The Review of Economics and Statistics*, Vol. 94, No. 1, 2012, pp. 20-36.

④ 金煜、陈钊、陆铭：《中国的地区工业集聚：经济地理、新经济地理与经济政策》，《经济研究》2006 年第 4 期；Neary, J. P., "Of Hype and Hyperbolas: Introducing the New Economic Geography", *Journal of Economic Literature*, Vol. 39, No. 2, 2001, pp. 536-561.

⑤ Fujita, M. and J. F. Thisse., "Economics of Agglomeration", *Journal of the Japanese and International Economics*, Vol. 10, No. 4, 1996, pp. 339-378.

⑥ 关于区位对产业集聚形成的重要作用，国内外学界存在大量著述，普遍认为靠近交通便利的河流、港口或交通枢纽，运输成本的优势将使得该地区聚集较多的经济活动和人口。请见：Acemoglu, D., S. Johnson, and J. A. Robinson, "The Rise of Europe: Atlantic Trade, Institutional Change and Economic Growth", *American Economic Review*, Vol. 95, No. 3, 2005, pp. 546-579; Bosker, M., and E. Buringh, " City Seeds: Geography and the Origins of the European City System", *Journal of Urban Economics*, Vol. 98, 2017, pp. 139-157.

⑦ Fujita, M. and T. Mori., "The Role of Ports in the Making of Major Cities: Self Agglomeration and Hub-effect", *Journal of Development Economics*, Vol. 49, No. 1, 1996, pp. 93-120.

重大调整"，其中就包括"'一五'时期，苏联援建的 156 项工程"[1]。156 项工程是"一五"计划时期，为了打造完整工业体系，新中国在苏联及东欧国家援助下实施建设的重大工程项目[2]，集中布局于东北和中西部内陆地区，在新中国经济起步及后续发展的整个历程中都占有不可忽视的历史地位，对中国工业发展产生了深远影响。

然而，虽然 156 项工程如此重要，学术研究中对其塑造当前中国工业集聚格局的可能性尚未表现出足够的重视。在研究经济现象时，诸如 156 项工程般的历史事件的重要性就在于，在每一个时点上，经济可能的未来演化轨迹都是由历史和当前状态所决定的，过去的历史设定了未来的可能性，而当前的状态控制了哪种可能性是可以被勘探的，[3] 正如"路径依赖是不断从概念上缩小选择的集合和通过时间将决策联系起来的方法"[4]。相比于已有文献，本文的创新和贡献主要体现在如下方面：其一，本文为历史冲击长期影响工业集聚的相关理论寻找到了来自中国的经验证据；其二，本文的研究为今后相关产业政策、区域战略的制定提供了现实依据。

根据研究目的，本文余下部分安排如下：第二部分基于史料分析新中国成立初期 156 项工程的实施建设对工业发展带来的冲击；第三部分构建本文的实证策略，并介绍变量选取和数据来源；第四部分对实证结果进行分析，并进行稳健性检验；第五部分是结论与政策含义。

二、156 项工程：新中国工业集聚的历史冲击

新中国成立初期，工业发展的落后性和区域不平衡问题十分严重。以 1952 年工业经济分布来看，沿海地区在当年工业总产值的占比超过 2/3，达到 69.4%，其中轻工业占比 71.5%、重工业占比 65.5%，而占全国国土面积 3/4 的内陆地区，其工业产值所占比重不足 1/3。所谓沿海地区的工

---

① 习近平：《推动形成优势互补高质量发展的区域经济布局》，《求是》2019 年第 24 期。

② 作为"一五"计划建设的核心，经过反复多次的论证，有的项目合并，有的项目撤销，156 项工程最终实际投入施工建设的为 150 项，其中 106 个为民用工业企业，44 个为国防企业。

③ 曹瑄玮、席酉民、陈雪莲：《路径依赖研究综述》，《经济社会体制比较》2008 年第 3 期。

④ North., D. Institutions, *Institutional Change and Economic Performance*, Cambridge：Cambridge University Press, 1990.

业，也仅仅集中在上海、天津等少数大城市和辽宁、江苏、山东等省份的部分城市中，仅上海一市就占到全国工业总产值的20%。① 从工业部门的区域布局来看，据1952年统计，80%的钢铁产业集中在沿海地区，纺织产业的70%集中在上海、天津、青岛三市。②

156项工程正是在这种背景下实施建设的，具有典型的时代特征，即国家提供巨额投资，以保证项目的顺利实施。按照当时价格，实际实施的150项工程项目的设计总投资为202.22亿元，实际完成投资为196.13亿元。相比之下，"一五"计划开始前的1952年全国国内生产总值也只有679亿元，工业增加值为119.8亿元，后者仅为156项工程实际投资额的61.08%。同时，依据苏联生产力均衡发展理论，156项工程的选址布局主要出于以下四点考虑：一是改变旧中国工业生产过分集中于沿海的不合理现象，促进内陆的经济繁荣和城市发展；二是出于国防安全的目的，诸多建设项目，尤其是国防工业项目布置在后方地区；三是布局要接近原料产地和消费地区，冶金化工企业安排在矿产资源和能源充足地区，做到最经济、最合理，同时充分利用城市原有工业基础；四是发挥地理交通优势，项目大多布置在铁路沿线城市，便于生产运输。③ 由此，国家把156项工程和其他限额以上项目中相当大的一部分布局在了工业基础相对薄弱的内陆地区。以当前东部、中部、西部以及东北的四大区域划分来看，仅有9个项目布局于东部地区，④ 且只分布在北京和河北。在其他三大区域中，中部、西部和东北地区分别布局37个、48个和56个项目。无论是计划投资额还是实际投资额，东部地区都是最低的，在156项工程总投资额中的占

---

① 董志凯、吴江：《新中国工业的奠基石——156项建设研究》，广东经济出版社2004年版，第100页。

② 武力、董志凯主编：《中国经济运行分析（1953—1957）》，中国社会科学出版社2017年版，第35页。

③ 武力、董志凯主编：《中国经济运行分析（1953—1957）》，第166页；李百浩、彭秀涛、黄立：《中国现代新兴工业城市规划的历史研究——以苏联援助的156项重点工程为中心》，《城市规划学刊》2006年第4期。

④ 尽管"一五"计划和当时的经济方针政策都强调对沿海和东北地区工业基础要加以利用，但国家在实际操作中实施了"在沿海地区的工业一般不扩建、新建"的方针。在156项工程的最终布局中，对东北工业基地表现出了足够的重视，而对沿海地区的工业基础并未加以利用。在整个"一五"计划时期，沿海与内地的投资比例分别为46.7%和53.3%，并且在"一五"计划之后的1958年和1959年两年，内地投资比重增加的趋势进一步扩大，对内地的投资比例均超过60%。

比均不到 3%，而中部、西部地区的计划和实际投资额均近 30%。毫无疑问，东北地区是 156 项工程中最受重视的区域，其计划投资额占比明显超过其他三大区域，达到 38.82%，而东北地区最终所获得的实际投资额还要远大于计划额，其实际投资额占比接近总量的一半，达到 44.34%。按照最终实际完成投资来看，辽宁是所有省份中最多的，一个省就占到实际总投资额的 1/4（具体为 25.88%）；接下来是黑龙江、陕西、河南和内蒙古，这四个省份实际获得投资额的占比也都达到 8%~11%。

156 项工程在很大程度上改变了当时中国工业发展中过分倚重沿海地区的弊端，并且为新中国建立起了较为完整的基础工业和国防工业体系，奠定了中国社会主义工业化的初步基础。第一，通过加强东北作为能源基地的作用，巩固以鞍山为中心的东北钢铁基地，新建武钢和包钢两个新的钢铁生产基地，并对机械制造产业这一现代工业"心脏"进行布局和建设，156 项工程的建设使得中国有了行业比较齐全的现代工业门类，促进了上下游相关行业的发展[1]，奠定了新中国工业基础[2]；第二，由于当时苏联为新中国提供了比较先进的技术，中国工业技术水平得到了极大提高，工业生产技术水平跨越了近半个世纪，许多门类达到了国际 20 世纪 40 年代中后期的发展水平；[3] 第三，由于 156 项工程在中西部地区布局了大量的工业企业，新中国成立初期工业设施不多且 70% 以上分布在东部沿海狭长地带的畸形状况得到了有效改善，中国工业的地区分布由东部沿海向中西部内陆地区推进了一大步，尤其是西部地区的落后局面大为改善，促进了沿海和内陆经济的均衡发展；[4] 第四，156 项工程也改变了中国城市发展的道路、方向，为中国城市的快速发展提供了强劲动力，[5] 推动中国城市进入以重工

---

[1] 赵学军：《"156 项"建设项目对中国工业化的历史贡献》，《中国经济史研究》2021 年第 4 期。
[2] 王奇：《"156 项工程"与 20 世纪 50 年代中苏关系评析》，《当代中国史研究》2003 年第 2 期；陈夕：《156 项工程与中国工业的现代化》，《党的文献》1999 年第 5 期。
[3] 王奇：《"156 项工程"与 20 世纪 50 年代中苏关系评析》，《当代中国史研究》2003 年第 2 期。
[4] 胡伟、陈竹：《156 项工程：中国工业化的起点与当代启示》，《工业经济论坛》2018 年第 3 期；唐艳艳：《从"156 项工程"的建设看后发优势的发挥》，《理论月刊》2009 年第 12 期。
[5] 胡伟、陈竹：《156 项工程：中国工业化的起点与当代启示》，《工业经济论坛》2018 年第 3 期。

业优先发展战略为导向的新阶段,[①] 中国城市的发展开始呈现出城市职能经济化、城市化发展高速化、大中城市规模膨胀化、城市区域分布趋向均衡化以及城市发展计划化等新特点[②]。然而，156 项工程在这其中所发挥的作用，仍需要我们通过更为系统、严谨的定量研究来求证。

三、实证策略、变量与数据

（一）实证策略

由于本文聚焦于观测历史事件对中国工业集聚是否具有长期持续影响，考虑到数据可得性，实证研究的时间范围为 2001—2017 年，选择中国 286 个地级及以上城市作为研究对象。同时，历史上 156 项工程的布局基本集中于现有城市的市辖区，因此实证样本的空间范围也可以明确为各样本城市市辖区。基本模型设定如下：

$$\text{Ln}（density_{i,t}）= \alpha + \beta \times 156project_{i,t} + \gamma \times \chi_{i,t} + \mu_i + \upsilon_t + \varepsilon_{i,t}$$

其中，下标 i 代表城市，t 代表年份。被解释变量 $density_{i,t}$ 代表 i 城市在 t 年的工业集聚水平。核心解释变量 $156project_{i,t}$ 代表识别 156 项工程影响的相关指标，$\chi_{i,t}$ 包括影响当前工业集聚和 156 项工程布局的相关控制变量。μ_i 为地区固定效应，代表未观测的个体特征，包括影响资源禀赋、气候水文、区域文化和政策因素等；υ_t 为年份固定效应；$\varepsilon_{i,t}$ 为随机扰动项。

本文尝试识别"156 项工程"的长期影响，本质是想要反映"156 项"城市[③]和非"156 项"城市之间在截面上的差距，即由"156 工程"的布局所产生的区域分化，而不是同一城市的跨时比较。因此，本文在对计量模型进行回归分析的过程中，选择控制年份和省份固定效应。

① 何一民、周明长：《156 项工程与新中国工业城市发展（1949—1957 年）》，《当代中国史研究》2007 年第 2 期；董志凯：《论 20 世纪后半叶中国大陆的城市化建设——两个阶段的背景、特点与前瞻》，《中国经济史研究》1998 年第 3 期。

② 何一民、周明长：《156 项工程与新中国工业城市发展（1949—1957 年）》，《当代中国史研究》2007 年第 2 期。

③ 本文中的"156 项"城市指至少布局有一个 156 项工程项目的城市。

（二）变量设定

被解释变量为样本城市工业集聚水平，以"市辖区每平方公里工业就业人数"来表示，其中工业就业包括制造业、采矿业以及电力、燃气及水的生产和供应业的从业人员。对于核心解释变量，本文构建三组指标来识别 156 项工程的长期影响：一是用虚拟变量来衡量样本城市在历史上是否布局过至少一个 156 项工程，也就是说样本城市是否为"156 项"城市；二是各样本城市所获得的 156 项工程实际投资额；三是样本城市到最近的"156 项"城市的地理距离。

为确保 156 项工程与当前中国工业集聚之间联系的显著性不受遗漏变量的干扰，本文在实证中尽可能控制与工业集聚和 156 项工程布局相关的变量。根据这一要求，控制变量分为四组：第一组为基础地理信息，具体变量包括样本城市经度、纬度、平均海拔以及市辖区土地面积，捕捉影响样本城市工业集聚水平的地理特征及区域经济格局，即经济发展水平随着经度增加、纬度下降[①]和海拔下降而提高；第二组控制变量为区位特征，具体变量包括样本城市到当年货物吞吐量最大的 12 个沿海港口的最近地理距离，该组变量主要用于衡量区位条件对于工业集聚的重要性[②]，同时区位因素也影响了 156 项工程的空间布局；第三组控制变量为政治地位，具体变量包括样本城市是否为省会城市或直辖市，该组变量主要考虑政治条件对样本城市工业集聚的影响；第四组控制变量为经济社会条件，具体变量包括人均 GDP、人均物质资本存量、产业结构、市场规模、政府干预程度、教育资源、医疗资源、人均绿地，该组变量涵盖了影响当前城市工业集聚的重要指标，通常在经验研究中都会作为控制变量出现。同时，为了减少不可观测的异质性影响，四组控制变量均采用滞后一年的数据。

对于人均物质资本存量进行重点说明。由于各城市的人均物质资本存

---

① 根据现实经验，中国的经济发展水平在空间上表现为随着经度增加、纬度下降而提升，在此将经纬度作为控制变量，以控制经济发展在空间上的表现。

② Ellison, G., and E. Glaeser, "The Geographic Concentration of Industry: Does Natural Advantage Explain Agglomeration", *American Economic Review*, Vol. 89, No. 2, 1999, pp. 311–316.

量没有公开发表的统计数据，本文借鉴相关文献中的方法进行估算[①]。对各城市市辖区资本存量以 2000 年为基期用"永续盘存法"进行估算，计算公式为 $K_{i,t} = K_{i,t-1}(1-\delta) + I_{i,t-1}/d_{i,t-1}$。其中，$K_{i,t}$ 为资本存量；δ 为折旧率，参考已有文献取值为 5%[②]；$I_{i,t-1}$ 为真实资本形成总额，以市辖区实际固定资产投资来代表，考虑到建设周期，许多投资项目无法在当年生产中发挥作用，因此使用平均一年的滞后期；$d_{i,t-1}$ 为固定资产投资价格平减指数，采用各城市所在省的累积价格指数，以 2000 年为基期。本文使用 2000 年各城市独立核算的工业企业固定资产净值年平均余额和流动资产平均余额之和作为工业企业初始资本存量，部分缺失该数据的城市用所在省份的平均值补齐，并根据限额以上工业企业总产值占非农产业生产总值的比重估计各城市在初始年份 2000 年的非农物质资本存量。

其他需要说明的变量包括：产业结构由样本城市第三产业与第二产业产值之比来表示；市场规模由样本城市零售总额占全国比重来表示；政府干预程度由样本城市财政支出占 GDP 比重来表示；教育资源由样本城市每万人中学教师数来表示；医疗资源由样本城市每万人执业医师数来表示；人均绿地由样本城市人均园林绿地面积来表示。在实际回归过程中，部分变量做对数处理。价格指数以 2000 年为基期进行标准化，由于缺少城市层面的价格数据，以各样本城市所在省份的价格指数代替。

（三）数据来源

156 项工程名单和相关投资金额根据 1983 年由原国家计委发布的《"一五"时期 156 个重点项目的建设情况》确定和计算整理；样本城市到最近的"156 项"城市的地理距离和样本城市到当年货物吞吐量最大的 12 个沿海港口的最近地理距离根据城市经纬度计算得出，其中当年货物吞吐量最大的 12 个沿海港口根据《中国统计年鉴》确定；其他数据根据相关年份《中国城市统计年鉴》和《中国统计年鉴》计算得出。表 1 为回归中所包含变量的统计性描述。

[①] 柯善咨、赵曜：《产业结构、城市规模与中国城市生产率》，《经济研究》2014 年第 4 期。
[②] 柯善咨：《中国城市与区域经济增长的扩散回流与市场区效应》，《经济研究》2009 年第 8 期。

表 1　2016 年 286 个样本城市截面数据描述统计

变量	单位	均值	标准差	极大值	极小值
工业集聚水平	人/平方公里	67.204	113.821	1182.049	0.287
是否为"156 项"城市	—	0.171	0.377	1	0
获得的 156 项工程实际投资额	万元	54540	212138	2083306	0
到最近"156 项"城市地理距离	公里	203.516	175.382	997.908	0
经度	度	113.89	7.042	131.11	84.51
纬度	度	32.72	6.681	50.14	18.14
平均海拔	米	328.367	504.178	2384	2
市辖区土地面积	平方公里	2721.444	3336.726	43263	136
到沿海港口最近地理距离	公里	516.400	416.299	2756.893	0
是否为省会城市或直辖市	—	0.105	0.307	1	0
人均 GDP	元/人	47011	28517	298165	2950
人均物质资本存量	元/人	214910	135365	1311474	35347
产业结构	—	1.217	0.694	5.061	0.402
市场规模	%	0.350	0.661	5.188	0.003
政府干预程度	%	20.532	20.291	270.239	4.763
教育资源	人/万人	46.252	13.938	115.969	11.363
医疗资源	人/万人	36.069	14.687	86.946	7.369
人均绿地	人/平方米	50.149	58.534	601.236	1.733

四、实证结果及分析

（一）总样本估计结果

表 2 报告了 156 项工程对中国工业集聚长期影响的回归结果。可以看出，无论是仅考虑时间和省份固定效应还是逐渐加入控制变量，156 项工程对当前工业集聚始终具有显著影响，且这种影响都在 1% 的统计水平上显著。具体来看，当只考虑时间和省份固定效应时，"156 项"城市的工业集聚水平平均比非"156 项"城市高出 126%；如果历史上"156 项"城市获

得的 156 项投资增加一倍，其在 21 世纪的工业集聚水平将提升 10.79%；同时，与最近的"156 项"城市距离增加一倍①，样本城市的工业集聚水平将出现 28.02% 的下降。

表 2　156 项工程对工业集聚的长期影响

被解释变量	工业集聚水平				
	（1）	（2）	（3）	（4）	（5）
是否为"156 项"城市	1.258*** (0.047)	1.356*** (0.039)	1.359*** (0.039)	0.976*** (0.037)	0.673*** (0.032)
Adj. R^2	0.436	0.607	0.613	0.664	0.808
获得的 156 项工程实际投资额	0.108*** (0.004)	0.118*** (0.003)	0.118*** (0.003)	0.084*** (0.003)	0.057*** (0.003)
Adj. R^2	0.437	0.610	0.617	0.664	0.808
到最近"156 项"城市地理距离	−0.280*** (0.010)	−0.287*** (0.008)	−0.289*** (0.008)	−0.210*** (0.008)	−0.148*** (0.006)
Adj. R^2	0.451	0.614	0.621	0.668	0.811
基础地理信息	No	Yes	Yes	Yes	Yes
区位特征	No	No	Yes	Yes	Yes
政治地位	No	No	No	Yes	Yes
经济社会条件	No	No	No	No	Yes
时间固定效应	Yes	Yes	Yes	Yes	Yes
省份固定效应	Yes	Yes	Yes	Yes	Yes
常数项	Yes	Yes	Yes	Yes	Yes
观测值	4808	4783	4783	4783	4738

注：***、**、*分别表示在1%、5%、10%统计水平上显著；括号内给出了稳健标准误差。所有回归表格均相同，后文不再重复。

在逐渐加入控制变量的过程中，三组识别 156 项工程影响力的变量依

① 考虑到全体样本城市到最近"156 项"城市的地理距离的平均值为 203.52 公里，按照高速公路的行驶时间只有大约 2 小时，那么即便与最近的"156 项"城市地理距离增加一倍甚至更多也属正常范围。

然保持显著。当模型中包含所有控制变量时，"156 项"城市的工业集聚水平相对于非"156 项"城市平均高出 67.25%；"156 项"城市在当年获得的实际投资额增加一倍，当前的工业集聚水平将提高约 5.73%；随着样本城市与最近"156 项"城市之间的距离增加一倍，工业集聚水平平均下降约 14.78%。以上对总样本的回归结果清晰表明，在 156 项工程实施建设近70 年后，其依然对中国城市层面的工业集聚有重要影响。这与之前的理论预期保持了一致，为历史冲击能够长期影响经济发展寻找到了来自中国的经验证据，也恰恰能够说明当今中国工业集聚的空间格局并不只是改革开放后的市场化进程所造就的，而是深深根植于新中国成立初期的一系列重大战略决策。

（二）156 项工程对内陆地区工业集聚的长期影响

区位条件既影响当前产业集聚，[①] 也是 156 项工程布局重要的考量因素。虽然已经在控制变量中相应地考虑了区位因素，但仍有必要以 156 项工程集中布局的内陆地区作为子样本再次进行实证检验，以考察 156 项工程对不同区位城市工业集聚长期影响的差异，也能够尽量消除可能存在的估计偏误。该样本包括在地理空间上远离大港口的样本城市，大港口选择上海、宁波—舟山、广州、秦皇岛、天津、大连、青岛、连云港、日照、营口、湛江和烟台这 12 座港口，这些港口作为新中国成立后的重要港口，在 2001—2017 年绝大部分年份中都是中国货物吞吐量最大的 12 座港口。286 个样本城市与这 12 座港口最近地理距离的中位数为 436.09 公里，那么该部分的子样本即为与大港口最近地理距离大于 436.09 公里的样本城市，其中包含 143 个城市。

表 3 报告了"远离港口"子样本的回归结果。当样本城市处于远离大港口的区位时，在逐渐增加控制变量的过程中，156 项工程对当前样本城市工业集聚水平的影响始终在 1% 的统计水平上显著，并且这种影响也始终大于对总样本的估计。当只考虑时间和省份固定效应时，当前"156 项"城

---

① Davis, D. R., and D. E. Weinstein, "Bones, Bombs and Break Points: The Geography of Economic Activity", *American Economic Review*, Vol. 92, No. 5, 2002, pp. 1269–1289.

市的工业集聚水平相对于非"156 项"城市平均高出 165%；"156 项"城市在当年获得的实际投资额增加一倍，进入 21 世纪后的工业集聚水平将提高约 13.86%；随着样本城市与最近"156 项"城市之间的距离增大，工业集聚水平的下降速度相比较于总体样本也更快，距离增加一倍，平均下降约 34.92%。在考虑所有控制变量的情况下，"156 项"城市的工业集聚水平相对于非"156 项"城市平均高出 68.99%；"156 项"城市在当年获得的实际投资额增加一倍，当前的工业集聚水平将提高约 5.83%；随着样本城市与最近"156 项"城市之间的距离增加一倍，工业集聚水平平均下降约 13.98%。由于绝大多数 156 项工程布局于内陆地区，在该区域中样本城市到最近"156 项"城市地理距离的平均值为 145.75 公里，要明显小于总体样本的 203.52 公里，但是随着远离"156 项"城市，工业集聚水平下降的速度却远大于总体样本。这也能够印证，相对于全国而言，156 项工程在内陆地区的工业集聚格局中占据更加重要的地位。

表3　156 项工程对内陆地区工业集聚长期影响

被解释变量	工业集聚水平				
	（1）	（2）	（3）	（4）	（5）
是否为"156 项"城市	1.647 *** (0.059)	1.528 *** (0.050)	1.528 *** (0.050)	1.107 *** (0.049)	0.690 *** (0.040)
Adj. R^2	0.474	0.656	0.658	0.702	0.845
获得的 156 项工程实际投资额	0.139 *** (0.005)	0.131 *** (0.004)	0.131 *** (0.004)	0.094 *** (0.004)	0.058 *** (0.004)
Adj. R^2	0.473	0.659	0.661	0.702	0.844
到最近"156 项"城市地理距离	−0.349 *** (0.011)	−0.316 *** (0.010)	−0.315 *** (0.010)	−0.232 *** (0.010)	−0.140 *** (0.008)
Adj. R^2	0.495	0.663	0.664	0.707	0.845
基础地理信息	No	Yes	Yes	Yes	Yes
区位特征	No	No	Yes	Yes	Yes
政治地位	No	No	No	Yes	Yes
经济社会条件	No	No	No	No	Yes
时间固定效应	Yes	Yes	Yes	Yes	Yes

续表

被解释变量	工业集聚水平				
	（1）	（2）	（3）	（4）	（5）
省份固定效应	Yes	Yes	Yes	Yes	Yes
常数项	Yes	Yes	Yes	Yes	Yes
观测值	2398	2379	2379	2379	2357

为了进一步验证 156 项工程对工业集聚长期影响的空间差异，表4 报告了加入解释变量与区位特征变量交互项的回归结果。可以看出，随着到沿海港口最近地理距离的逐渐增加，156 项工程对于 21 世纪后"156 项"城市工业集聚水平的提升效应逐渐加强，这也说明了 156 项工程在内陆地区对工业集聚具有更强的影响，与上文对内陆地区样本城市的回归结果保持一致。

表4　156 项工程对工业集聚长期影响的空间差异

被解释变量	工业集聚水平		
	（1）	（2）	（3）
是否为"156 项"城市	0.275 ** （0.110）		
是否为"156 项"城市 × 到沿海港口最近地理距离	0.065 *** （0.018）		
获得的 156 项工程实际投资额		0.028 ** （0.011）	
获得的 156 项工程实际投资额 × 到沿海港口最近地理距离		0.005 *** （0.002）	
到最近"156 项"城市地理距离			−0.096 *** （0.021）
到最近"156 项"城市地理距离 × 到沿海港口最近地理距离			−0.008 *** （0.003）
基础地理信息	Yes	Yes	Yes
区位特征	Yes	Yes	Yes
政治地位	Yes	Yes	Yes

续表

被解释变量	工业集聚水平		
	（1）	（2）	（3）
经济社会条件	Yes	Yes	Yes
时间固定效应	Yes	Yes	Yes
省份固定效应	Yes	Yes	Yes
常数项	Yes	Yes	Yes
Adj. R^2	0.808	0.808	0.811
观测值	4738	4738	4738

以上的估计结果丰富了我们对于 156 项工程长期影响中国工业集聚的认识。从空间格局上来看，在"远离港口"的内陆地区，156 项工程的存在更加有助于"156 项"城市工业集聚水平的长期提升。这与 156 项工程在最初设立时的初衷以及中国工业发展的历史选择息息相关，依靠行政力量实施的 156 项工程大多布局于中、西部内陆地区，而改革开放后，广大内陆城市受到对外开放的冲击要滞后于东南沿海地区。由此，156 项工程作为一种"历史遗产"在远离港口的内陆地区被更好地继承下来，"156 项"城市的工业发展依靠历史上形成的先发优势得以在内陆地区持续领先。

（三）稳健性检验

为了进一步增强研究结论的可靠性，本文还将尝试通过四种方式进行稳健性测试。一是改变被解释变量重新估计，借鉴现有研究中使用相应指标占全国比重来代表集聚水平[1]，以样本城市市辖区工业就业人数占全国工业就业总人数的比重来代表工业集聚水平；二是考虑到制造业在当前工业中所占比重较大，且 156 项工程以制造业为主，因此将被解释变量聚焦于制造业就业密度，以样本城市市辖区每平方公里制造业人数来代表制造业集聚水平；三是借鉴现有文献中对历史事件的识别方法[2]，以 156 项工程存

---

① 金煜、陈钊、陆铭：《中国的地区工业集聚：经济地理、新经济地理与经济政策》，《经济研究》2006 年第 4 期。

② Wahl, F., "Does Medieval Trade still Matter? Historical Trade Centers, Agglomeration and Contemporary Economic Development", *Regional Science and Urban Economics*, Vol. 60, 2016, pp. 50–60.

续时间作为第四组识别 156 项工程长期影响的变量，存续时间以 156 项工程各项目开工建设的时间为起点；四是剔除部分样本城市重新估计，四个直辖市无论是在面积、人口方面，还是在经济发展、人力资本等方面与其他城市都有较大差距，因此这里剔除四大直辖市后进行重新估计。

表 5 报告了稳健性检验结果，分别对应上文中的四种稳健性检验方式。从中可以看出，模型（1）~（4）的核心解释变量的显著性以及对被解释变量的影响与上文中的结果保持了较好的一致性，说明上文得出的主要结论具有较好的稳健性。尤其是模型（3）的估计结果同样表明，由于 156 项工程的存在，"156 项"城市工业集聚水平将得到额外提升，这与前文回归分析中所得出的结论保持了高度一致。

表 5　稳健性检验结果

被解释变量	工业就业比重	制造业集聚水平	工业集聚水平	
	（1）	（2）	（3）	（4）
是否为"156 项"城市	0.120***	0.629***		0.665***
	(0.012)	(0.038)		(0.032)
Adj. R^2	0.799	0.781		0.809
获得的 156 项工程实际投资额	0.011***	0.057***		0.057***
	(0.001)	(0.003)		(0.003)
Adj. R^2	0.799	0.782		0.809
到最近"156 项"城市地理距离	−0.025***	−0.142***		−0.146***
	(0.003)	(0.008)		(0.007)
Adj. R^2	0.799	0.783		0.811
156 项工程存续时间			0.012***	
			(0.001)	
Adj. R^2			0.808	
基础地理信息	Yes	Yes	Yes	Yes
区位特征	Yes	Yes	Yes	Yes
政治地位	Yes	Yes	Yes	Yes
经济社会条件	Yes	Yes	Yes	Yes
时间固定效应	Yes	Yes	Yes	Yes

续表

被解释变量	工业就业比重	制造业集聚水平	工业集聚水平	
	（1）	（2）	（3）	（4）
省份固定效应	Yes	Yes	Yes	Yes
常数项	Yes	Yes	Yes	Yes
观测值	4738	4737	4738	4675

五、结论与政策含义

现有理论认为历史冲击可以长期影响经济活动，规模报酬递增和正反馈效应又使得在历史优势下形成的工业集聚得以自我强化，进而使得优势地区实现持续领先。当前中国工业集聚格局的形成是一个长期过程，而新中国成立初期实施建设的 156 项工程是塑造当前中国城市工业集聚的重要历史因素之一。本文基于上述理论构建了 156 项工程长期影响中国工业集聚的实证模型，以 2001—2017 年中国 286 个城市为研究对象进行实证分析，为上述理论假说提供了来自中国的经验证据。结果发现：第一，在实施建设后近 70 余年，156 项工程对于塑造中国工业集聚格局仍然有长期的显著影响，持续提升了 "156 项" 城市在 21 世纪的工业集聚水平；第二，156 项工程作为一种 "历史遗产" 在远离港口的内陆地区被更好地继承下来，对于内陆地区 "156 项" 城市工业集聚水平的提升效应更强，这表明156 项工程不仅在新中国成立初期平衡了沿海—内陆的发展差距，对于区域均衡发展也产生了长期持续的影响。

事实上，较高的集聚水平将带来劳动生产率的提升，进而推动经济增长[1]，那么 156 项工程持续影响工业集聚正是其能够长期塑造中国区域经济格局的作用机制之一。回到工业集聚上来看，如果我们进一步探究 156 项工程塑造工业集聚格局的作用机制可以发现，按照现有理论，156 项工程影

---

[1] Ciccone, A., and R. Hall, " Productivity and the Density of Economic Activity", *American Economic Review*, Vol. 86, No. 1, 1996, pp. 54–70; Fujita, M., and J. Thisse, *Economics of Agglomeration*, Cambridge：Cambridge University Press, 2002.

响工业集聚的作用机制主要体现在 156 项工程布局所带来的外部性。文献中对产生集聚经济的机制已经给出了多种分类方法，从最初将集聚效应划分为技术溢出、劳动力池和中间品投入联系，到当前应用最广泛的匹配、共享和学习①，并且在这三种外部性的来源中又各自包含多种不同的途径。遗憾的是，虽然学界一直希望能够对集聚效应的每个组成部分的重要性做出经验评估，但到目前为止也只有少数文献尝试区分集聚经济背后的不同途径，且大多数情况下只是描述性分析②。显然，分析 156 项工程影响工业集聚背后所包含的复杂机制远远超出了本文的研究主题和范围，但这也为今后的研究指出了方向。

回到本文的起点，在特定历史阶段下的产业政策本质上是在特定约束下对下一阶段资源禀赋条件的重新设置，因此从理论上来说这种重新设置会导致政策实施地区的经济运行与非干预状况下的经济运行产生差异。本文证实了 156 项工程作为历史上的工业发展战略，对中国工业发展的冲击确实具备长期持续的影响。事实上，以 156 项工程为代表的"一五"计划不仅是新中国制订的第一个中长期计划，也是改革开放前所制订并实施的最好的五年计划③。然而，我们也应该看到，156 项工程的成功和其影响力的持续建立在科学规划和所处时代特殊性的基础之上。通过研究 156 项工程对于工业集聚的长期影响和空间差异，可以管窥中国经济走过的道路，有助于我们更加深刻地理解中国特色社会主义政治经济学。

---

① Duranton, G., and D. Puga, "Micro-foundations of Urban Agglomeration Economies", In: J. V. Henderson, and J. F. Thisse (Eds.), *Handbook of Regional and Urban Economics* Vol. 4, Amsterdam: Elsevier, 2004, pp. 2063-2117.

② Combes P. P., and L. Gobillon, "The Empirics of Agglomeration Economies", In: Duranton G., J. V. Henderson, and W. C. Strange (Eds.), *Handbook of Regional and Urban Economics* Vol. 5, Amsterdam: Elsevier, 2015, pp. 247-348.

③ 武力、董志凯主编：《中国经济运行分析（1953—1957）》，第 25 页。

中国钢铁行业资本存量测算及其效应探析

——基于 1952—2017 年时间序列数据的实证分析[*]

李彦超　赵素芳[**]

中央财经大学博士后科研流动站；中国社会科学院大学经济学院

【摘要】钢铁工业是国民经济发展和国防建设的基础产业，在社会产业链中起承上启下的作用，它对经济增长、产业结构升级至关重要。钢铁工业属于资本密集型产业，固定资产投资形成的资本是最重要的生产要素，新中国在推进工业化的过程中对其优先投资，经过长期投资而积聚的钢铁工业资本极大影响了钢铁产品数量和结构，进而对经济增长、产业结构产生效应。依据相关历史数据，运用永续盘存法（Perpetual Inventory Method，PIM）核算 1952—2017 年中国钢铁行业资本存量，在此基础上建立它与经济增长、产业结构的 VAR 模型（EViews10），运用脉冲响应函数分析三者之间动态作用机制，并通过方差分解分析三者之间冲击作用的贡献度，探析中国钢铁行业资本存量与经济增长、产业结构的效应关系。

【关键词】钢铁工业；资本存量；永续盘存法；经济增长；产业结构

引　言

钢铁是人类社会使用最广泛的金属材料之一，国民经济各行业的发展都

* 基金项目：国家社科基金重大项目"156 项建设工程资料整理与相关企业发展变迁研究"（批准号 192DA224）阶段性成果之一。本文已发表于《经济论坛》2020 年第 11 期，被《人大复印报刊资料·产业经济》2021 年第 4 期全文转载。

** 作者简介：李彦超（1989—），男，汉族，河南项城人，中央财经大学博士后科研流动站理论经济学博士后。研究方向：国有企业融资研究、当代中国的经济转型与制度变迁、钢铁产业研究。邮箱：864158094@qq.com。赵素芳（1991—），女，汉族，河南开封人，中国社会科学院大学经济系博士研究生。研究方向：产业经济、普惠金融、金融史。

需要钢铁产品。钢铁工业又是内需主导型产业，世界钢铁产能主要分布在钢铁消费密集的地方，中国市场体量庞大因而钢铁消费需求旺盛，其经济增长（GDP）与钢铁产量增长的周期性基本一致；在中国工业化、城镇化过程中，产业结构由低层次向高层次演进和升级，钢铁产品的消费结构和生产结构也随之调整、演变。钢铁产品与经济增长、产业结构的关联性极强，以往学者研究钢铁工业与经济增长、产业结构的关系，多从钢铁行业固定资产投资入手，讨论一定时间序列内固定资产投资数额与经济增长或产业结构的效应关系，但实际上这种研究方式是欠妥的。钢铁工业属于资本技术密集型产业，技术又通常以固定资本为载体，其他生产要素劳动力、土地等影响甚小，则其固定资产投资形成的资本是最主要的生产要素，决定着钢铁生产能力。钢铁工业固定资本作为生产要素是存量的概念，是长期积累的结果，即旧的设备或厂房也具有一定的生产能力，当年的资本存量是当年投资形成的资本与原有资本的折旧之和。因此，资本存量是钢铁工业生产函数中最主要的生产要素，探讨钢铁工业与经济增长、产业结构的关系必须借助其资本存量。

现有文献关于资本存量测算的文献较多，如工业、农业、制造业、分行业等方面资本存量，但还未发现学者测算钢铁行业资本存量，本文借鉴以往学者的研究经验，通过永续盘存法（Perpetual Inventory Method，PIM）估算 1952—2017 年中国钢铁行业资本存量。然后，建立中国钢铁行业资本存量与经济增长、产业结构的 VAR 模型（EViews 10），运用脉冲响应函数分析三者之间动态作用机制，并通过方差分解分析三者之间冲击作用的贡献度，探析中国钢铁行业资本存量与经济增长、产业结构的效应关系。

一、中国钢铁行业资本存量的测算（1952—2017 年）

测算资本存量有直接调查法、间接核算法，大多数国家采用间接核算法测算资本存量。现有研究在间接核算方法上基本达成共识，即由 Goldsmith（1951）开创性地应用于固定资本存量核算的永续盘存法。在资本品相对效率几何下降模式下，资本存量是以不变价计量的过去投资流量的加权和，即当期资本总量 = 上期资本总量 − 折旧 + 当期资本增量，其表达式为 $K_t = K_{t-1}(1-\delta_t) + I_t/P_t$。其中，$K_t$ 代表第 t 期的资本存量，K_{t-1} 代表第 $t-1$

期的资本存量，δ_t 表示第 t 年的折旧率（在几何效率模式下，折旧率 δ_t 为一常数 δ），I_t 表示以当年价格计算的第 t 年的投资，P_t 表示的是第 t 年的投资价格指数。中国资本存量核算尚无官方统计数据，只在学术界引起广泛讨论，包括全国资本存量、省际资本存量、农业资本存量、工业分行业资本存量等[①]，但新中国钢铁行业资本存量至今还未测算。本文拟以 1952 年为基期，测算 1952—2017 年我国钢铁行业资本存量（1952 年价格）。测算资本存量的关键在于以下几点：一是确定基期资本存量 K_0，二是选取当年投资 I，三是构造投资价格指数 P，四是选取折旧率 δ。

（一）基期（1952 年）资本存量 K_0 的确定

本文从长期视角研究新中国钢铁工业，故将基年定在 1952 年。关于基期资本存量的确定，学术界主要是根据资本—产出比[②]估算的。鉴于数据材料的可得性，本文采用张军的资本—产出比估算法，即假设 1952 年钢铁工业的 K 占全国 K 的比例与其 GDP 占全国 GDP 的比例相等，通过比例关系求得钢铁工业 K_0 值。根据现有的文献资料，查得 1952 年钢铁工业的 GDP 在 12.6 亿~13.7 亿元[③]，占全国 GDP（1015 亿元）的 1.28%左右[④]，则需要选定全国资本存量 K。关于全国资本存量 K 的推算，邹至庄（Chow，1993）估算出 1952 年全社会固定资本存量为 582.76 亿元（不含农业部门的

① 关于资本存量的典型文献如：张军、章元：《对中国资本存量 K 的再估计》，《经济研究》2003 年第 7 期；张军、吴桂英、张吉鹏：《中国省际物质资本存量估算：1952—2000》，《经济研究》2004 年第 10 期；李谷成、范丽霞、冯中朝：《资本积累、制度变迁与农业增长——对 1978-2011 年中国农业增长与资本存量的实证估计》，《管理世界》2014 年第 5 期；黄勇峰、任若恩、刘晓生：《中国制造业资本存量永续盘存法估计》，《经济学（季刊）》2002 年第 2 期。

② 采用资本—产出比方法的文献主要参见：何枫、陈荣、何林：《我国资本存量的估算及其相关分析》，《经济学家》2003 年第 5 期；张军、章元：《对中国资本存量 K 的再估计》，《经济研究》2003 年第 7 期；张军、吴桂英、张吉鹏：《中国省际物质资本存量估算：1952—2000》，《经济研究》2004 年第 10 期；单豪杰：《中国资本存量 K 的再估算：1952~2006 年》，《数量经济技术经济研究》2008 年第 10 期；郝枫、郝红红、赵慧卿：《中国基准资本存量研究——基于首次经济普查修订数据》，《统计与信息论坛》2009 年第 2 期。以上学者方法思路不同，测算结果各异。

③ 1952 年钢铁工业的 GDP 数据参见：《中国钢铁工业五十年》编辑委员会：《中国钢铁工业五十年》，冶金工业出版社 1999 年版，第 14、第 18 页。

④ 1952 年全国 GDP 数据参见：国家统计局工业交通统计司编：《中国工业经济统计年鉴1988》，中国统计出版社 1989 年版，第 14 页。

固定资本存量和土地的价值），全社会固定资本存量和不含土地的全社会固定资本存量分别为 1750 亿元、1030 亿元；[1] 王小鲁和樊纲（2000）推算1952 年资本存量设为 1600 亿元（1952 年不变价）；[2] 张军等（2003）推算1952 年中国的 K 可能在 800 亿元左右（1952 年价，不包括土地）；[3] 单豪杰（2008）估算全国 1952 年的资本存量为 342 亿元。[4] 本文选择以上全国K 估算的中间值，即张军等（2003）推算的中国 1952 年的 K 可能在 800 亿元（1952 年价，不包括土地），则推算出钢铁行业资本存量在 10.24 亿元左右（1952 年价，不包括土地）。

虽然钢铁工业是资本密集型产业，可能其 K 在全国资本存量 K 中的比例要大于其产值占全国总产值的比例，但新中国成立初期钢铁工业领域人的积极能动性得到最大限度的发挥，其资本的密集也只是相对的。《中国钢铁工业五十年》中 1952 年钢铁工业固定资产净值为 10.46 亿元，与 K 值相差很小，因此确定基年（1952 年）资本存量 $K_0 = 10.24$ 亿元，以下各年 K值均在此基础上测算。

（二）选取当年投资流量 I

学界关于当年投资流量 I 的选取，主要有"积累"数据、全社会固定资产投资、新增固定资产投资额和固定资产形成总额四种选择。

关于采用"积累"数据，早期我国国民经济核算以物质产品平衡表体系（System of Meterial produot Balance，MPS）为主，张军扩（1991）、Chow（1993）等学者采用"积累"数据方法，可以回避折旧的问题。[5] 1993 年我国取消了物质产品平衡表体系，不再公布"积累"数据，1993 年

① Chow G C, "Capital Formation and Economic Growth in China," *Quarterly Journal of Economics*, Vol. 108, No. 3, 1993, pp. 809-842.

② 王小鲁、樊纲主编：《中国经济增长的可持续性——跨世纪的回顾与展望》，经济科学出版社 2000 年版，第 3 页。

③ 张军、章元：《对中国资本存量 K 的再估计》，《经济研究》2003 年第 7 期。

④ 单豪杰：《中国资本存量 K 的再估算：1952~2006 年》，《数量经济技术经济研究》2008 年第 10 期。

⑤ 张军扩：《"七五"期间经济效益的综合分析——各要素对经济增长贡献率测算》，《经济研究》1991 年第 4 期；Chow G C, "Capital Formation and Economic Growth in China", *Quarterly Journal of Economics*, Vol. 108, No. 3, 1993, pp. 809-842.

以后的数据学术界只能推算。Holz（2006）、陈诗一（2011）等采用新增固定资产投资额；[1] 张军等（2004）、白重恩和张琼（2014）使用国内生产总值支出法核算中的"固定资本形成总额"作为每年的新增投资；[2] 黄勇峰等（2002）、王益煊和吴优（2003）、孙琳琳和任若恩（2005）采用全社会固定资产投资作为积累数据。[3] 鉴于钢铁行业投资流量的可得性、易得性，本文依据历年《中国钢铁工业年鉴》《中国钢铁工业五十年》（1999），选取钢铁工业固定资产投资指标，该数据记录完整、分类详细。

（三）固定资本折旧率或重置率的处理

永续盘存法的理论基础来源于耐用品生产模型，折旧率或重置率的处理对资本存量测算的结果影响最大。重置率的正确设定与资本品的相对效率模式密切相关，只有在相对效率几何递减模式下，资本品的重置率和折旧率相等，且为常数。现有文献确定重置率的方法包括以下几种：一是直接采用官方公布的折旧率或折旧额。二是直接回避折旧的问题。三是利用国民收入恒等式进行推算。四是直接设定重置率或者忽略折旧。五是利用公式 $\omega_\tau = (1-\delta)^\tau$ 计算各类资本品的重置率，其中 ω_τ 表示资本品的相对效率，在实际应用中常用我国法定残值率代替，δ 表示资本品的重置率，τ 表示资本品的服务年限。鉴于钢铁工业资本品的特征及数据的可得性易得性，本文采用第五种方法。

资本品的重置率与服务年限 τ 有密切关系，可分为建筑、机器设备及其他三种类型，鉴于建筑和机器设备这两种类型的投资品的寿命有巨大的差异，资本存量对于资本品的寿命是敏感的。Maddison（1998）假定建筑和机器设备的寿命分别为 39 年和 14 年，测算 OECD 主要国家的资本存量，

① Holz CA, "New Capital Estimates For China," *China Economic Review*, Vol. 17, No. 2, 2006, pp. 142-185；陈诗一：《中国工业分行业统计数据估算：1980—2008》，《经济学（季刊）》2011 年第 3 期。

② 张军、吴桂英、张吉鹏：《中国省际物质资本存量估算：1952—2000》，《经济研究》2004 年第 1 期；白重恩、张琼：《中国的资本回报率及其影响因素分析》，《世界经济》2014 年第 10 期。

③ 黄勇峰、任若恩、刘晓生：《中国制造业资本存量永续盘存法估计》，《经济学（季刊）》2002 年第 2 期；王益煊、吴优：《中国国有经济固定资本存量初步测算》，《统计研究》2003 年第 5 期；孙琳琳、任若恩：《中国资本投入和全要素生产率的估算》，《世界经济》2005 年第 12 期。

鉴于中国的实际情况，他建议建筑和机器设备的寿命分别设定为 40 年和 16 年。[1] 黄勇峰等（2002）依据制造业建筑和机器设备的寿命分别为 40 年和 16 年，以此计算出设备的经济折旧率为 17%、建筑为 8%。[2] 单豪杰（2008）在参考了黄勇峰等（2002）的基础上认为，建筑年限确定为 38 年、机器设备年限确定为 16 年是一个比较合理的选择，分别估算出建筑的折旧率为 8.12%、机器设备的折旧率为 17.08%，并根据统计年鉴中二者之间的结构比重对折旧率进行加权平均，最终得到的折旧率为 10.96%。[3] 张军等（2004）根据黄勇峰等（2002）对制造业的假设，考虑到制造业的特殊性设定全国固定资产投资中建筑安装工程的使用年限是 45 年，机器设备为 20 年，其他为 25 年，采用我国法定残值的 3%~5% 的中间值得到三类的折率分别为 6.9%、14.9%、12.1%。[4] 参考以上文献对资本品的设定，本文选取认可度最高的建筑、机器设备及其他的寿命分别为 40 年、16 年、25 年，残值率设定为 4%，利用公式 $\omega_\tau = (1-\delta)^\tau$ 计算出机器设备的经济折旧率为 17.0%、建筑为 8.0%、其他为 12.1%。接下来的测算方法有两种思路：张军等（2004）[5] 依据建筑安装工程、机器设备购置和其他费用三类官方资本品分类标准，按照每年全社会固定资产投资中三者比重加权得到总资本品的重置率；黄勇峰等（2002）[6] 基于各类资本品的重置率计算各类资本品的资本存量，进而加总得到总资本存量。经验研究表明，基于两种思路测算的资本存量相差不大，前者略小于后者（陈培钦，2013）。[7] 钢铁行业建筑、机器设备和其他三类资本品的投资比重数据是相对易得的，本文通过三类资本品的投资比重加权得到总资本品的重置率。但是，由于现有文献

---

[1] Maddison A, *Chinese Economic Performance in the Long Run*, Paris: OECD Development Center, 1998.

[2][6] 黄勇峰、任若恩、刘晓生：《中国制造业资本存量永续盘存法估计》，《经济学（季刊）》2002 年第 2 期。

[3] 单豪杰：《中国资本存量 K 的再估算：1952~2006 年》，《数量经济技术经济研究》2008 年第 10 期。

[4][5] 张军、吴桂英、张吉鹏：《中国省际物质资本存量估算：1952—2000》，《经济研究》2004 年第 1 期；白重恩、张琼：《中国的资本回报率及其影响因素分析》，《世界经济》2014 年第 10 期。

[7] 陈培钦：《中国高投资下的资本回报率研究》，武汉：华中科技大学博士学位论文，2013 年，第 56-58 页。

无法查得 1953—2017 年历年三类资本品的投资权重，只能通过中国三类资本品的投资权重构造。

（四）构造固定资产投资价格指数 P_t

固定资产投资价格指数被认为是用来压缩固定资产投资流量最为合理的指标，但我国自 1991 年才开始统计。对于 1991 年之前的各年此项数据缺失的处理，已有文献主要采用价格指数替代法与构造法[1]。关于价格指数替代法，如邹至庄（Chow，1993）用积累隐含平减指数；[2] 黄勇峰等（2002）是用零售价格指数代替；[3] 张军和章元（2003）则采用上海市固定资产投资价格指数代替；[4] 叶宗裕（2010）等用隐含的固定资本形成价格指数代替。[5] 关于价格指数构造法，李治国和唐国兴（2003）都用过此法。[6] 他们依据国家统计局相继发布的《国内生产总值核算历史资料：1952—1995》和《国内生产总值核算历史资料：1952—2004》构造了价格指数。与其他替代指数相比，隐含的固定资本形成价格指数的替代性更强，张军等（2004）通过对比计算出的各省份 1991—1995 年的这一指数和《中国统计年鉴》公布的同期各省份固定资产投资价格指数，发现两者基本一致。本文拟 1991 年之前的价格指数用隐含固定资本形成价格指数代替（参引《国内生产总值核算历史资料：1952—1995》），1991 年之后采用《中国统计年鉴》公布的固定资产投资价格指数。

---

① 学界广泛认同用隐含平减指数代替固定资产投资价格指数，此方法得到张军等（2004）的验证。

② Chow G C, "Capital Formation and Economic Growth in China", *Quarterly Journal of Economics*, Vol. 108, No. 3, 1993, pp. 809–842.

③ 黄勇峰、任若恩、刘晓生：《中国制造业资本存量永续盘存法估计》，《经济学（季刊）》2002 年第 2 期。

④ 张军、章元：《对中国资本存量 K 的再估计》，《经济研究》2003 年第 7 期。

⑤ 叶宗裕：《中国资本存量再估算：1952—2008》，《统计与信息论坛》2010 年第 7 期。

⑥ 李治国、唐国兴：《资本形成路径与资本存量调整模型——基于中国转型时期的分析》，《经济研究》2003 年第 2 期。

二、中国钢铁行业资本存量 K 值估算结果

上文基于钢铁行业固定资产投资的特点以及其投资序列数据的来源的可得性等条件，经过分析比较之后，分别确定了钢铁工业基期（1952 年）资本存量 K_0、选取了其当年的固定资产投资流量、构造了其历年固定资产投资价格指数、构得了其历年加权平均折旧率 δ。根据这些变量，我们就能用永续盘存法（PIM）求得 1952—2017 年钢铁工业固定资本存量，其结果如表 1 所示。

表1　1952—2017 年钢铁行业资本存量 K 值（1952 年价格）

年份	K	年份	K	年份	K	年份	K	年份	K	年份	K	年份	K
1952	10.24	1963	116.58	1974	210.41	1985	359.22	1996	1093.64	1997	1185.24	2008	6258.74
1953	13.97	1964	110.45	1975	221.24	1986	386.67	1997	1185.24	1998	1249.62	2009	7211.16
1954	18.31	1965	108.41	1976	231.01	1987	430.07	1998	1249.62	1999	1281.78	2010	8057.59
1955	23.58	1966	113.80	1977	253.18	1988	470.29	1999	1281.78	2000	1308.94	2011	9052.72
1956	32.01	1967	111.78	1978	273.57	1989	489.91	2000	1308.94	2001	1405.96	2012	10572.25
1957	40.91	1968	109.44	1979	282.90	1990	495.42	2001	1405.96	2002	1594.59	2013	12731.00
1958	75.57	1969	116.79	1980	295.80	1991	510.86	2002	1594.59	2003	2134.08	2014	14481.86
1959	109.40	1970	141.44	1981	299.86	1992	545.38	2003	2134.08	2004	2812.42	2015	15635.76
1960	138.87	1971	168.22	1982	312.72	1993	615.86	2004	2812.42	2005	3782.17	2016	16354.46
1961	136.65	1972	186.66	1983	322.18	1994	758.37	2005	3782.17	2006	4660.89	2017	16887.76
1962	126.15	1973	201.71	1984	336.63	1995	940.23	2006	4660.89	2007	5384.39	—	—

由表 1 可知，钢铁行业基期资本存量 10.24 亿元相对于 1978 年的资本存量 273.57 亿元已经很小，相对于 2017 年的存量 16887.76 亿元更是微不足道。这也说明，新中国钢铁行业资本存量取得了巨大增长。

三、中国钢铁行业资本存量的经济效应实证分析

本文通过 EViews 10 采用 VAR 模型来分析中国钢铁行业资本存量与经

济增长、产业结构升级的关系。基本思路是建立中国钢铁行业资本存量与经济增长、产业结构的 VAR 模型，运用脉冲响应函数分析三者之间动态作用机制，并通过方差分解分析三者之间冲击作用的贡献度。

（一）变量选择与数据来源

根据以上对 1952—2017 年 66 年间中国钢铁行业资本存量的估计结果，RK 表示钢铁行业资本存量的增长情况，具体由资本存量与 GDP 之比表示。RGDP 代表国内生产总值指数。IS 代表产业结构，具体由第二、第三产业增加值占 GDP 比重来表示。对数不会改变原始时间序列的趋势，并且可消除异方差影响，因此对 RK、RGDP 与 IS 取对数，分别用 LNRK、LNRGDP 和 LNIS 表示。数据来源于《中国统计年鉴》《钢铁工业年鉴》。

（二）VAR 模型构建

1. ADF 检验

在建立 VAR 模型之前，首先需要检验各时间序列的稳定性。本文通过 ADF 法对中国钢铁行业资本存量与 GDP 之比、GDP 指数、产业结构的对数进行单位根检验，结果如表 2 所示。可以看出，在 10% 的显著性水平下，LNRK、LNRGDP、LNIS 均通过单位根检验，说明 LNRK、LNRGDP、LNIS 均为平稳时间序列。

表 2　变量平稳性检验

时间序列	（C，T，K）	ADF 检验	临界值（1%）	临界值（5%）	临界值（10%）	P 值	稳定性
LNRK	（C，T，2）	−3.42532	−4.110440	−3.482763	−3.169372	0.0572	稳定
LNRGDP	（C，0，1）	−5.964631	−3.536587	−2.907660	−2.591396	0.0000	稳定
LNIS	（C，T，1）	−4.236522	−4.107947	−3.481595	−3.168695	0.0070	稳定

2. 建立 VAR 模型

（1）确定 VAR 模型滞后阶数。建立 VAR 模型需要确定其滞后期，一般通过 LR、AIC、SC 等准则来确定滞后期数，通过 EViews 10 对 VAR 模型的滞后期进行检验，结果如表 3 所示。可以看出，VAR 模型的滞后阶数应该选 3。

表 3　VAR 滞后期检验

Lag	LogL	LR	FPE	AIC	SC	HQ
0	76.79468	NA	1.86E-05	-2.380474	-2.277548	-2.340062
1	254.9465	333.3163	7.93E-08	-7.836983	-7.425280*	-7.675338
2	273.09	32.19017	5.92E-08	-8.131937	-7.411456	-7.849058*
3	284.9862	19.95487*	5.42e-08*	-8.225362*	-7.196103	-7.821249
4	287.7481	4.365575	6.70E-08	-8.024132	-6.686096	-7.498786

注：　*表示在 5% 水平下显著。　FPE 列数据以科学记数法表示，如 1.86E-05 表示 1.86^{10-5}，余同理。

（2）建立 VAR 模型。根据滞后期数的检验，选择建立 VAR（3）模型，可得到如表 4 所示结果。可以看出，LNRK、LNIS 变量的拟合优度均达到 95% 以上，LNRGDP 的拟合优度均达到 51% 以上，证明模型的拟合效果较好。

表 4　VAR 模型估计结果

	LNRK	LNRGDP	LNIS
LNRK（-1）	0.928447	0.037234	0.027719
LNRK（-2）	0.097872	-0.098673	-0.035045
LNRK（-3）	-0.149012	0.021518	-0.018207
LNRGDP（-1）	-0.815991	0.423806	0.086419
LNRGDP（-2）	-0.180011	0.161807	0.109503
LNRGDP（-3）	-0.288797	-0.296486	-0.101389
LNIS（-1）	1.36983	-0.466694	1.006472
LNIS（-2）	0.023613	-0.516376	-0.466857
LNIS（-3）	-1.785939	0.859748	0.334066
C	5.451847	3.168401	-0.556448
R-squared	0.954224	0.510854	0.959106

（3）VAR 模型稳定性检验。通过 AR 根图检验 VAR 模型的稳定性，得到如图 1 所示结果。可以看出，VAR 模型的所有单位根均落在单位圆内，证明此处建立的 VAR 模型是稳定的，可进行脉冲响应函数分析。

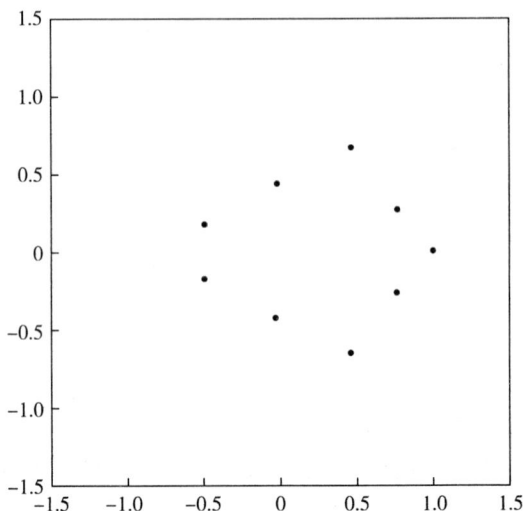

图 1　滞后 3 期的 AR 根图

3. 格兰杰因果关系检验

由于时间序列 LNRK、LNRGDP、LNIS 是平稳序列，为进一步探究三者之间的关系，此处对其进行滞后期为 3 和 4 的格兰杰因果检验，检验结果如表 5 所示，可以看出，在 10% 的显著性水平下，LNRK 是 LNRGDP 与 LNIS 的格兰杰原因，LNIS 是 LNRK 的格兰杰原因，LNRGDP 不是 LNRK 的格兰杰原因。

表 5　格兰杰因果检验

假设	滞后期	F 统计量	P 值
LNRK 不是 LNRGDP 的格兰杰原因	3	2.80068	0.0482
LNRGDP 不是 LNRK 的格兰杰原因	3	1.23825	0.3045
LNRK 不是 LNIS 的格兰杰原因	3	3.41773	0.0234

假设	滞后期	F 统计量	P 值
LNIS 不是 LNRK 的格兰杰原因	3	4. 85583	0. 0045
LNRK 不是 LNRGDP 的格兰杰原因	4	2. 21442	0. 0798
LNRGDP 不是 LNRK 的格兰杰原因	4	0. 52088	0. 7207
LNRK 不是 LNIS 的格兰杰原因	4	3. 9322	0. 0072
LNIS 不是 LNRK 的格兰杰原因	4	2. 82059	0. 034

4. 脉冲响应函数分析

脉冲响应函数多用来考察一个内生变量的冲击对其他内生变量所带来的影响，可较为全面地反映各变量之间的动态关系。对所建立的 VAR（3）模型进行脉冲响应分析，滞后期间选择 20，结果如图 2 至图 5 所示，横轴表示冲击作用的滞后期间数，纵轴分别表示 LNRGDP、LNIS 和 LNRK 的响应程度，实线表示脉冲响应函数的时间路径，虚线表示正负两倍的标准差偏离范围。

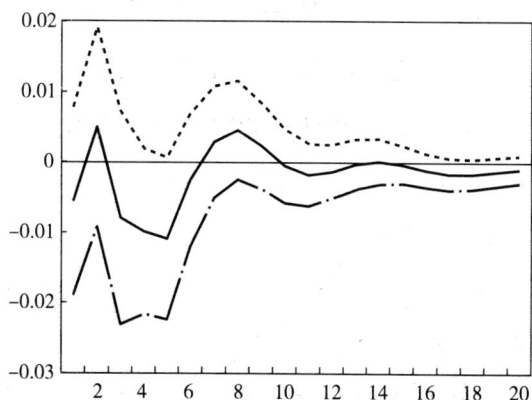

图 2　LNRGDP 对 LNRK 的脉冲响应函数

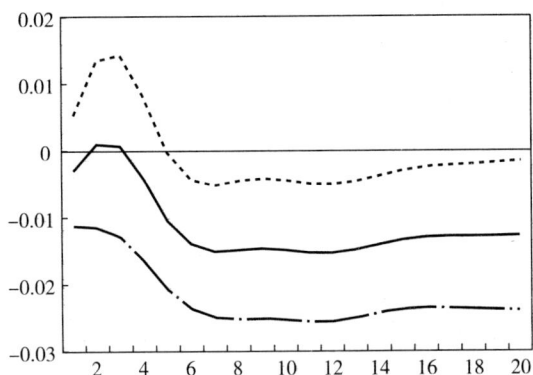

图 3　LNIS 对 LNRK 的脉冲响应函数

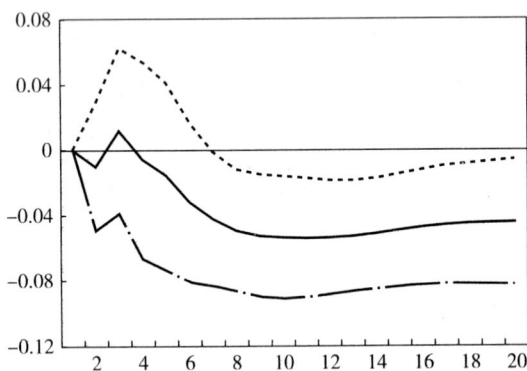

图 4　LNRK 对 LNRGDP 的脉冲响应函数

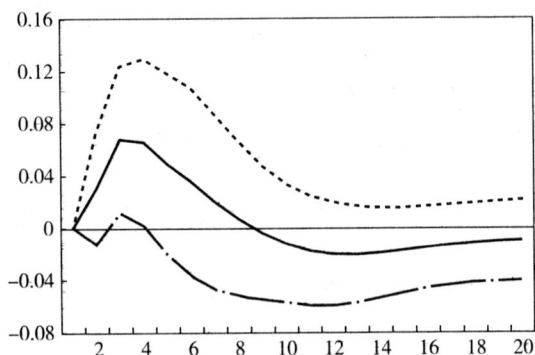

图 5　LNRK 对 LNIS 的脉冲响应函数

（1）经济增长、产业结构对钢铁资本存量的脉冲响应。由图2可以看出：LNRK对LNRGDP的冲击效应有正有负，脉冲响应图从第1期的 - 0.006开始起步，在第2期达到最大值0.005后呈现逐渐下降的趋势，并在第5期的时候达到最小值-0.01，随后响应再次逐渐转正并在第8期左右达到最大值0.005，之后再次下降，直至最终趋近于0。说明中国钢铁行业资本存量在最初对经济增长具有一定促进作用，分别在第2期和第8期达到最大，长期该促进作用逐渐减弱并消失。根据图3可以看出，LNRK对LNIS整体具有负向的冲击效应，脉冲响应图从第1期的-0.003开始起步，在第2期达到最大值0.001后呈现出逐渐下降的趋势，在第12期达到最小值-0.02，最后逐渐趋近于0。说明中国钢铁行业资本存量在最初对产业升级具有促进作用，第2期达到最大，长期来看对于产业结构升级具有负向影响。

（2）钢铁行业资本存量对经济增长、产业结构的脉冲响应。由图4可以看出：LNRGDP对LNRK整体具有负向的冲击效应，脉冲响应图从第1期的0开始起步，在第2期达到-0.01后呈现出逐渐上升趋势，并在第3期的时候达到最大0.01，之后响应再次逐渐转负并在第11期左右达到最小值-0.05，之后逐渐趋近于0。说明经济增长对钢铁行业资本存量具有短暂的促进作用，但长期是负向影响。根据图5可以看出，LNIS短期对LNRK整体具有正向的冲击效应，长期冲击效应为负。脉冲响应图从第1期的0开始起步，在第3期达到最大值0.06后呈现出逐渐下降的趋势，并在第9期之后转为负效应，在第12期达到最小值-0.02，最后逐渐趋近于0。说明中国的产业升级在最初对钢铁资本存量具有促进作用，但随着时间的推移该促进逐渐减弱并转为负，最终趋于零。

5. 方差分解

脉冲响应函数描述的是VAR模型中的一个内生变量的冲击给其他内生变量所带来的影响，而方差分解是说明一个序列变量的波动有多少是来源于其自身的冲击，还有多少是由VAR模型中其他扰动因素的冲击造成，它能够给出变量的相对重要性。VAR中的方差分解是分析影响内生变量的结构冲击的贡献度。以下分别对LNRK、LNRGDP和LNIS进行方差分解，结果如表6、表7、表8所示。由表6可以看出：初始时，钢铁行业资本存量受其本身影响最大，经济增长指数与产业结构对它的影响较小，但随着时间的推移，其自身的影响逐渐减弱，而经济增长与产业结构的影响逐渐增大，直至最后经济增长指数贡献率接近16.16%的水平，产业结构对其贡献率最终接近7.6%。同样，由表7可以看出：初始时，经济增长指数也受自身影响较大，但随着时间推移，钢铁行业资本存量和产业结构对其影响逐渐增强，而其自身的影响逐渐减弱，最终钢铁行业资本存量对于经济增长的贡献率达到近7.16%，而产业结构对于经济增长的贡献率接近17.59%。由表8可以看出：初始时，产业结构也受自身与经济增长指数影响较大，但随着时间推移，钢铁行业资本存量对其影响逐渐增强，而其自身和经济发展的影响逐渐减弱，最终钢铁行业资本存量对于产业结构升级的贡献率达到近34.54%，而经济增长的贡献率接近46.65%。

表6　对 LNRK 的方差分解

期数	S. E.	LNRK	LNRGDP	LNIS	期数	S. E.	LNRK	LNRGDP	LNIS
1	0.160508	100	0	0	11	0.413209	83.14249	8.405022	8.452489
2	0.221682	97.90527	0.213923	1.880811	12	0.419746	81.79412	9.784832	8.421052
3	0.277824	92.52811	0.318605	7.153284	13	0.426141	80.56764	11.03187	8.400483
4	0.32071	90.15885	0.272733	9.568418	14	0.432371	79.52491	12.11864	8.356455
5	0.349416	89.53841	0.432388	10.02921	15	0.43846	78.67956	13.0426	8.27784
6	0.368943	88.93591	1.135271	9.92882	16	0.444456	78.00686	13.82444	8.168699
7	0.381835	88.17024	2.284652	9.54511	17	0.450407	77.46323	14.4989	8.037877
8	0.391556	87.12038	3.768918	9.110701	18	0.456323	77.00613	15.09947	7.894393
9	0.399446	85.8768	5.358915	8.76428	19	0.462184	76.6044	15.64998	7.745625
10	0.406505	84.5323	6.918462	8.549505	20	0.46796	76.23884	16.1639	7.597267

表7　对 LNRGDP 的方差分解

期数	S. E.	LNRK	LNRGDP	LNIS	期数	S. E.	LNRK	LNRGDP	LNIS
1	0.160508	1.118887	98.88111	0	11	0.413209	7.01006	75.49497	17.49497
2	0.221682	1.828103	94.71568	3.456213	12	0.419746	7.034298	75.37237	17.59334
3	0.277824	3.022659	78.3389	18.63845	13	0.426141	7.015802	75.33168	17.65252

期数	S. E.	LNRK	LNRGDP	LNIS	期数	S. E.	LNRK	LNRGDP	LNIS
4	0.32071	4.598207	77.2736	18.1282	14	0.432371	6.999646	75.36903	17.63133
5	0.349416	6.762223	76.0125	17.22528	15	0.43846	6.997898	75.37947	17.62263
6	0.368943	6.765796	75.20354	18.03067	16	0.444456	7.020499	75.35374	17.62576
7	0.381835	6.66347	75.44914	17.88739	17	0.450407	7.069172	75.31385	17.61697
8	0.391556	6.896302	75.6053	17.4984	18	0.456323	7.118377	75.27326	17.60836
9	0.399446	6.97938	75.48983	17.53079	19	0.462184	7.148607	75.24892	17.60247
10	0.406505	6.967224	75.50863	17.52415	20	0.46796	7.164452	75.24156	17.59399

表 8   对 LNIS 的方差分解

期数	S. E.	LNRK	LNRGDP	LNIS	期数	S. E.	LNRK	LNRGDP	LNIS
1	0.160508	0.837455	53.68682	45.47572	11	0.413209	25.8759	51.51384	22.61026
2	0.221682	0.411331	58.54113	41.04754	12	0.419746	28.46468	50.11789	21.41743
3	0.277824	0.329756	63.58211	36.08814	13	0.426141	30.55895	49.0697	20.37135
4	0.32071	0.833986	64.64498	34.52103	14	0.432371	32.10712	48.43747	19.45541
5	0.349416	3.864187	62.85652	33.27929	15	0.43846	33.26357	48.08579	18.65064
6	0.368943	8.617075	59.72293	31.65999	16	0.444456	34.23559	47.81985	17.94457
7	0.381835	13.35029	56.94589	29.70382	17	0.450407	35.14673	47.52974	17.32353
8	0.391556	17.08349	55.32545	27.59107	18	0.456323	36.01827	47.21145	16.77028
9	0.399446	20.14848	54.2362	25.61532	19	0.462184	36.82281	46.90821	16.26897
10	0.406505	23.03608	52.98732	23.9766	20	0.46796	37.54181	46.65142	15.80677

四、结　论

　　鸦片战争以后，中国在列强的"船坚炮利"下节节败退，近代有识之士都有工业强国的梦想，而世界主要资本主义强国的历史经验表明，工业化必须以强大的钢铁工业工业为基础。中国共产党在新中国成立后更是以工业化为己任，确立了优先发展重工业的战略目标，钢铁工业作为庞大的重工业部门成为国家投资的重中之重，国家长期保持对钢铁工业的优先投资。在国家优先投资的情况下，钢铁行业资本存量迅速增长，但仍然存在特殊的历史因素抑制了钢铁行业资本存量对经济增长的效应；相比较而言，钢铁行业资本存量对产业结构的影响更为直接，效应也更明显。本文结合新中国的经济发展历程，检验 1952—2017 年中国钢铁行业资本存量与经济增长、产业结构的效应关系。

（1）新中国钢铁行业资本存量一直处于积累提升的状态，但每个发展阶段都有特殊的背景，特殊的历史因素往往抑制了钢铁行业资本存量对经济增长的效应关系。新中国成立之初，中国钢铁工业基础薄弱，整个工业化水平也较低，国家在计划经济体制下以财政拨款的方式，根据"三大、五中、十八小"方案及"三线建设"战略在全国范围内广泛投资建新钢厂，钢铁行业资本存量以简单的外延扩张模式积累。一方面，计划经济中后期体制弊端暴露，如矿山开采跟不上冶炼，企业缺乏自主权而无法进行小型技术改造等，这些因素都抑制了钢铁的生产能力；另一方面，新中国在西北西南等偏远地区新建的钢铁厂由于各种条件的限制在相当长的时间内并不能正常运转，钢铁的生产能力也难以发挥，钢铁行业资本存量对经济增长的效应也就受到抑制。进入市场经济探索时期，钢铁工业投资重点由新建钢厂转变为技术改造，企业除了自我储蓄，还有财政资金（包括"拨改贷"）、银行贷款等融资渠道，其资本存量比计划经济时期增长速度稍快。在市场逐渐放开的形势下，钢铁行业资本存量对经济增长的抑制效应相比于计划经济有所缓解，但计划因素的抑制效应还存在。在确立社会主义市场经济，尤其是分税制以后，钢铁工业充分利用国内国外两个市场，资本存量呈指数型增长，但由于钢铁行业在地方财政税收、就业、地区 GDP 拉动等方面具有优势，地方政府对其又产生了天然的投资饥渴症，这对其他部门投资存在一定的挤出效应，2005 年以后钢铁工业落后产能增加、重复建设等问题突出，这些因素都在一定程度上削弱了钢铁工业对经济增长的效应。

（2）中国钢铁行业资本存量对产业结构具有直接的积极效应。钢铁工业属于第二产业中的重要部分，而且处于产业链的核心，上游矿山、电力、运输、冶金装备等，下游建筑、机械、交通、能源、汽车、铁路、船舶、军工、国防等行业都需要钢铁工业提供基础原材料，第一、第三产业虽然也最终消耗钢材，但多数要通过对第二产业的耗钢产品和建筑物的耗钢间接地消耗钢材。钢铁行业资本存量的上升必然增强国内钢铁生产能力，必然对包括其自身在内的第二产业推动力最强，对第一、第三产业的影响相对较小，进而影响产业结构。由于近代中国长期积贫积弱主要就在于工业落后，新中国成立之初就确立了国有工业化的目标，制定了优先发展重工业的战略，而钢铁工业是重工业的核心，全国上下对钢铁生产都充满热情，达到"以钢为纲"的程度。显然，这一时期钢铁行业资本存量的不断积累提升了钢铁生产能力，在计划经济时期农业机械化程度极低的条件下，包括钢铁工业在内的工业在工农业结构中的比例迅速提升，钢铁行业资本存量对产业结构的影响直接且明显。改革开放之后，在市场化、城镇化等的推动下，国民经济开始全面迅速发展，第二产业中的建筑业、第三产业中的交通运输业及公共设施等都成为新的钢铁消费大户，而第一产业对钢铁产品的需求仍然较小，因此，钢铁行业资本存量对产业结构的效应依然明显。

中国经济进入新常态之后，经济下行压力增大，产业结构性矛盾突出，与此同时，钢铁工业全行业普遍面临产能过剩的问题，党和国家准确判断经济形势并果断推行了供给侧结构性改革。基于钢铁行业资本存量对经济增长、产业结构的效应关系，钢铁工业在以后的发展中应遵循以下原则：

（1）优化调整中国钢铁行业资本存量的结构与布局。充分发挥市场配置资源的决定性作用和更好地发挥政府作用，积极稳妥化解过剩产能，处置"僵尸企业"，严禁新增产能，支持现有产能的兼并重组、转型转产等，从而优化钢铁资本存量的结构。在全国主体功能区规划的引导下，根本改变中国钢铁"北重南轻"的总体布局，推动城市钢厂搬迁改造或转型发展，逐步有序地将内陆钢铁企业转移到沿海地区，优化钢铁行业资本存量的布局。

（2）推进钢铁企业由制造商向服务商转变，提高钢铁行业资本存量对经济增长、产业结构升级的有效性。鼓励钢铁企业与下游用钢企业主动对接，围绕用户需求，结合先期研发介入、后期持续跟踪改进模式。支持有条件的钢铁企业在汽车、船舶、家电等重点行业，以互联网订单为基础，汇聚钢铁生产企业、下游用户、物流配送商、贸易商、科研院校、金融机构等各类资源，搭建钢铁工业互联网平台，满足客户多品种、小批量的个性化需求。

（3）在钢铁工业供给侧改革过程中必须坚持"全国一盘棋"，坚决破除地方利益集团的地方保护。钢铁企业是地方政府的财税大户，以其为中心的产业链能创造众多的就业岗位，该产业涉及地方各个方面的利益，因此中央政府、地方政府、各相关部委、企业等相关主体应该就具体事项及时做好沟通工作，避免"一刀切"的现象，根据实际情况精准施策，破除长期以来钢铁工业对经济增长、产业结构升级的不利因素。

乡村振兴与乡贤联动

——基于浙江上虞经验的探索*

邵钢锋**

商务部国际贸易经济合作研究院　浙江工商大学人文与传播学院

【摘要】乡村振兴是一项战略系统工程。围绕乡村振兴，乡情乡愁这一纽带不仅可以集聚一方的各界精英人士，而且可以反哺家乡社会经济发展。浙江省绍兴市上虞区是"中国乡贤文化之乡"，近年来，上虞在乡村建设过程汇聚全社会力量，搭建平台，建立机制，营造氛围，畅通渠道。在实践中，上虞以乡贤研究会为依托，不断创新乡贤文化工作的多样性，逐渐完善乡村治理体系，推动城乡内涵式发展，强化乡村振兴人才支撑，这一系列经验值得学界深入研究与探索。

【关键词】乡贤文化；乡村振兴；浙江经验；上虞现象

一、引言

浙江省绍兴市上虞区是中国乡贤文化之乡。2014 年，全国政协委员、香港利万集团董事长王志良在全国两会期间提交的《关于在全国推广乡贤文化研究的建议》提案中，介绍了浙江上虞的乡贤文化研究，希望通过弘扬乡贤文化，推动更多德才兼备的乡贤投身乡村振兴事业。2015 年 5 月，全国乡贤文化现场交流会在浙江省绍兴市上虞区举行，时任中央宣传部副部长王世明在讲话中高度评价和充分肯定了上虞的乡贤文化建设工作，是

---

　　* 基金项目：北京用友基金会"商的长城"重点课题"浙商群体研究及中国商人数据库建设"（2019-Z06）。本文载于《绍兴文理学院学报（人文社会科学）》2021 年第 41 卷第 9 期，第 104-111 页。

　　** 作者简介：邵钢锋，男，商务部国际贸易经济合作研究院经济学博士后，浙江工商大学人文与传播学院历史学系讲师。主要从事中国近现代经济史、企业史等研究。

全国乡贤文化的品牌样板，值得大家学习推广。关于这方面的研究，王泉根认为："在这（乡贤文化）方面，浙江上虞的乡贤文化研究和社会推广，积累了成功经验，值得学界加以重视和探究。"① 刘伟、严红枫认为："上虞乡贤文化的繁荣，有力促进了传统乡村文化的重构，推动了乡村社会的治理。"② 可以说，近年来，浙江省绍兴市上虞区的乡贤文化工作已经声名鹊起，不但得到了中央领导、国家主流媒体和专家学者的肯定，还被誉为"乡贤文化的上虞现象"，是新乡贤文化的"源头蓝本"。这些研究均在不同方面构成了本文的学术基础。

基于乡贤文化的丰硕成果，本文不再着力于乡贤文化问题的研究，主要是从乡贤名辨与乡村振兴的渊源流变、乡贤治理与乡村振兴、乡贤文化与乡村振兴的长效建设机制等方面进一步探索浙江经验。

二、乡贤名辨与乡村振兴的渊源流变

乡贤内涵的演变过程往往反映着社会结构的变化。乡贤，明代俞汝楫将其定义为："生于其地，而有德业学行著于世者，谓之乡贤。"③ 明代顾起元认为："乡贤之举，典重一时，祀垂千载，必当之者无愧色，祝之者亡愧辞，而后谓之非滥。"④ 可见，在传统意义上的乡贤往往指的是有地缘、业缘的贤人君子，他们不仅有德行，有才华，而且为家乡社会做出过重大贡献。在四民社会，士农工商历来是以德行为第一考察标准，同时传统中国社会又是一个乡土性极重的熟人社会。连横认为，"士为四民之首，读书稽古，不能治国平天下，亦当乡里称善人。若其枉道曲文，顽嚚比周，则名教之贼也。"⑤《诗》曰："有觉德行，四国顺之。力有以哉。"⑥ 仔细阅

---

① 王泉根：中国乡贤文化研究的当代形态与上虞经验，《中国文化研究》2011年第4期，第165页。

② 刘伟，严红枫：《乡贤回乡，重构传统乡村文化》，《光明日报》2014年7月2日，第1版。

③ 俞汝楫：《礼部志稿·卷八十五下》，清文渊阁四库全书，第1348页。

④ 顾起元：《客座赘语·卷三》，明万历四十六年自刻本，第45页。

⑤ 连横：《台湾通史（下册）》，商务印书馆2010年版，第723页。

⑥ 赵逵夫：《先秦文学编年史（中）》，商务印书馆2010年版，第721页。

读中国历史我们就会发现，明清之际论及乡贤、绅士和商人往往会出现合流现象，书中多以"士商相杂"谓之。"……职等或服官京师，或散处乡里，往复电商，意见相同。"①到了晚清时期，乡贤绅商浑然一体，已不复可剥离了。由此可见，从古代的"士农工商"演变到明清时期的"绅士商民"，再随之化到晚清的"绅商""乡贤"现象，事实上正是一种近世社会结构的大趋势：士与商、绅与商的不断趋近与融合，以及由此而引发的传统的四民社会的式微。可见，在稳定的社会中，地缘不过是血缘的投影，不可分离。正如费孝通先生所言，"生于斯，死于斯"把人和地的因缘固定了②。

（一）敬业乐群：士绅商学与乡村建设事业

正如马克思所说："人们自己创造自己的历史，但是他们并不是随心所欲地创造，并不是在他们自己选定的条件下创造，而是在直接碰到的、既定的、从过去承继下来的条件下创造。"③浙江上虞地处宁绍平原中部，向来有"九省通衢"之美称。因之紧邻全国经济中心上海，自近代以来上虞更是涌现了一大批文化经济人士，诸如罗振玉、经元善、杜亚泉、竺可桢、马一浮、吴觉农、陈梦家、胡愈之、罗福颐、陈鹤琴、范寿康、陈从周、胡仲持、罗大岗、经叔平等。20世纪20年代，经亨颐、夏丏尊、朱自清、丰子恺等会于春晖中学，边教学边创作，在国内外产生过重大影响。近代开埠以来，浙江上虞籍的旅沪商人异常之多，尤以从事钱庄行业最为盛行。1921年上海有69个汇划钱庄，其中54个属于宁绍帮，约占总数的78%；1933年上海有72个汇划钱庄，其中宁绍帮占53个，约占总数的74%。因此，近人王孝通云："性机灵，有胆识，具敏活之手腕，特别之眼光。其经营商业也，不墨守成规，而能临机应变，故能与票号抗衡，在南中别树一帜"④。绍帮钱庄其中又以上虞籍为盛，上虞籍人士在沪杭甬汉等地从事钱

① 华中师范大学中国近代史研究所，苏州档案馆：《苏州商会档案丛编（1905—1911）》第1辑，华中师范大学出版社1991年版，第772页。

② 费孝通：《乡土中国》，人民出版社2017年版，第72页。

③ 马克思，恩格斯：《马克思恩格斯选集（第一卷）》，人民出版社2018年版，第669页。

④ 王孝通：《中国商业史》，商务印书馆1936年版，第22页。

庄、银行等金融业的多达数千人，其中作为股东或担任钱庄和银行经理、协理以上的骨干人员近百人。由于钱庄行业的特殊性，往往父子、叔侄相承，出现了以经纬、经元善等为代表的经氏家族，以陈春澜、陈一斋为代表的陈氏家族，以田祈原、田时霖为代表的田氏家族以及裴云卿、裴正镛为代表的金融业家族。陈春澜在上海先后创办永丰、寿丰、兆丰、五丰、宝丰、厚丰、和丰、溢丰、志丰、鸿丰、春丰等钱庄，并担任中国通商银行第一任华人总经理，成为绍帮钱庄的杰出代表。民国时期享有"北有南开，南有春晖"之美誉的私立春晖中学，由旅沪浙商钱业大亨陈春澜捐资兴办，地方士绅代表王佐任校董主任，教育家经亨颐任校长，首开浙省中等教育男女同校之先河。

中国近代职业教育的创始人和理论家黄炎培在上海经办中华职业教育社，以"谋个性之发展，为个人谋生之准备，为个人服务社会之准备，为国家及世界增进生产力之准备"[1] 为目的，追求"使无业者有业，使有业者乐业"[2] 的理想，倡导"双手万能，手脑并用""敬业乐群"[3] 的教育理念。现代人民教育家、民主革命家、中国民主同盟的主要创始人陶行知在南京晓庄办晓庄师范，提倡"教、学、做"与"做、学、教"合一方针，提出"生活即教育"[4]，这是他乡村教育实验的起步，也是从实践中贯彻其生活主义教育的开始。本着"育我虞英才"的宗旨，1921 年冬，经亨颐辞去当时浙江教育会会长职务，回上虞乡下动员旅沪浙商陈春澜出资 20 万元在白马湖畔创办春晖中学，提出"与时俱进"的办学方针，主张因材施教，倡导"人格教育"，贯彻"反对旧势力，建立新学风"主张，延聘一批知名人士任教。同时，在白马湖畔筑"长松山房"自住，将驿亭田地、房屋全部捐出，辟为大同医院，并以春晖师生的知识优势，创办农民夜校，提高附近各小学师资水平。

---

① 黄炎培：《中华职业教育社宣言》，《教育与职业》1934 年第 154 期，第 193 页。

② 黄炎培：《职业教育思想与教育论著选读》，载北京师联教育科学研究所《黄炎培职业教育思想与教育论著选读》第 5 辑第 4 卷，中国环境科学出版社、学苑音像出版社 2006 年版，第 37 页。

③ 杨力：《中华职业教育社简介》，《中国抗战大后方中间党派文献资料选编（上册）》，重庆出版社 2016 年版，第 4 页。

④ 陶行知：《中国教育改造》，商务印书馆 2017 年版，第 161 页。

（二）有实无名：近代工商界与乡村建设事业

有别于近代知识分子如陶行知、梁漱溟、晏阳初、黄炎培、余家菊、黄质夫等乡村教育思想家，晚清以来，商人捐资兴学或办厂亦不绝如缕，尽管出发点各不相同，但基本贯穿着惠及桑梓，先家族、后乡里、再社会国家的发展路径。自清末洋务运动之后，新式工商业的兴办，进一步加快地方势力凝结，并使地方绅商阶层在地方政治中的影响力越来越大。因此，江南地区乡贤参与地方文化教育事业更是不胜枚举。清末旅沪浙商叶澄衷在家乡宁波建祠田 400 余亩，提 3 万金创办忠孝堂义庄，以赡养族中孤苦无告者，还设义塾、牛痘局。旅沪浙商朱葆三退出政治之后，致力于慈善与教育事业，设立中国红十字会、四明医院、四明公所、定海会馆、上海孤儿院、上海公立医院、宁波益智学校、宁海公学等。"赤脚财神"虞洽卿在家乡宁波三北地区创办龙山小学、三北公司、惠乡诊所、昌隆一条街、扩路、植树、造桥，开阔河道，整修"镇龙闸"，投资兴建甬观公路，疏浚凤浦湖。旅沪浙商章百初在湖州菱湖老家创办青树农场、菱湖医院、青树中学。甬上开明士绅陈屺怀在宁波首创职业教育，提倡"特种"教育。穆藕初在上海近郊创办穆种厂，杭州鼎新纱厂经理高丞懿在浙江乡村创办善源公司植棉场等等①。20 世纪 30 年代初，"丝业大王"薛寿萱在无锡组织产桑模范区、合作社、蚕种场；在各乡镇广设指导所，仅无锡一县即指导员 100 名；薛家所属的永泰、华新登丝厂，以低于市场的价格向农民发放改良茧种，农民"还可以在茧子卖了以后偿还（蚕种款），同时也一样有指导员来指导……蚕户如果养得好还会有额外的奖赏"②。可见自近代以来，不光有知识分子，更有开明的绅商群体参与地方社会的乡村振兴事业，而官绅商学基本上都是一时乡贤之代表。历史上但凡小共同体发达的社会，共同体内部矛盾极少扩展成社会性爆炸事件。

近代社会"商"观念的历史嬗变，体现了近代中国历史发展的深层次结构变动，这种来自社会和经济的演变，决定了近代中国的整体动向③。尤

---

① 马俊亚：《混合与发展》，社会科学文献出版社 2003 年版，第 58 页。

② 苦农：《养蚕合作运动在无锡》，《中国农村》1937 年第 6 期，第 6 页。

③ 高俊：《近代中国历史上的"商"》，《史林》2005 年第 1 期，第 50 页。

其是江南地区，乡村教育的发展，特别是高等、初等、两等小学堂，多由地方士绅捐资兴建。可以说，士绅商学群体对于地方文教事业的发展起了不可忽略的作用。陈嘉庚曾自述："我办学动机，盖发自民国成立后，念欲尽国民一份子天职，以一平凡侨商，自审除多少资财外，绝无何项才能可以牺牲。而捐资一道，窃谓莫善于教育，复以平息服膺社会主义，欲为公众服务，亦以为办学为宜。"① 近代实业家张謇本着"图存救亡，舍教育无由"的信念，创办一系列文化教育机构，认为"是无乡土之爱情，即不能有国民之资格，不能有国民之资格，即不能享国民完全之权利"②。可以说，江南地区的绅商更多源自内心深处的自发行为。他们中许多人已经超越了简单的金钱物欲的束缚，具有高尚的人格追求。例如曾投资创办过通久源纱厂、华兴水火保险公司、龙章造纸厂、上海内地自来水公司、同利机器麻袋厂、锦州天一垦务公司、景德镇瓷业公司的浙江慈溪人严信厚，将大笔款项用于救济灾民和举办福利机构③；航运巨擘虞洽卿创办三北轮船公司主客观上都有与外商争利、维护民族利益的成分；刘鸿生创办火柴厂是因为他感到"外国人瞧不起中国人，而中国人之所以受气，是因为没有工业，没有科学"④。社会心理学认为，具有高成就动机人格的人，他们通常具有关于人类、民族的一些使命，随着他们性格的不断成熟，金钱在他们心中的地位逐渐减弱，而对成就的追求与实现，能给他们带来深刻的幸福感、宁静感以及内心生活的丰富感，并且也只有对越来越高的成就的追求才更有益于公众社会，并能导致更伟大、更坚强以及更真实的个性⑤。

三、乡贤治理与乡村振兴的回归表达

2018 年中央一号文件《关于实施乡村振兴战略的意见》第十条明确指出："汇聚全社会力量，强化乡村振兴人才支撑。"其中又特别强调："建立有效激励机制，以乡情乡愁为纽带，吸引支持企业家、党政干部、专家

---

① 王增炳、陈毅明、林鹤龄：《陈嘉庚教育文集》，福建教育出版社 1989 年版，第 214 页。
② 张謇全集编纂委员会：《张謇全集（第二册）》，上海辞书出版社 2012 年版，第 192 页。
③ 沈雨梧：《近代浙江经济史稿》，人民出版社 1990 年版，第 172 页。
④ 马俊亚：《规模经济与区域发展》，南京大学出版社 2000 年版，第 166 页。
⑤ 马斯洛：《动机与人》，华夏出版社 1987 年版，第 115-116 页。

学者、医生教师、规划师、建筑师、律师、技能人才等，通过下乡担任志愿者、投资兴业、包村包项目、行医办学、捐资捐物、法律服务等方式服务乡村振兴事业。"① 实际上，早在改革开放以前，中国劳动力的区际迁移基本是政府行为。农村家庭承包责任制的实行、劳动力市场的逐步建立、住房政策以及国有企业的改革、私有企业的飞速发展、户籍制度的调整等一系列变化诱致了大规模的劳动力区际迁徙②。从 20 世纪 80 年代中期发轫，浙江省乡镇企业凭着比国有企业机制灵活的优势、特有的精明禀赋和务实态度，绕开城乡户籍制度和其他城乡二元体制对农村劳动力转移的刚性制约，利用自有土地、房屋等生产资料和廉价的本乡本土劳动力优势迅速崛起③。当前新时代赋予了"乡贤"以新的内涵，也赋予其新的责任。现代乡村振兴靠什么？要有资金，要兴商办厂，在这方面，"乡贤"中的企业家群体可谓中坚力量；要重建乡村文明、道德秩序，找回传统与文脉，扫除蒙昧、开启民智，那么"乡贤"中的艺术家、建筑师、科学家、人民教师等等就大有用武之地。乡村振兴是一项系统工程，围绕乡村振兴这一时代主题，以乡情乡愁这一纽带可以集聚一方的各界精英人士，反哺家乡社会经济发展。

（一）文化先行，搭建平台，实现新老乡贤的互动与成长

2001 年 1 月，浙江上虞成立了全国最早的民间"乡贤"文化学术团体——上虞乡贤研究会，致力于挖掘故乡历史，抢救文化遗产，弘扬"先贤"精神。截至 2019 年 12 月，上虞乡贤研究会已挖掘整理 3000 余名上虞乡贤资料，撰写各类文史资料 1000 余篇，并且出版《上虞乡贤文化》八辑，分头组织编撰《上虞名贤名人》《上虞乡贤》《上虞名人》等书籍，出版个人乡贤研究专著 30 余本。同时，该会结合乡贤诞辰或纪念日，邀请国内外知名专家学者开展学术交流，举办"纪念马一浮先生诞辰 125 周年暨

---

① 国务院法制办公室：《中华人民共和国新法规汇编》第 3 辑，中国法制出版社 2018 年版，第 21-22 页。

② 魏后凯：《现代区域经济学》，经济管理出版社 2017 年版，第 462 页。

③ 刘守英：《中国土地问题调查：土地权利的底层视角》，北京大学出版社 2017 年版，第 154 页。

国际学术研讨会""东山文化国际研讨会"等专题活动，先后组织王充、魏伯阳等乡贤名人学术研讨活动 50 余次。推进地方名人故居（重点文化遗产）整修活动，王一飞故居、王充墓、谢安墓等一大批名人建筑在文化遗产整修行动中得以恢复生机。

乡村振兴的建设过程中，浙江上虞勇于发现当代新乡贤，也善于发挥新乡贤的带头作用。上虞先后树立了"爱乡楷模"张杰，"百姓喜爱的好书记"杭兰英，"点亮一盏灯"发起人董国光，以及离土不离乡的"杰出虞商"李柏祥、王苗通、丁欣欣、陈炎表、顾永祥等当代乡贤。2017 年开始重点打造"青蓝工程"，组织 100 名品学兼优的高中毕业生与老一辈乡贤面对面座谈，在知名乡贤带领下进行宣誓，并定期了解学生的学习、生活等情况，使旅外上虞学子更加深入了解家乡乡贤及其精神。通过对青年学子的教育与引导，搭建旅外乡贤与青年学子的沟通桥梁，实现新老乡贤的互动与成长。

（二）建立机制，营造氛围，畅通乡贤反哺家乡的渠道与路径

为进一步培育和引导乡贤参与乡村治理，上虞区委区政府搭建平台，建立机制，营造氛围，畅通渠道。全区 21 个乡镇街道陆续命名 11 个乡贤文化传承基地。2015 年上虞区委办下发《关于培育和发展乡贤参事会的指导意见》文件，切实将政治上有觉悟、经济上有实力、社会上有影响、热心家乡建设的贤达人士聚起来。区委区政府充分发挥乡情乡愁的纽带作用，先后聘请 20 余位著名乡贤为顾问，并成立以虞籍乡贤为主体的虞商联谊会，以节日慰问、互通信息、拜访联谊等形式，连续开展"走近虞籍乡贤"采访、乡贤"回乡行"等活动，最大限度赢得乡贤对家乡的真心支持和反哺，推动资金回流、项目回归、信息回传、人才回乡。

每年利用春节长假之际，上虞各级乡镇机关纷纷开展乡贤座谈会，在共叙乡情、共庆佳节之余，为乡村发展献计献策。围绕如何提升村集体经济收入、提高村级基础设施建设和改善村内生态环境等问题，提出强化概念性规划，加强水环境整治，进一步规范集体土地租赁制度，积极开展海涂田地出租等切实可行的意见建议。更有从事城市规划设计的乡贤利用自己的专业知识，提出乡村在建设过程中可以适当增加绿化，可多建设生态

停车场等建议。如何利用乡贤公益基金帮扶就困。我们以崧厦镇吕家埠村为例，该村的文化礼堂乡贤公益基金由黄兴标出资 15 万元、吕信龙出资 15 万元、连国栋 3 万元、吕森龙 1.5 万元设立，每年提取人民币 3.5 万元，主要用于吕家埠村文化礼堂建设工作。此外，该村每年利用过年期间定时定点由该村村委组织旅外乡贤齐聚一堂共商乡村发展，多方监督年度经费预算等事宜，真正将乡贤文化落到实处。

（三）发挥比较优势，凸显乡贤文化品牌，有效推进区域经济循环发展

作为全国著名的"建筑之乡"，上虞区政府有针对性地开展建筑行业诚信建设，引导乡贤在以诚信赢得市场的同时积极反哺家乡，由 24 位建筑乡贤出资建造的 52 层、207 米的乡贤大楼成为上虞的标志性建筑。无论是上虞打造区域性中心城市的"主战场"三城一区域，还是上虞城市建设未来发展的筑梦之地"一江两岸"，都吸引了众多上虞籍浙商投资上虞，引领上虞新一轮建设高潮。从 2001 年上虞乡贤研究会成立到 2015 年上虞获得"中国乡贤文化之乡"荣誉称号，再到上虞创新发展乡贤文化的经验被中宣部列入全国《宣传工作创新百例》，这一系列成绩在浙江省各县（市、区）中是唯一的。18 年砥砺前行，上虞乡贤文化品牌效应日益凸显，乡贤文化正被赋予新的内涵，迸发出强大活力，成为经济社会发展与乡村振兴的重要力量。

事实表明，实际上市场是推动经济发展的主要因素。市场体制比计划机制更有利于经济发展，因为前者比后者有更多的竞争因素 。赫希曼认为，政府会有选择地促进经济中某些关键部门的发展，而一旦这些关键所创造的产业联系出现之后，市场就将会对这种不平衡状况做出反应，其他的投资就会同时跟进。[①] 而谬尔达尔认为，事务的发展是一个"循环积累"、不断演进的过程；一个因素发生变化（初始变化），会引起另一个因素发生相应的变化，并强化先前的因素（次级强化），使经济沿着原先因素

---

① 李晓西：《中国区域经济学 30 年论文精选》，北京师范大学出版社 2009 年版，第 177 页。

的发展方向发展。① 事实上，我们在浙江上虞乡贤文化参与的乡村振兴过程中也可见一斑。据不完全统计，仅 2017 年，上虞在外乡贤、上虞籍浙商投资 2500 多万元参与乡村振兴项目和乡村公益事业就有 82 个，已引进回归资金 31.5 亿元。截至 2018 年 8 月，上虞已建立村级乡贤参事会和分会 200 余个，纳入乡贤会员 5000 余名，已成立以乡贤为核心的"老娘舅工作室" 203 个、专业民间调解组织 5 个，调处各类矛盾纠纷近 1 万件。

四、乡贤文化与乡村振兴的关联呼应

历史学的研究往往强调存历史以关联呼应现实，正所谓"鉴古知今""古为今用"等。新制度经济学家道格拉斯·C. 诺斯认为，尽管我们生活在一个制度变迁速率甚快的世界中，但变迁可能宛如冰川般缓慢，以至于我们须以历史学家的眼光观察问题，方能察觉②。自宋迄清，尤其是明清时代，江南地区小城镇数量明显增多，放到今天看到的众多文旅古镇如吴江盛泽镇、湖州乌青、南浔，德清新市，宜兴和桥，秀水濮院，昆山千墩，海宁硖石、长安、上虞丰惠，慈溪鸣鹤，绍兴安昌等，都是当时市镇经济的体现与遗迹。据傅衣凌考证③，对这些市镇性质的估计，一部分人离开土地，而集中在市镇上从事于工商业的活动。洪焕椿认为④，是家庭副业和家庭手工业生产从明代后期明显地卷入商品流通领域，增加了家庭的收入。一直到清代前期，在江南的个体小农经济中，商品性生产的比重不断加大，速度也在加快。事实上，近代中国乡村的封闭性和官府苛种的税负使农副业生产主要仍服从自然经济的需要，副业作为主业的补充，逐渐形成区域性产业集群。马克思在《路易·波拿巴的雾月十八日》中指出："小农人数众多，他们的生活条件相同，但是彼此间并没有发生多式多样的关系。他们的生产方式不是使他们互动交往，而是使他们互相隔离。……他们进

---

① 李晓西：《中国区域经济学 30 年论文精选》，北京师范大学出版社 2009 年版，第 284 页。
② 道格拉斯·C. 诺斯：《制度、制度变迁与经济绩效》，格致出版社 2014 年版，第 6 页。
③ 南京大学历史系明清史研究室：《明清资本主义萌芽研究论文集》，上海人民出版社 1981 年版，第 301 页。
④ 洪焕椿：《明清史偶存》，南京大学出版社 1992 年版，第 400 页。

行生产的地盘，即小块土地，不容许在耕作时进行任何分工，应用任何科学，因而也就是没有任何多种多样的发展，没有任何不同的才能，没有任何丰富的社会关系。每一个农户差不多都是自给自足的，都是直接生产自己的大部分消费品，因为他们取得生活资料多半靠与自然交换，而不是靠与社会交往。"① 江南地区的这些小城镇分布上具有较为明显的区位特点：棉纺织城镇多分布在东北部松江府和太仓州一带，丝织业分布在太湖周围苏杭嘉湖四府，港口和盐业城镇多分布在东部沿海沿江地带，这与当时资源条件密切相关。总之，从江南市镇经济的发展分析来看，经济活动的空间集聚和经济增长是一个难以分离的过程。增长和集聚间会出现循环因果关系，即经济增长带了空间集聚，而空间的集聚又进一步催生了经济增长。

（一）发挥产业为本的比较优势，重视乡亲施善和求利的双重动机，真正将乡贤重视乡亲关系落在实处

作为工业和社会状况的产物，乡村振兴事业是历史的产物，是乡贤世代活动的结果，其中每一代都立足于前一代奠定的基础上继续发展，并随着需要的改变而改变他们的社会制度。库兹涅兹在他的关于现代经济增长的历史研究中，将资源由农业向工业转移确定为这一转变的基本特征②。发展中国家的发展经历表明，工业化和经济增长有很强的相关关系，同时由于资源禀赋和政府政策的不同，发展也会形成重大差异。近代以后，产业经济结构的调整和交通运输方式的改变对江南地区小城镇的影响不言而喻。旅外同乡的团结精神对浙江的发展起了巨大作用。虞洽卿创办的三北公司，正是由于得到宁波帮控制的四明银行、浙江兴业银行的金融支持，从而发展成为我国最大的商办航运集团。这种经济上的同乡扶持，使宁波帮的乡帮团结有了更加稳固可靠的基础。但可以清晰地看到，明清时代的江南市镇经济明显不同于以往的传统经济。面向全球化贸易的外向型经济，乡村工业化——"早期工业化"，都是前所未有的新事物。可惜的是，近代以来中国并没有发挥其应有之义，正如马克思所描述的："资本主义以前的、民

---

① 马克思，恩格斯：《马克思恩格斯全集（第8卷）》，人民出版社1961年版，第217页。
② 钱纳里：《工业化和经济增长的比较研究》，上海三联书店1989年版，第3页。

族的生产方式具有内部的巩固性和结构，对于商业的解体作用造成了多大障碍，这从英国人同印度和中国的通商可以明显地看出来。在印度和中国，小农业和家庭手工业的统一形成了生产方式的形式，这种村社在中国也是原始的形式。在印度，英国人曾经作为统治者和地租所得者，同时使用他们的直接的政治权力和经济权力，以便摧毁这种小规模的经济公社。……但是，就是在这里，对他们来说，这种解体工作也是进行得极其缓慢的。在中国，那就更加缓慢了，因为在这里直接的政治权力并没有给予帮助。因农业和手工制造业的直接结合而造成的巨大的节约和时间的节省，在这里对大工业产品进行了最顽强的抵抗。"[①]

这些江南市镇如今很多都已然变成文旅小镇，如南浔镇、周庄镇、同里镇、乌镇、西塘镇、朱家角镇、七宝镇等，作为历史文化遗产备受世人瞩目。人们对这些小镇的游览，也从走马观花、浮光掠影转变为深度游与体验游。当前，全国各地都在积极推动新乡贤和乡村振兴工作，作为文旅高度融合的乡村振兴建设为"大众创业，万众创新"提供了新的空间。浙江上虞的乡贤文化之所以能成为全国样本，与该地乡贤名流多且历朝历代英才辈出有很大关系。事实上，浙江省的绍兴、宁波、湖州、嘉兴、杭州地区，江苏省的苏州、无锡、常州地区，即吴越文化区的各县市都是群体性乡贤名流汇聚之地。传统意义上的江南地区市镇经济在中国历史经济地理中十分著名，正是在农业商品化和发达的城乡商品经济推动下，江南小城镇才得到蓬勃发展，有的由此而生，有的由此变大，并根据地域分工出现了一批专业性市镇，从而形成了星罗棋布的格局。学界对浙江农村工业化的基本共识是：浙江经济的发展成效主要是改革开放后取得的。在这40年中，经济增长的速度主要取决于工业化的推进速度，而农村工业的快速发展是浙江成为"经济大省"的主导力量。因此，史晋川等人认为，改革开放后浙江的经济发展过程绝不能脱离浙江的农村产业化进程[②]。从浙江上虞乡贤文化的实践中可以发现，历史文化要素还需要不断挖掘、培育、塑造符合新时代需要的新乡贤。

---

① 马克思，恩格斯：《马克思恩格斯全集（第25卷）》，人民出版社1975年版，第372-373页。

② 史晋川：《浙江省改革开放研究的回顾与展望》，浙江大学出版社2007年版，第71页。

（二）建立乡贤文化长效机制，积极引导乡贤参与乡村振兴工作，真正把回报家乡的善意变成善举

乡贤文化与乡村振兴的关联互动，相互为用，融合发展。越是在商品经济异常发展的江浙地区，反而越像一个有组织有生命力的大网，反而越强调地缘、业缘与学缘各个节点上的互动关联。早在改革前，这一区域就存在用各种人际网络关系构成的"亚市场"或"准市场"，比如"星期日工程师关系网""能人关系网"等。马克思认为，"一个民族的生产力发展的水平，最明显地表现于该民族分工的发展程度。"[1] 在当前，一方面，乡村振兴中的乡贤文化需要注重团队建设，不光"找出来"更要"用起来"。培育和发展新乡贤，应加强引导，搭建平台、凝聚力量、打通渠道，发挥新乡贤思想观念新、个人能力强、人脉资源广等优势，积极引导乡贤参与乡村振兴工作，真正把他们回报家乡的善意变成善举。另一方面，乡村振兴中的乡贤文化需要进一步加强乡贤对于家乡工作的认同度，加以制度化建设。恩格斯指出："追求幸福的欲望只有极微小的一部分可以靠理想的权利来满足，绝大部分却要靠物质的手段来实现。"[2] 所以，党的十九大报告中提出"产业兴旺、生态宜居、乡风文明、治理有效、生活富裕"二十字总体要求。T·W. 舒尔茨认为，人的经济价值的提高生产了对制度的新需求，一些政治和法律制度就是用来满足这些需求的[3]。作为地方文化的一部分，乡贤文化以乡村为空间，具有明显的地域性、人本性和现实性，是教化乡里、涵育乡风的重要精神力量。

五、余论

马克·布洛赫认为，在人类社会的进化过程中，震动波也由一个分子到一个分子传播到遥远的地方[4]。同样道理，我们从经济增长角度考察，虽

---

① 马克思，恩格斯：《马克思恩格斯选集（第一卷）》，人民出版社 2018 年版，第 147 页。
② 马克思，恩格斯：《马克思恩格斯选集（第四卷）》，人民出版社 2012 年版，第 234 页。
③ R·科斯等：《财产权利与制度变迁》，上海三联书店 1991 年版，第 251 页。
④ 马克·布洛赫：《法国农村史》，商务印书馆 2011 年版，第 275 页。

然传统农业中技术进步极其缓慢甚至长期处于停滞状态，但传统农业并不是没有增长。地方政府一般通过政策和法律法规制度建设，支持农场规模扩大、排挤小农场，使农业能够获得生产经营上的规模效应，从而降低农产品的生产成本。同时，乡村农业的生产经营以市场为导向，商品化程度很高。乡村经济占区域经济总量比重较低及乡村经济技术含量不高，但事实上乡村经济和城市经济具有很大的互补性。乡村经济在区域经济乃至整个国民经济中居重要战略基础性地位。涂尔干所说的集体良知指的是各种真实的人聚集在一起时他们的感受，而不是一个看不见的飘浮在空中的巨大气球，它就正好覆盖在美国或中国或其他国家的边界上，上面标着"价值体系"①。实践证明，如果用强迫命令的手段去把农民的生产积极性调动起来，很可能破坏乡村经济应有的发展之义。

马克思的一段话说得十分精辟："人们不能自由地选择自己的生产力，这是他们的全部历史的基础。"② 换句话说，社会生产具有一种世代相继的连续性。选择吻合本区域的资源禀赋，最大限度发挥本区域的比较优势，是正确发展的最关键因素。历来中国人的乡土观念甚重，旅外游子对自己的家乡都怀有不一样的情感，惟有逐步克服乡村振兴中所固有的分离性，不断改造历史上所形成的城乡社会分工格局，才有可能从根本上克服城乡二元经济结构，为整个社会区域经济系统的协调发展开辟出广阔的前景。

---

① 兰德尔·柯林斯，迈克尔·马科夫斯基：《发现社会》，商务印书馆 2014 年版，第 344 页。
② 马克思：《致安年科夫》，马克思，恩格斯：《马克思恩格斯全集（第 27 卷）》，人民出版社 2018 年版，第 477 页。